"十三五"国家重点出版物出版规划项目
城市治理实践与创新系列丛书

城市治理纠纷的预防与处理

王才亮 著

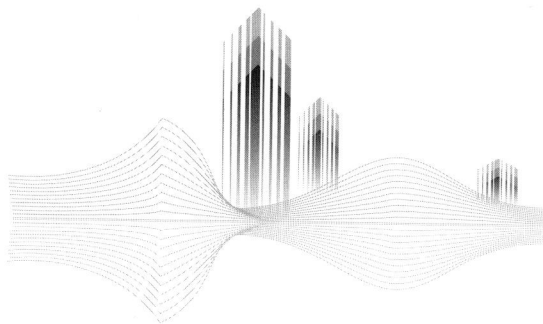

中国建筑工业出版社
中国城市出版社

图书在版编目（CIP）数据

城市治理纠纷的预防与处理／王才亮著 . —北京：
中国城市出版社，2020.10
　（城市治理实践与创新系列丛书）
　ISBN 978-7-5074-3291-6

　Ⅰ . ①城… Ⅱ . ①王… Ⅲ . ①城市管理—研究—中国
Ⅳ . ① F299.23

　中国版本图书馆 CIP 数据核字（2020）第 156788 号

　　"推进国家治理体系和治理能力现代化，必须抓好城市治理体系和治理能力现代化。"本书立足法律规定，结合行政管理和司法实务，从城市综合管理、土地使用权的收与放、旧城改造、城市规划、非住宅权益保护等方面，研究城市治理的重点、痛点和难点。另外，从行政执法、信息公开、行政相对人的法律救济、微观社区治理、信访、城市大数据管理等不同的维度和角度，探寻现代化、法治化的城市治理路径。

　　责任编辑：毕凤鸣　封　毅　周方圆
　　责任校对：张　颖

城市治理实践与创新系列丛书
城市治理纠纷的预防与处理
王才亮　著
＊
中国建筑工业出版社、中国城市出版社出版、发行（北京海淀三里河路9号）
各地新华书店、建筑书店经销
北京建筑工业印刷厂制版
北京圣夫亚美印刷有限公司印刷
＊
开本：787 毫米×960 毫米　1/16　印张：$20\frac{1}{4}$　字数：319 千字
2020 年 12 月第一版　　2020 年 12 月第一次印刷
定价：**68.00** 元
ISBN 978 - 7 - 5074 - 3291 - 6
　　　（904278）

出版说明

　　十九大报告明确指出：全面深化改革总目标是完善和发展中国特色社会主义制度、推进国家治理体系和治理能力现代化。报告提出，要打造共建共治共享的社会治理格局。

　　为了践行十九大精神，我社于2017年12月出版了汪碧刚博士的专著《城市的温度与厚度——青岛市市北区城市治理现代化的实践与创新》，并在青岛举办了首发式。该书甫一问世，引发社会各界高度关注，"城市的温度与厚度"一词成为热搜，互联网上共有1510万个相关结果，这足以证明社会各界对城市治理的关切热度。

　　城市治理是政府治理、市场治理和社会治理的交叉点，在国家治理体系中有着特殊的重要性，从一定意义上说，推进城市治理的创新就是推进国家治理的现代化。基于此，我社成立了城市治理专家委员会，并汇集专家智慧策划了"城市治理实践与创新系列丛书"，旨在总结探索国内外相关经验和做法，提高城市治理社会化、法治化、智能化、专业化水平，从而为行业管理、领导决策、政策研究提供参考。本套丛书也获得中宣部的高度重视，2018年被列入"十三五"国家重点出版物出版规划项目。

　　三年来，我社组织了数十位专家学者、党政干部和实务界人士，召开了多次研讨会，聚焦当前城市治理中的重点、难点、焦点问题，进行深入的研究和探讨，力求使丛书既有理论高度，又贴近实际应用。丛书关注城市和社区治理，就如何实现城市治理现代化、精细化、法治化、科技化，提升服务群众的能力等问题提出了很多建设性的观点和建议。丛书作者也一直致力于城市治理的研究，他们有的拥有多年政府部门相关管理经验，有的从事政策研究或教学科研工作，有的活跃在城市治理的一线化解矛盾纠纷，既有理论水平又有实践指导能力。

除首本《城市的温度与厚度——青岛市市北区城市治理现代化的实践与创新》外，丛书还包括如下7个分册：《城市综合管理》（翟宝辉、张有坤著）、《城市精细化管理理论与实践》（杨雪锋著）、《城市社区治理理论与实践》（原珂著）、《大数据与城市治理——以青岛市市北区为例》（汪碧刚、于德湖著）、《智慧社区与城市治理》（汪碧刚著）、《城镇老旧小区改造——扩大内需新动能》（王健、孙光波著）、《城市治理纠纷的预防与处理》（王才亮著）。

丛书开篇于十九大召开之际，付梓于"十三五"收官之年，我们热忱期待社会各界持续给予关注与支持。十九届四中全会指出，要完善党委领导、政府负责、民主协商、社会协同、公众参与、法治保障、科技支撑的社会治理体系，建设人人有责、人人尽责、人人享有的社会治理共同体。刚刚结束的十九届五中全会明确提出实施城市更新行动，提高城市治理水平。丛书一直紧密围绕这一主题，学思践悟，符合国家和行业发展的需求。我们有理由相信，随着共建共治共享的城市治理格局的形成，城市治理体系和治理能力现代化一定能够早日实现。

"城市治理实践与创新系列丛书"的顺利出版得益于专家学者的共同努力。在此特别感谢在丛书研讨、论证、审稿过程中给予大力支持和提出宝贵意见的各级领导、专家和学者们！我们也以丛书出版为契机，希望更多城市管理者、研究者以及有识之士积极参与城市治理，汇集资源，凝聚力量，共同打造"政、产、学、研、金、服、用"全链条全生命周期的城市治理发展格局！

中国建筑工业出版社
中国城市出版社
2020年11月25日

城市治理要法治化

中共十九大把全面推行依法治国提上了新高度。依法治国这个主题将影响中国社会的各个方面，当然包括我们现在思考的城市治理工作。

十九大以来，人们的目光被城市治理中的那些典型的案件所吸引，社会各界关注并批评那些典型案件的违法之处。例如北京市开展集中清理建筑物天际线专项行动则陷入进退失据、骑虎难下的境地。这些事件的发生再一次提醒我们：城市治理要始终立于依法治国的基础之上，要走法治化的道路。

在当下这个时代，法治思维是城市治理活动决不可缺的。本来，开展集中清理建筑物天际线专项行动让城市的天际线更美是一件功德无量的好事，但因为没有站在依法治国的基础之上，缺少法治思维导致了各个方面的异议。相关文件及措施与《行政许可法》《行政强制法》《行政处罚法》《物权法》均有冲突之处。

他山之石，可以攻玉。从北京清理天际线行动引起争议的事件中我们可以清楚地认识到，在城市治理中要始终坚持依法办事，最关键的是有关制度和措施出台要依法进行，要充分注意到公正性、公开性、效益性、群众性、统一性五个问题，对公民权利的保护要到位，从而实现前瞻性与现实性、良好愿望与社会效果的和谐统一。

第一，公正性。

有关城市治理制度和措施的公正性是该制度的生命。我国一些法律制度引起争议的重要原因是表现出明显的部门利益，立法成为占有权力资源的方式和分配既得利益的手段。因此，我们在有关城市治理的制度和措施的制订过程中，要防止相关行政主管部门追求自身利益的最大化或者是偏袒某些利益集团的利益。这就需要引入第三方作为起草、咨询机构，使得城市治理的制度与措施具有公正性，符合依法治国的要求。

第二，公开性。

《中华人民共和国立法法》第五条规定"立法应当体现人民的意志，发扬社会主义民主，保障人民通过多种途径参与立法活动"，有关城市治理的制度与措施的出台也要遵看这一原则，拓宽公众参与渠道，增强透明度。

作为城市治理的制度与措施，只有公开才有效力，其制定同样不存在必须保密的理由，必须增强公开性，其关键是从起草时就公开，坚决抛弃神秘化的传统观念，建立和健全公众参与的机制。

假如北京在拟定有关天际线整治在计划阶段，就广泛、深入地征求了公众意见；在起草过程中，通过了中介组织、人民团体、社区等多种渠道倾听基层民众尤其是弱势群体的意见，使他们的利益诉求得到了充分表达，合法权益在制度建设中得到充分保障，实施中的矛盾就完全能够避免。

第三，效益性。

城市治理牵扯到千家万户，是件严肃的事情，出台新制度与措施需要仔细思量、推敲。但是这项工作有时又有一定的时效性、紧迫性，要讲究效率。立法界有学者评论认为"目前我国立法效率较低，存在立法浪费、立法越权、立法谋私、立法寻租和立法低质五大现象"，而我的认识是当前立法效率性问题中最大的问题是立法效益问题。

城市治理的效益即有关城市治理的制度与措施实施后所产生的符合城市治理目的的有益效果，包括经济效益和社会效益。其中经济效益是指有关城市治理的制度与措施实施后对经济发展产生的有益的影响，主要体现在节约交易成本，为人们从事经济活动提供行为规则，保证私人成本和社会成本一致，减少经济环境的不确定性，增加经济活动结果的可预见性。

城市治理的社会效益指有关城市治理的制度与措施实施后所产生的对社会的有益效果即社会的有机协调状态，如法治秩序的进步、社会稳定性增加、人们的安全感增强、社会生活秩序好转、道德水平提高等。

城市治理的效益越大，城市主体（包括单位、个人）成本的产出就越大，有关城市治理的制度与措施效率就越高；相反，效益越小，成本的产出就越小，城市治理效率也就越低。因此，可以说城市治效益和效率成正比。

第四，群众性。

群众的参与与支持是城市治理成败的关键。当前有关城市治理的制度与措施出台的透明度还不够，公众参与渠道比较有限，公众参与程度比较低，作为资源分配优势方的行政主管部门和强势利益代表方在参与有关城市治理的制度与措施制定和意见表达方面占据优势，对有关城市治理的制度与措施的影响更强，导致相对弱势利益方意见容易受到压制，使受到影响的各方利益在出台过程中没有得到充分反映。一些地方政府在制定有关城市治理的制度与措施的过程中受到部门利益的影响，有的部门为本部门的管理便利，随意为本部门设权，不断增设审批权、许可权、处罚权、收费权等，增设公民的义务，却对规范本部门行政行为的内容重视不够，甚至刻意规避自身应承担的责任和义务，忽视对被管理人应享有权利和利益的保护，从而引起诸多社会矛盾甚至是冲突。

解决这个问题除了立法机关需要认真履行义务外，还要充分发挥政协以及各社会团体在有关城市治理的制度与措施立法过程中的决策咨询作用和公共舆论的监督作用。应当尽可能地利用社会团体的优势，在立法中听取他们所提的意见和建议，反映各界要求，更好地体现公众利益。全国律协和各级律师协会可以发挥更大作用。其次要借助舆论监督，限制部门利益膨胀和立法权滥用的同时，调动社会关心并参与立法的积极性。

第五，统一性。

当前中国的上位与下位法之间，同级法律之间，法律与法规之间相互冲突导致有关城市治理的制度与措施的出台及实施困难重重。最典型的是《物权法》《行政许可法》《行政强制法》与《土地管理法》《城市房地产管理法》等之间的冲突。而国务院各部委和省、自治区、直辖市以及省会市、较大的市都有规章制定权，这种分散立法导致法条之间相互矛盾的现象时常出现。部门规章之间、部门规章与地方政府规章之间，甚至于规章与行政法规、地方性法规之间对同一问题规定不同，使管理对象无所适从。

　　一切有关城市治理的制度与措施都必须加强立法规划的权威性。把维护人民利益作为有关城市治理的制度与措施制定工作的出发点和落脚点，强化法治政府意识，注重大局意识、政治意识和责任意识，正确处理公共利益和部门利益、权力与责任、服务与管理、实体与程序的关系。

　　全面推行依法治国的核心是依法行政。城市治理当然需要执法机关认真依法执法，但若是有关城市治理的制度与措施本身有法律上的瑕疵，有法必依、执法必严，违法必究就会出现问题。

　　综上所述，有关城市治理的制度与措施的出台应当坚持依法治国的理念，进而实现城市治理的法治化是落实中共十九大精神的实际行动。

目 录

第一章

城市治理中城管纠纷
预防与处理

第一节　概述

一、历史沿革

城市的出现是人类走向成熟和文明的标志，也是人类群居生活的高级形式。自从有城市，管理则应运而生。秦法中有"弃灰与道者刑"的法律[①]。元初，意大利人马可·波罗游历几遍中国，在他的《马可·波罗行记》中提到南宋都城临安的商业繁盛、人烟稠密、市容整洁，并称誉为"世界最富丽华贵的城市"。古临安，城市人口聚居，大量的垃圾有专人进行清除，并以此为生。清末，开始由警察机构管理清洁工作，包括清理街道、收运垃圾、整顿厕所等内容。这是政府管理城市环卫工作的开端。民国时期，城市环卫工作已初具规模。1930年前后，大城市先后使用洒水汽车在道路上洒水降尘，同时陆续使用汽车运输垃圾，政府还拨款修建了一批公共厕所。各地政府均颁布了有关清洁卫生的管理条例，清洁工作开始形成制度化和经常化。

中华人民共和国成立后，随着社会主义经济和城市建设的发展以及城市管理的加强，环境卫生工作也有了相应的发展，各城市均建立和健全了环卫管理机构。党的十一届三中全会以来，随着改革开放的不断深入和社会主义市场经济体制的建设，经济社会深刻变革，城市建设事业迅猛发展，市容环境卫生等城市建设管理问题凸显，地方各级城市人民政府和建设行政主管部门从市容环境监察入手，相继组建城市建设管理领域的监察队伍，包括市容环卫、城市规划、市政公用、园林绿化、房地产、风景名胜区等专业监察大队，通过行政执法工作监督传统单位及社会主体依法履行在城市建设管理中的责任，这也是城管执法监察制度的早期发展阶段。城管执法监察制度也渐渐从无到有，从有到

---

① 城管的起源和历史沿革 [EB/OL]. [2013-07-19]. http://guoqing.china.com.cn/2013-07-19/content_29473376.htm.

发展、完善，期间经历了从城建监察大队到城市管理监察大队，到城市管理监察办公室，到城市管理综合行政执法局，再到城市管理综合行政执法监察局。分析其实质，主要经过了以下三个阶段：第一阶段，城建管理监察制度的诞生（1978—1995年）；第二阶段，城管监察综合执法制度的探索（1996—2012年）；第三阶段，城管执法监察的探索与发展（2012年至今），以下是主要的制度演变过程[①]。

1989年1月28日，建设部下发《建设部关于加强城建管理（市容）监察工作的通知》（〔89〕建城字第34号），要求"各省、自治区建委（建设厅）归口管理全省（区）城建管理监察工作"，城建管理监察工作得到有序规范。

1990年7月28日，建设部下发《建设部关于进一步加强城建管理监察工作的通知》（〔90〕建城字第372号），要求各级城市建设行政主管部门加强对城建管理监察工作的领导，城建管理监察队伍由城市的建委或管委、市容委统一归口管理；城建管理监察队伍的工作范围，原则上应当与各地城市人民政府对城市建设行政主管部门及规划、市政、公用、园林、市容环卫等专业行政主管部门规定的职责范围相一致。

1992年6月3日，建设部颁布《城建监察规定》（建设部令第20号）。这是管理全国城建监察队伍的重要部门规章，明确规定全国的城建监察执法主体及其职责范围等，实现了全国城建监察行政执法队伍名称、执法主体、执法内容、执法体制、服装标志、归口管理"六统一"。城建监察是对城市规划监察、市政工程监察、公用事业监察、市容环境卫生监察和园林绿化监察的统称。

1995年2月24日，建设部下发《关于印发〈城建监察队伍标志和装备规定〉的通知》（建城字第543号），对城建监察队伍标志和装备进行统一规范，推动了城建监察队伍规范化建设。

1996年3月17日，《中华人民共和国行政处罚法》通过，第一次以法律的形式确认相对集中行政处罚权制度，为我国行政管理体制改革提供了新的法律途径，也为开展城市管理相对集中行政处罚权工作提供了法律依据，城建管理监

---

① 城市管理行政执法局 [EB/OL]. [2020-01-11]. https://baike. baidu. com/item/城市管理行政执法局/1845678?fr=aladdin.

察演变为更加综合的城市管理监察。

1996年9月22日，建设部发布《建设部关于修改〈城建监察规定〉的决定》（建设部令第55号），明确：城建监察是指对城市规划、市政工程、公用事业、市容环境卫生、园林绿化等的监督、检查和管理，以及法律、法规授权或者行政主管部门委托实施行政处罚的行为。

1996年10月1日，国务院法制局（1998年机构改革后改为国务院法制办）批准广西区南宁市和北京市宣武区（现为西城区，后同）在全国率先试点开展相对集中行政处罚权试点工作。此后，国务院法制办先后批准了北京、天津、黑龙江等省（市）14个设区的市开展相对集中行政处罚权试点工作。

1997年5月23日，按照国务院法制局对北京市政府开展城市管理综合执法试点工作的批复，北京市宣武区作为全国第一个试点，成立了宣武区城市管理监察大队，启动了城市管理相对集中行政处罚权工作。1998年，北京市在宣武区试点基础上将集中行使行政处罚权试点工作扩大到城八区，在八个城区均成立了城管监察大队。2000年，北京市所有远郊区县都完成了城管监察大队的组建，全市城管监察执法队员达到5000余人，成为活跃在城市管理第一线的、仅次于公安的第二大公务员队伍。1998—2000年，北京市所有区县均完成了城市管理监察大队的组建。

2000年6月22日，湖南省长沙市组建长沙市城市管理综合执法支队的同时，成立了长沙市城市管理警察支队，形成了"城管＋警察"的城市管理模式。这是我国第一支城市管理公安保障队伍。

2000年9月8日，国务院办公厅下发《国务院办公厅关于继续做好相对集中行政处罚权试点工作的通知》（国办发〔2000〕63号），此后，国务院法制办又先后批准了65个设区的市开展试点工作，试点主要在城市管理领域开展。

2002年8月22日，国务院下发《关于进一步推进相对集中行政处罚权工作的决定》（国发〔2002〕17号），国务院授权省、自治区、直辖市人民政府可以决定在本行政区域内有计划、有步骤地开展相对集中行政处罚权工作。此举标志着相对集中行政处罚权工作进入全面推进阶段，呈现出"遍地开花"局面，并向县（县级市）延伸。

2002年10月11日，国务院办公厅转发中央编办《关于清理整顿行政执法队伍实行综合行政执法试点工作的意见》（国办发〔2002〕56号），决定在广东省、重庆市开展试点，其他省、自治区、直辖市各选择1～2个具备条件的地市、县市进行试点，着重解决多头执法、重复执法、执法扰民和执法队伍膨胀等问题。此举标志着综合行政执法试点工作正式启动，成为深化行政管理体制改革、推动行政执法体制创新的又一新举措。

2003年1月，在原北京市城市管理监察办公室基础上，北京市城市管理综合行政执法局挂牌成立。

2003年1月24日，建设部城市建设司在2003年工作要点中明确提出：认真贯彻落实国务院《关于进一步推进相对集中行政处罚权工作的决定》，会同有关部门认真研究城市管理领域的相对集中行政处罚权工作，界定好相对集中行政处罚权的范围，科学合理地提出相对集中的具体处罚事项和工作程序。

2003年2月28日，中央编办和国务院法制办联合下发《关于推进相对集中行政处罚权和综合执法试点工作有关问题的通知》（中央编办发〔2003〕4号），就综合行政执法和相对集中行政处罚权两项工作的关系和贯彻落实问题作出详尽安排。综合行政执法试点工作在全国范围内逐步展开。

2008年7月10日，《国务院办公厅关于印发住房和城乡建设部主要职责内设机构和人员编制规定的通知》（国办发〔2008〕74号）规定，将城市管理的具体职责交给城市人民政府，并由城市人民政府确定市政公用事业、绿化、供水、节水、排水、污水处理、城市客运、市政设施、园林、市容、环卫和建设档案等方面的管理体制。

2008年9月19日，浙江省第十一届人民代表大会常务委员会第六次会议通过《浙江省城市管理相对集中行政处罚权条例》（2009年1月1日起施行）。这是我国第一部省级人大通过的有关城市管理相对集中行政处罚权的地方性法规。

2009年7月7日，《住房和城乡建设部关于印发〈数字化城市管理模式建设导则（试行）〉的通知》（建城〔2009〕119号），明确为更好地推广数字城管的基本经验，提高系统建设质量和效益，确保数字城管建设健康发展，特制定本导则，以指导和规范各地数字城管建设工作。

2012年9月，北京市的感知、分析、服务、指挥、监察"五位一体"城管物联网平台投入运行，保障党的十八大顺利召开，作为城市管理执法监察一体化探索，成为依托信息技术推进城市综合管理与执法监察发展的新方向。

2013年，北京市各区城市管理监察大队在更名时，在城市管理综合执法局基础上增加了"监察"，正式更名为区城市管理综合行政执法监察局，强化城管执法的监察职能，明确了城管执法监察队伍的综合执法、综合协调、综合监管三大职能。

2013年11月9日至12日，党的十八届三中全会通过的《中共中央关于全面深化改革若干重大问题的决定》明确提出：理顺城管执法体制，提高执法和服务水平。这是第一次在党的决议中对一项具体政府职能作出规定，也是第一次将城市管理问题写入中央重大决策文件。

2014年10月20日至23日，党的十八届四中全会在北京召开。全会通过的《中共中央关于全面推进依法治国若干重大问题的决定》再次提出：理顺城管执法体制，加强城市管理综合执法机构建设，提高执法和服务水平。

2015年12月24日，中央城市工作会配套文件《中共中央国务院关于深入推进城市执法体制改革 改进城市管理工作的指导意见》（中发〔2015〕37号）印发，就深入推进城市管理执法体制改革，改进城市管理工作提出明确要求；首次在中央层面厘清了城市管理职责范围，明确由住房城乡建设部重新负责全国城市管理工作的指导工作；并提出要拓展数字化城市管理平台功能，加快数字化城市管理向智慧化升级，实现感知、分析、服务、指挥、监察"五位一体"。这是新中国历史上第一次以党中央、国务院名义发出的关于城市管理与城管执法工作的重要文件。

2016年10月10日，住房城乡建设部下发《住房城乡建设部关于设立城市管理监督局的通知》，设立城市管理监督局，建立健全城市管理协调机制和考核机制。

2016年11月8日，《住房城乡建设部城市管理监督局关于推行城市管理执法全过程记录工作的通知》（建督综函〔2016〕1号），推行执法全过程记录、推进信息化建设、注重记录工作实效。

2017年1月24日，住房城乡建设部发布《城市管理执法办法》（住房和城乡建设部令第34号），自2017年5月1日起施行。办法明确：城市管理执法是指城市管理执法主管部门在城市管理领域根据法律法规规章规定履行行政处罚、行政强制等行政执法职责的行为。办法自2017年5月1日起施行，1992年6月3日发布的《城建监察规定》（建设部令第20号）同时废止。

2017年11月2日，《司法部　住房城乡建设部关于开展律师参与城市管理执法工作的意见》（司发通〔2017〕114号），明确律师是社会主义法治工作者，是创新城市管理执法方式、促进城市管理执法工作法治化建设的重要力量。实践证明，充分发挥律师的专业优势、实践优势和职业优势，开展律师参与城市管理执法工作，有利于增强相关部门运用法治思维和法治方式解决问题的能力，提高依法行政、依法办事的水平，也有利于引导城市管理相对人依靠法律手段解决纠纷，维护自身合法权益，促进社会和谐稳定。各级司法行政机关和城市管理部门要从全面依法治国和推进城市管理执法工作法治化的高度，充分认识律师参与城市管理执法工作的重要意义，根据各地区城市管理执法工作的实际情况，采取有效措施，加强监督指导，积极推动律师参与城市管理执法工作。

2018年9月5日，《住房城乡建设部关于印发城市管理执法行为规范的通知》（建督〔2018〕77号）颁布，规定城市管理执法人员从事行政检查、行政强制、行政处罚等执法活动，应当遵守本规范。

2019年5月13日，《住房和城乡建设部城市管理监督局关于迎接新中国成立70周年加强城市管理执法工作的通知》（建督三函〔2019〕23号）颁布，要求充分认识现阶段做好城市管理执法工作的重大意义，提升管理服务执法水平，严格规范城管执法行为，加强执法队伍能力建设，做好宣传舆论引导工作，全面展现城市管理执法工作新气象、新面貌、新作为，为新中国成立70周年营造良好的社会氛围。

二、机构设置和职能

全国各城市对城市管理执法监察制度及机构设置进行了多种多样的探索。一些城市借鉴德国秩序局、意大利城市警察公共秩序综合执法以及澳大利亚城管执法将决策、执行、监督相分离等发达国家经验，强化城市综合执法制度构建；一些城市通过强化"大部门、大城管"将后期运行管理与末端执法监察职能进行整合，强化服务导向；一些城市将规划建设运行全过程管理与执法职能以不同形式进行整合，以强化城市综合管理。但应看到，中国政府改革和发展综合执法制度，将多个行政部门的行政执法权归并到一个部门统一行使，将是未来发展的趋势，但有大合并和小合并两种模式。

把握城市管理综合执法监察制度发展的未来趋势，必须认识到法治是对城市管理及执法监察的首先要求，要把握执法监察的二重性（Duality），理解执法监察的一体两面，充分认识执法的监察意涵和监察的执法属性，以城管执法监察一体化推进依法治市，大力加强综合执法，构建精简、集约、高效的城市执法与监察体制，通过城管执法工作促使城市治理各利益相关方依法履责，推动构建面向感知、分析、服务、指挥、监察"五位一体"智慧城管，支撑规划、建设、运行一体，决策、执行、监督协力，政府、市场、社会共治的城市综合管理服务转型，推动实现城市法治、精治、共治。

现行的城市管理执法的职权划分主要如下：

中华人民共和国住房和城乡建设部负责全国城市管理执法的指导监督协调工作。内设城市管理监督局，负责拟订城管执法的政策法规；指导全国城管执法工作；开展城管执法行为监督；组织查处住房城乡建设领域重大案件；指导全国违法建设执法工作；集中行使部机关的行政处罚权；负责城乡规划和管理督察员的日常管理。[①]

各省、自治区人民政府住房城乡建设主管部门负责本行政区域内城市管理执法的指导监督考核协调工作。例如，浙江省住房和城乡建设厅内设城市管理执法指导处，负责拟订全省城市管理行政执法相关政策并指导实施，指导全省城市管理领域行政执法工作。牵头办理投诉举报，组织协调住房和城乡建设领域重大影响或跨区域案件执法工作，集中行使厅行政处罚权。承担省城乡环境整治工作领导小组办公室有关"三改一拆"的日常工作。[②]

---

① 中华人民共和国住房和城乡建设部官网，2020年1月11日。
② 浙江省住房和城乡建设厅官网，2020年1月11日。

城市、县人民政府城市管理执法主管部门负责本行政区域内的城市管理执法工作。直辖市、设区的市城市管理执法推行市级执法或者区级执法。直辖市、设区的市的城市管理执法事项，市辖区人民政府城市管理执法主管部门能够承担的，可以实行区级执法。直辖市、设区的市人民政府城市管理执法主管部门可以承担跨区域和重大复杂违法案件的查处。市辖区人民政府城市管理执法主管部门可以向街道派出执法机构。直辖市、设区的市人民政府城市管理执法主管部门可以向市辖区或者街道派出执法机构。派出机构以设立该派出机构的城市管理执法主管部门的名义，在所辖区域范围内履行城市管理执法职责。

直辖市，如北京市城市管理综合行政执法局、上海市城市管理执法局、天津市城市管理综合执法局、重庆市城市管理局和北京市西城区城市管理综合行政执法局。

地级市，如广州市城市管理和综合执法局、长沙市城市管理和综合执法局、东莞市城市管理和综合执法局。

县、县级市，如大埔县城市管理和综合执法局、广宁县城市管理和综合执法局、佛冈县城市管理和综合执法局。

街道，如上海市浦东新区三林镇城市管理行政执法中队。

三、制式服装

为深化城市管理领域简政放权、放管结合和优化服务改革，加强城市管理执法队伍建设，统一规范城市管理执法制式服装（以下简称制式服装）和标志标识，推进规范文明执法，营造良好营商环境、提高城市管理水平，提升政府公信力，依据《中华人民共和国预算法》和《中共中央国务院关于深入推进城市执法体制改革改进城市管理工作的指导意见》等规定，2017年2月7日制定本办法，住房和城乡建设部颁布了《城市管理执法制式服装和标志标识供应管理办法》（建督〔2017〕31号），规定各级城市管理部门要加强城市管理执法队伍建设，规范穿着制式服装和佩戴标志标识，严肃城市管理执法人员仪容仪表及执法风纪，创新履职方式，规范执法行为，围绕完善事中事后管理，推进管理精细化、执法规范化、服务人性化，更好体现执法的统一性、权威性。

2017年4月21日，《住房城乡建设部城市管理监督局关于印发城市管理执法制式服装和标志标识技术指引（试行）的通知》（建督政函〔2017〕12号），统一城市管理执法制式服装和标志标识。胸号为8位数阿拉伯数字，第一、二位为省、自治区、直辖市编号，第三、四位为城市编号，末四位为人员编号。

第二节　城管执法纠纷预防

改革开放以来，我国城镇化快速发展，城市规模不断扩大，建设水平逐步提高，保障城市健康运行的任务日益繁重，加强和改善城市管理的需求日益迫切，城市管理工作的地位和作用日益突出。各地区各有关方面适应社会发展形势，积极做好城市管理工作，探索提高城市管理执法和服务水平，对改善城市秩序、促进城市和谐、提升城市品质发挥了重要作用。但也要清醒看到，与新型城镇化发展要求和人民群众生产生活需要相比，我国部分地区在城市市政管理、交通运行、人居环境、应急处置和公共秩序等方面仍有较大差距，城市管理执法工作还存在管理体制不顺、职责边界不清、法律法规不健全、管理方式简单、服务意识不强、执法行为粗放等问题，社会各界反映较为强烈，在一定程度上制约了城市健康发展和新型城镇化的顺利推进。为严格规范城市管理执法行为，严肃执法纪律，切实维护人民群众合法权益，2018年2月11日，《住房城乡建设部关于严格规范城市管理执法行为严肃执法纪律的通知》（建督〔2018〕23号）中就提出"四、切实改进城市管理执法方式。各级城市管理执法部门和执法人员要突出服务为先，坚持'721工作法'，70%的问题用服务手段解决，20%的问题用管理手段解决，10%的问题用执法手段解决。综合运用行政指导、行政奖励、行政扶助、行政调解等非强制手段，引导当事人遵守法律法规，化解矛盾纠纷"。要杜绝上述案件的发生，减少城管执法纠纷，绝非某一环节的问题，应当整体设计、综合治理，建议从以下方面入手并完善。

一、完善立法

好的立法，既可以规范城管执法行为，也可以给执法相对人以约束。客观地讲，城管执法方面的立法还相对滞后，应当尽快完善。

1996年3月17日通过的《中华人民共和国行政处罚法》规定"国务院或者经国务院授权的省、自治区、直辖市人民政府可以决定一个行政机关行使有关行政机关的行政处罚权，但限制人身自由的行政处罚权只能由公安机关行使"。这第一次以法律的形式确认相对集中行政处罚权制度。2002年8月22日，国务院下发《关于进一步推进相对集中行政处罚权工作的决定》（国发〔2002〕17号）进一步明确了相对集中行政处罚权的范围等内容。2017年1月24日住房和城乡建设部第32次部常务会议审议通过了住房和城乡建设部第32号令《城市管理执法办法》。2018年9月5日印发了《住房城乡建设部关于印发城市管理执法行为规范的通知》（建督〔2018〕77号）。不过，这是远远不够的。《城市管理执法办法》的内容很简单，主要是执法程序方面的，其中没有明确与城市管理相关部分的行政处罚权的范围，还有赖于其他法律行政法规，尤其是地方性法规。《城市管理执法办法》仅是部门规章，法律层级较低，难以直接设定行政处罚权和行政强制权，容易与其他地方政府规章等产生冲突。建议全国人大及其常委会尽早制定这方面的法律，各地方人大及其常委会也尽早完善地方性立法。

二、清晰城市管理执法范围

虽然国务院的一些文件对城市管理相对集中处罚的范围有一定指导意见，但是并不具体，也不是法律法规。住房城乡建设部部令34号令《城市管理执法办法》规定，城市管理执法是指城市管理执法主管部门在城市管理领域根据法律法规规章规定履行行政处罚、行政强制等行政执法职责的行为。可见，城管执法主要包括行政处罚和行政强制。现有法律、行政法规、规章对此还规定得不够细，更多还是有赖于地方立法，具体范围各地不一样。以下是执法范围主要内容的分析。

（一）行政处罚

1. 可实施行政处罚的种类

《中华人民共和国行政处罚法》规定的行政处罚的种类包括警告、罚款、没收违法所得、没收非法财物、责令停产停业、暂扣或者吊销许可证、暂扣或者吊销执照、行政拘留、法律、行政法规规定的其他行政处罚。

根据"限制人身自由的行政处罚，只能由法律设定""地方性法规可以设定除限制人身自由、吊销企业营业执照以外的行政处罚"等规定，结合现行立法情况和城市管理的特点，城管执法主管部门可实施警告、罚款、没收违法所得、没收非法财物、责令停产停业等四类处罚权。

2. 相对集中行政处罚权的范围

2002年8月22日，《国务院关于进一步推进相对集中行政处罚权工作的决定》（国发〔2002〕17号）中可以集中行政处罚权的范围主要包括：市容环境卫生管理方面法律、法规、规章规定的行政处罚权，强制拆除不符合城市容貌标准、环境卫生标准的建筑物或者设施；城市规划管理方面法律、法规、规章规定的全部或者部分行政处罚权；城市绿化管理方面法律、法规、规章规定的行政处罚权；市政管理方面法律、法规、规章规定的行政处罚权；环境保护管理方面法律、法规、规章规定的部分行政处罚权；工商行政管理方面法律、法规、规章规定的对无照商贩的行政处罚权；公安交通管理方面法律、法规、规章规定的对侵占城市道路行为的行政处罚权；省、自治区、直辖市人民政府决定调整的城市管理领域的其他行政处罚权。

2015年12月24日，《中共中央　国务院关于深入推进城市执法体制改革改进城市管理工作的指导意见》中与城市管理密切相关且需要集中行使行政处罚权的领域推行综合执法的具体范围是：住房城乡建设领域法律法规规章规定的全部行政处罚权；环境保护管理方面社会生活噪声污染、建筑施工噪声污染、建筑施工扬尘污染、餐饮服务业油烟污染、露天烧烤污染、城市焚烧沥青塑料垃圾等烟尘和恶臭污染、露天焚烧秸秆落叶等烟尘污染、燃放烟花爆竹污染等的行政处罚权；工商管理方面户外公共场所无照经营、违规设置户外广告的行政处罚权；交通管理方面侵占城市道路、违法停放车辆等的行政处罚权；水务管理方面向城市河道倾倒废弃物和垃圾及违规取土、城市河道违法建筑物拆除等的行政处罚权；食品药品监管方面户外公共场所食品销售和餐饮摊点无证经营，以及违法回收贩卖药品等的行政处罚权。城市管理部门可以实施与上述范围内法律法规规定的行政处罚权有关的行政强制措施。到2017年年底，实现住房城乡建设领域行政处罚权的集中行使。上述范围以外需要集中行使的具体行政处罚权及相应的行政强制权，由市、县政府报所在省、自治区政府审批，直辖市政府可以自行确定。

住房和城乡建设部令第34号《城市管理执法办法》规定："城市管理执法的行政处罚权范围依照法律法规和国务院有关规定确定，包括住房城乡建设领域法律法规规章规定的行政处罚权，以及环境保护管理、工商管理、交通管理、水务管理、食品药品监管方面与城市管理相关部分的行政处罚权。"可见，这也仅是原则性规定，仍需结合相关法律法规来确定。结合相关法律法规，综合如下，但确定的处罚范围仍需以地方依法确定和公布的为准。

（1）住房城乡建设领域

住房城乡建设领域主要包括城乡规划方面和工程建设方面。《国务院关于进一步推进相对集中行政处罚权工作的决定》（国发〔2002〕17号）中明确城管这方面的行政处罚权指"城市规划管理方面法律、法规、规章规定的全部或者部分行政处罚权"。2015年12月24日《中共中央、国务院关于深入推进城市执法体制改革改进城市管理工作的指导意见》则扩大了国发〔2002〕17号决定的范围，指"住房城乡建设领域法律法规规章规定的全部行政处罚权"。

（2）环境保护管理领域

《国务院关于进一步推进相对集中行政处罚权工作的决定》（国发〔2002〕17号）中明确城管这方面的行政处罚权指"市容环境卫生管理方面法律、法规、规章规定的行政处罚权，强制拆除不符合城市容貌标准、环境卫生标准的建筑物或者设施""城市绿化管理方面法律、法规、规章规定的行政处罚权""环境保护管理方面法律、法规、规章规定的部分行政处罚权"。

2015年12月24日《中共中央、国务院关于深入推进城市执法体制改革改进城市管理工作的指导意见》中城管这方面的行政处罚权则减少为"环境保护管理方面社会生活噪声污染、建筑施工噪声污染、建筑施工扬尘污染、餐饮服务业油烟污染、露天烧烤污染、城市焚烧沥青塑料垃圾等烟尘和恶臭污染、露天焚烧秸秆落叶等烟尘污染、燃放烟花爆竹污染等的行政处罚权"。

（3）工商管理领域

《国务院关于进一步推进相对集中行政处罚权工作的决定》（国发〔2002〕17号）中明确城管这方面的行政处罚指"工商行政管理方面法律、法规、规章规定的对无照商贩的行政处罚权"。2015年12月24日《中共中央、国务院关于深入推进城市执法体制改革改进城市管理工作的指导意见》中城管这方面的行政处罚权则扩大为"工商管理方面户外公共场所无照经营、违规设置户外广告的行政处罚权"。

（4）交通管理领域

《国务院关于进一步推进相对集中行政处罚权工作的决定》（国发〔2002〕17号）中明确城管这方面的行政处罚指"公安交通管理方面法律、法规、规章规定的对侵占城市道路行为的行政处罚权"。2015年12月24日《中共中央、国务院关于深入推进城市执法体制改革改进城市管理工作的指导意见》中城管这方面的行政处罚权则扩大为"交通管理方面侵占城市道路、违法停放车辆等的行政处罚权"。

（5）水务管理领域

水务是一个较新的概念，其涉及范围很广，泛指涉水行政事务。《国务院关于进一步推进相对集中行政处罚权工作的决定》（国发〔2002〕17号）中没有水务管理领域。2015年12月24日《中共中央　国务院关于深入推进城市执法体制改革改进城市管理工作的指导意见》中明确城管这方面的行政处罚指"水务管理方面向城市河道倾倒废弃物和垃圾及违规取土、城市河道违法建筑物拆除等的行政处罚权。"《水利部关于印发〈深化水务管理体制改革指导意见〉的通知》（水资源司〔2005〕49号）中称"近年来，在中央十五届五中全会关于'改革水的管理体制'精神指引下，地方各级人民政府为适应经济社会发展需要，缓解城乡供水紧张状况，贯彻科学发展观和中央水利工作方针，落实《水法》有关规定，推进以区域涉水行政事务统一管理为标志的水管理体制改革。""现有法规滞后于水务管理实践""三是健全地方性水务管理法规体系。要充分发挥水务统一管理的体制优势，严格执行《行政许可法》《水法》《防洪法》《水土保持法》《取水许可制度实施办法》《水利产业政策》等法律法规，建立对城市供水、用水、排水的监督机制，采用取水许可、计划用水等行政措施，从源头上加强城市用水的监管。要针对执法和行政管理中存在的突出问题，密切结合当地实际，清理与水务管理体制不相适应的地方性水务管理办法，按照水务统一管理的要求，明确执法主体，逐步建立健全发挥水务管理优势、强化水务行业管理的《城市供排水管理办法》《城市污水处理及回用管理办法》《城市饮用水水源地保护办法》《城市计划用水与节约用水管理办法》等地方性水务管理法规。在完善地方性水务管理法规体系的同时，要加强执法监督和工作指导，全面贯彻落实现有法律、法规，及时研究解决工作中出现的新情况、新问题。"

（6）食品药品监管方面领域

《国务院关于进一步推进相对集中行政处罚权工作的决定》（国发〔2002〕17号）中没有食品药品监管方面领域。2015年12月24日《中共中央、国务院关于深入推进城市执法体制改革改进城市管理工作的指导意见》中明确城管这方面的行政处罚指"食品药品监管方面户外公共场所食品销售和餐饮摊点无证经营，以及违法回收贩卖药品等的行政处罚权。"

（二）行政强制

根据《中华人民共和国行政强制法》行政强制包括行政强制措施和行政强制执行。

行政强制执行包括行政机关强制执行和申请人民法院强制执行。

行政机关强制执行指行政机关依法作出行政决定后，当事人在行政机关决定的期限内不履行义务的，具有行政强制执行权的行政机关依照法律规定强制执行。

申请人民法院强制执行指当事人在法定期限内不申请行政复议或者提起行政诉讼，又不履行行政决定的，没有行政强制执行权的行政机关可以自期限届满之日起三个月内，依照法律规定申请人民法院强制执行。

1. 行政强制措施

行政强制措施是指行政机关在行政管理过程中，为制止违法行为、防止证据损毁、避免危害发生、控制危险扩大等情形，依法对公民的人身自由实施暂时性限制，或者对公民、法人或者其他组织的财物实施暂时性控制的行为。

行政强制措施的种类包括：限制公民人身自由；查封场所、设施或者财物；扣押财物；冻结存款、汇款；其他行政强制措施。

行政强制措施由法律设定。尚未制定法律，且属于国务院行政管理职权事项的，行政法规可以设定除限制公民人身自由、冻结存款、汇款和应当由法律规定的行政强制措施以外的其他行政强制措施。尚未制定法律、行政法规，且属于地方性事务的，地方性法规可以设定查封场所、设施或者财物和扣押财物的行政强制措施。法律、法规以外的其他规范性文件不得设定行政强制措施。

《城市管理执法办法》中规定，城市管理执法主管部门依法相对集中行使行政处罚权的，可以实施法律法规规定的与行政处罚权相关的行政强制措施。

需要指出的是：住房和城乡建设部令第34号《城市管理执法办法》中并无冻结存款、汇款的行政强制措施。虽然《中华人民共和国行政强制法》的行政强制措施中有冻结存款、汇款，但是根据《中华人民共和国行政强制法》中冻结存款、汇款由法律设定的原则，以及冻结存款、汇款不得委托给其他行政机关或者组织以及其他任何行政机关或者组织不得冻结存款、汇款的规定，因此即使住房和城乡建设部令第34号《城市管理执法办法》等部门规章或者其他地方性法规、地方规章设定了冻结存款、汇款的行政强制措施也是无效的。

结合上述分析和现有规定，城市管理执法主管部门能实施的行政强制措施是查封场所、设施或者财物和扣押财物。

2. 行政强制执行

行政强制执行，是指行政机关或者行政机关申请人民法院，对不履行行政决定的公民、法人或者其他组织，依法强制履行义务的行为。

现有的法律规定尚没有赋予城市管理执法主管部门行政强制执行的权力，因此在当事人不履行行政处罚决定时，城市管理执法部主管部门应当向人民法院申请强制执行，不能实施行政机关强制执行。因此，在城市管理执法中的城市管理执法部门只能实施行政强制措施和申请人民法院强制执行。

三、规范执法

规范的执法能减少不必要的误解和给违法行为人以威严，有利于执法的顺利进行，减少执法纠纷。《城市管理执法办法》中专门有"执法规范"一章。为此，2018年9月5日，《住房城乡建设部关于印发城市管理执法行为规范的通知》（建督〔2018〕77号）进一步完善了执法行为规范。《住房和城乡建设部城市管理监督局关于迎接新中国成立70周年加强城市管理执法工作的通知》（建督三函〔2019〕23号）中也强调"严格规范城管执法行为。各级城市管理执法部门要认真执行《行政处罚法》，落实《城市管理执法办法》《城市管理执法行为规范》，严禁无证从事执法工作，严格执法程序，规范执法行为，落实行政执法公示制度、执法全过程记录制度、重大执法决定法制审核制度。执法人员应做到着装整齐、用语规范、举止文明，并按规定穿着制式服装。城市管理协管人员的服装、标识不得使用'特勤''特别勤务'等类似字样。要维护执法对象合法权益，杜绝粗暴执法和选择性执法，严禁威胁、辱骂、殴打行政相对人，严禁非法查封、扣押、处置行政相对人物品，做到严格规范公正文明执法，营造和谐稳定的社会氛围"。主要规范如下：

1. 人员规范

城市管理执法人员应当持证上岗。

城市管理执法主管部门应当定期开展执法人员的培训和考核。

2. 办案规范

城市管理执法人员应当采取文字、音像等方式对城市管理执法全过程进行记录，实现可回溯管理。

城市管理执法人员实施执法时，应当出示行政执法证件，告知行政相对人权利和义务。

城市管理执法人员应当依法、全面、客观、公正调查取证。

调查取证时，城市管理执法人员不得少于两人。

城市管理执法人员应当依法实施证据先行登记保存或查封场所设施、扣押财物。

对先行登记保存或扣押的财物，城市管理执法人员应当妥善保管，不得使用、截留、损毁或者擅自处置。

3. 装备使用规范

城市管理执法人员使用执法车辆，应当遵守道路交通安全法律法规，保持车辆完好、整洁。禁止公车私用。

非工作需要，不得将执法车辆停放在公共娱乐场所、餐馆酒楼等区域。

城市管理执法人员实施执法时，应当按照规范使用通信设备，保持工作联络畅通，不得超出工作范围使用通信设备。

城市管理执法人员实施执法时，应当开启音像设备，不间断记录执法过程，及时完整存储执法音像资料，不得删改、外传原始记录。

4. 着装规范

城市管理执法人员实施执法时，应当穿着统一的制式服装，佩戴统一的标志标识。

城市管理制式服装应当成套规范穿着，保持整洁完好，不得与便服混穿，不得披衣、敞怀、挽袖、卷裤腿。

城市管理执法人员应当按规定佩戴帽徽、肩章、领花、臂章、胸徽、胸号等标志标识，不得佩戴与执法身份不符的其他标志标识或饰品。

城市管理协管人员的服装、标识不得使用"特勤""特别勤务"等类似字样。

5. 仪容举止和语言规范

城市管理执法人员应当保持头发整洁，不得染彩发。男性城市管理执法人员不得留长发、烫卷发、剃光头和蓄胡须。女性城市管理执法人员实施执法时应当束发，发垂不得过肩。

城市管理执法人员实施执法时，应当举止端庄、姿态良好、行为得体，不得边走边吃东西、扇扇子；不得在公共场所或者其他禁止吸烟的场所吸烟；不得背手、袖手、插兜、搭肩、挽臂、揽腰；不得嬉笑打闹、高声喧哗。

城市管理执法人员实施执法时，应当先向行政相对人敬举手礼。

城市管理执法人员应当礼貌待人，语言文明规范，不得对行政相对人使用粗俗、歧视、训斥、侮辱以及威胁性语言。

城市管理执法人员实施执法时，一般使用普通话，也可以根据行政相对人情况，使用容易沟通的语言。

四、推广、完善数字城管

科技的迅猛发展正在极大地改变着社会各个方面。自2005年在全国推广数字化城市管理新模式（以下简称数字城管）以来，数字城管实现了城市管理从粗放到精细、从静态到动态、从开环到闭环、从分散到集中的转变，全面提高了城市管理水平，这极大促进公民的遵纪守法和减少城管执法冲突。2009年7月7日住房和城乡建设部印发《数字化城市管理模式建设导则（试行）》（建城〔2009〕119号）以推广数字城管的基本经验，提高系统建设质量和效益，确保数字城管建设健康发展。《国务院关于印发"十三五"国家信息化规划的通知》（国发〔2016〕73号）中指出：打造智慧高效的城市治理。推动数字化城管平台建设和功能扩展，统筹推进城市规划、城市管网、园林绿化等信息化、精细化管理，强化城市运行数据的综合采集和管理分析，建立综合性城市管理数据库，重点推进城市建筑物数据库建设。以信息技术为支撑，完善社会治安防治防控网络建设，实现社会治安群防群治和联防联治，建设平安城市，提高城市治理现代化水平。深化信息化与安全生产业务融合，提升生产安全事故防控能力。建设面向城市灾害与突发事件的信息发布系统，提升突发事件应急处置能力。健全社会信用体系，加强各地区、各部门信用信息基础设施建设，推进信用信息平台无缝对接，全面推行统一的社会信用代码制度，构建多层次的征信和支付体系；加强分享经济等新业态信用建设，运用大数据建立以诚信为核心的新型市场监管机制。加快研究纳入国民经济和社会发展统计的信息化统计指标，建立完善信息化统计监测体系。

《城市管理执法办法》中规定，城市管理领域应当建立数字化城市管理平台，实现城市管理的信息采集、指挥调度、督察督办、公众参与等功能，并逐步实现与有关部门信息平台的共享。城市管理领域应当整合城市管理相关电话服务平台，建立统一的城市管理服务热线。

五、健全社会信用体系

社会信用体系的建设已经极大地改变了社会文明，十分有利于减少城管执法纠纷。《国务院关于印发"十三五"国家信息化规划的通知》（国发〔2016〕73号）中指出：打造智慧高效的城市治理。健全社会信用体系，加强各地区、各部门信用信息基础设施建设，推进信用信息平台无缝对接，全面推行统一的社会信用代码制度，构建多层次的征信和支付体系；加强分享经济等新业态信用建设，运用大数据建立以诚信为核心的新型市场监管机制。加快研究纳入国民经济和社会发展统计的信息化统计指标，建立完善信息化统计监测体系。

2019年7月9日《国务院办公厅关于加快推进社会信用体系建设构建以信用为基础的新型监管机制的指导意见》（国办发〔2019〕35号）要求：创新事前环节信用监管、加强事中环节信用监管、完善事后环节信用监管。

《城市管理执法办法》中规定，城市管理执法主管部门应当与有关部门建立行政执法信息互通共享机制，及时通报行政执法信息和相关行政管理信息。

自2017年10月1日起施行的《无证无照经营查处办法》（国务院令第684号）中规定，任何单位或者个人从事无证无照经营的，由查处部门记入信用记录，并依照相关法律、法规的规定予以公示。

六、律师参与

律师是社会主义法治工作者，是创新城市管理执法方式、促进城市管理执法工作法治化建设的重要力量。近年来，广东、山东等地创新城市治理方式，引入律师参与城市管理执法工作，在规范文明执法、提高行政处罚执行率、减少暴力抗法和争取人民群众理解支持等方面取得良好效果。实践证明，充分发挥律师的专业优势、实践优势和职业优势，开展律师参与城市管理执法工作，有利于增强相关部门运用法治思维和法治方式解决问题的能力，提高依法行政、依法办事的水平，也有利于引导城市管理相对人依靠法律手段解决纠纷，维护自身合法权益，促进社会和谐稳定，减少城管执法纠纷的产生。

《司法部　住房城乡建设部关于开展律师参与城市管理执法工作的意见》（司发通〔2017〕114号）中要求：

律师参与城市管理执法，主要采取聘请"律师驻队"的模式。"律师驻队"是指城市管理部门通过购买服务的方式与律师事务所签订法律服务协议，由律师事务所指派一名以上的专职律师常驻城市管理执法队伍，提供法律服务，协助执法。"驻队律师"不仅要为聘用单位提供法律服务，还要在聘用单位办公，随队赴执法一线提供法律服务。

驻队律师的工作任务、工作方式、双方权利义务等内容由各地结合实际，通过法律服务协议方式约定，并在辖区内公示。驻队律师的工作任务包括但不限于以下内容：

（一）为重大决策、重大行政行为、相关政策文件制定提供法律意见，对规范城市管理执法制度、改进执法方式提出法律意见。

（二）参与处置疑难复杂城市管理执法事项，参与对接受调查处理或者行政处罚的执法相对人进行说服沟通工作，出具律师告知函对相对人履行法律义务进行催告。

（三）发挥第三方监督作用，督促城市管理执法人员履行职责，依法规范执法程序。

（四）为处置涉法涉诉案件和重大突发事件等提供法律服务，代理妨碍城市管理执法和暴力抗法行为的诉讼。

（五）参与处理行政复议、诉讼等法律事务。

（六）开展普法教育，协助做好辖区内城市管理法治宣传和普法活动，协助开展城市管理执法人员法律知识培训。

（七）与所服务城市管理部门约定的其他职责。

在开展"律师驻队"工作的同时，要注重发挥城市管理部门公职律师职能作用。按照《中共中央办公厅　国务院办公厅关于推行法律顾问制度和公职律师公司律师制度的意见》要求，构建一支既熟悉城市管理业务工作，又精通法律专业知识的公职律师队伍，实现驻队律师与本单位公职律师良性互动、优势互补。

七、完善执法风险评估机制

社会稳定风险评估是有效预防和化解社会矛盾的一项重要机制，已经深入到各项社会管理事务中。在城管执法领域，这项机制尚未落实。对于重大、易发生冲突的城管执法行为，应当进行社会稳定风险评估，以尽可能地减少城管执法纠纷的发生。2018年2月11日《住房城乡建设部关于严格规范城市管理执法行为严肃执法纪律的通知》（建督〔2018〕23号）中就指出"四、切实改进城市管理执法方式……建立城市管理执法风险评估机制，对易发生执法冲突的，要做好风险防控预案，稳妥组织实施。充分运用数字化城市管理平台等，探索实行非现场执法。建立突发事件应急处置制度，发生执法冲突事件，要立即向当地政府和上级部门报告，抓紧调查核实有关情况，依法依规处理，并及时主动客观向社会公布有关信息"。目前，虽然有《中央办公厅　国务院办公厅印发〈关于建立健全重大决策社会稳定风险评估机制的指导意见（试行）〉的通知》（中办发〔2012〕2号），但是远远不够，应当及时对社会稳定风险机制进行立法。

第三节　城管执法纠纷处理

社会矛盾总是无处不在，只能尽可能减少、化解。城管执法应当本着教育与处罚相结合的方针。《城市管理执法办法》中规定："应当根据违法行为的性质和危害后果依法给予相应的行政处罚。对违法行为轻微的，可以采取教育、劝诫、疏导等方式予以纠正"。城管纠纷一旦发生，从处理方式而言，包括非强制性方式、强制性方式和移送。强制性方式包括行政强制措施和强制执行。

一、非强制性方式

2015年12月23日中共中央、国务院印发的《法治政府建设实施纲要（2015—2020年）》（中发〔2015〕36号）中指出"22. 创新行政执法方式……推广运用说服教育、劝导示范、行政指导、行政奖励等非强制性执法手段"。

2015年12月24日的《中共中央、国务院关于深入推进城市执法体制改革改进城市管理工作的指导意见》中指出"（十五）改进执法方式……综合运用行政指导、行政奖励、行政扶助、行政调解等非强制行政手段，引导当事人自觉遵守法律法规，及时化解矛盾纷争，促进社会和谐稳定"。

2018年2月11日的《住房城乡建设部关于严格规范城市管理执法行为严肃执法纪律的通知》（建督〔2018〕23号）中指出"四、切实改进城市管理执法方式。各级城市管理执法部门和执法人员要突出服务为先，坚持'721工作法'，70%的问题用服务手段解决，20%的问题用管理手段解决，10%的问题用执法手段解决。综合运用行政指导、行政奖励、行政扶助、行政调解等非强制手段，引导当事人遵守法律法规，化解矛盾纠纷"。

2018年4月16日的《住房城乡建设部关于印发全国城市管理执法队伍"强基础、转作风、树形象"三年行动方案的通知》（建督〔2018〕37号）中指出"二是继续推行'721'工作法……综合运用行政指导、行政奖励、行政扶助、行政调解等非强制行政手段，引导当事人遵守法律法规，化解矛盾纠纷，促进社会和谐稳定"。

2019年5月的《中央全面依法治国委员会办公室关于开展法治政府建设示范创建活动的意见》中指出"创新行政执法方式，推广运用说服教育、劝导示范、行政指导、行政奖励等非强制性执法手段。采用非强制性手段可以达到行政管理目的的，不实施行政强制"。

2020年1月1日起施行的中华人民共和国国务院令第722号《优化营商环境条例》中规定："行政执法中应当推广运用说服教育、劝导示范、行政指导等非强制性手段，依法慎重实施行政强制。采用非强制性手段能够达到行政管理目的的，不得实施行政强制；违法行为情节轻微或者社会危害较小的，可以不实施行政强制；确需实施行政强制的，应当尽可能减少对市场主体正常生产经营活动的影响"。

综上所述以上意见可知，非强制性方式主要是：

（1）说服教育；

（2）劝导示范；

（3）行政指导；

（4）行政奖励；

（5）行政扶助；

（6）行政调解。

以上方式中的说服教育、劝导示范无须立法详细规定，更依赖于执法人员的素质。其他方式则应立法或者相关规范性文件加以完善，否则不便操作。如《国家工商行政管理总局关于印发〈工商行政管理机关行政指导工作规则〉的通知》（工商法字〔2013〕3号）。虽然已有《中华人民共和国人民调解法》，但是该法仅解决民间纠纷。《国务院办公厅关于印发国务院2010年立法工作计划的通知》中提出的"《行政调解条例》（法制办起草）"应尽早落实。

二、行政强制措施

（一）一般规定

1. 行政强制措施的实施条件

实施的两项基本条件：① 行政强制措施必须在行政机关履行行政管理职责的过程中实施，即城市管理执法主管部门在履行城市管理执法过程中，与履行城市管理执法无关的事务中不得实施。② 行政强制措施必须依据法律、法规的明确规定，规章及其他规范性文件不得作为实施行政强制措施的依据。法律仅是全国人民代表大会及其常务委员会制定的法律。法规包括行政法规和地方性法规。行政法规是国务院根据宪法和法律，按照《行政法规制定程序暂行条例》的规定而制定的政治、经济、教育、科技、文化、外事等各类法规的总称。地方性法规是指各省、直辖市以及省政府所在的市和国务院批准的较大的市的人民代表大会及其常委会制定的，仅在特定区域内发生法律效力的规范性法律文件。

不采取行政强制措施的情形：① 违法行为情节显著轻微。② 没有明显社会危害的。二者符合其一即可。

2. 行政强制措施的实施主体

实施的主体应当是城市管理执法主管部门。直辖市、设区的市城市管理执法推行市级执法或者区级执法。直辖市、设区的市的城市管理执法事项，市辖区人民政府城市管理执法主管部门能够承担的，可以实行区级执法。直辖市、设区的市人民政府城市管理执法主管部门可以承担跨区域和重大复杂违法案件的查处。

市辖区人民政府城市管理执法主管部门可以向街道派出执法机构。直辖市、设区的市人民政府城市管理执法主管部门可以向市辖区或者街道派出执法机构。派出机构以设立该派出机构的城市管理执法主管部门的名义，在所辖区域范围内履行城市管理执法职责。

城市管理执法主管部门不得委托其他行政机关或者其他机构实施，即禁止委托。

行政执法人员应当是具有城市管理执法资格的人员，即取得城市管理执法证件的人员。城市管理执法协管人员不得实施。

3. 行政强制措施实施的一般程序

（1）负责人批准程序

实施前须向行政机关负责人报告并经批准。批准应当有相关的格式文书。

（2）实施人员数量

实施由两名以上（含两名）行政执法人员实施。

（3）表明身份程序

即实施前应当出示执法身份证件。执法身份证件即城市管理执行资格证。

（4）通知当事人到场程序

通知应当是书面的格式文书。经依法通知，当事人拒绝到场不影响实施行政强制措施，但应当邀请见证人到场。见证人应当是与执法活动、当事人无利害关系的人员。

（5）告知和说明理由程序

应当当场告知当事人采取行政强制措施的理由、依据以及当事人依法享有的权利、救济途径。此告知也应当通过格式文书和口头说明的方式。告知的内容包括采取行政强制措施的事实理由和法律依据、实施前当事人有陈述和申辩权、不服行政强制措施可以申请行政复议或者提起行政诉讼的权利。

（6）听取陈述和申辩程序

在实施行政强制措施前应当听取当事人的陈述和申辩。当事人的陈述和申辩可以是书面形式，也可以是口头形式。如果当事人提出的事实、理由或者证据成立，执法人员应当予以采纳、中止实施行政强制措施、重新调查。

（7）实施过程记录程序

实施行政强制措施应当制作现场笔录，记录实施的过程。现场笔录由当事人和行政执法人员签名或者盖章，当事人拒绝的，在笔录中予以注明。如果现场笔录上没有当事人的签名且执法人员未注明原因，该执法笔录不发生法律效力，在行政诉讼中不具有证明力。如当事人不到场的，应邀请见证人到场，由见证人和行政执法人员在现场笔录上签名或者盖章。

同时还应当运用执法记录仪、视频监控等技术，实现执法活动全过程记录。

（8）其他程序

如其他法律、法规还有上述一般程序之外的其他程序，根据特别法优于普通法的原则，应当优先遵守。

4. 行政强制措施实施的特别程序

情况紧急，需要当场实施行政强制措施的，行政执法人员应当在二十四小时内向行政机关负责人报告，并补办批准手续。行政机关负责人认为不应当采取行政强制措施的，应当立即解除。所谓紧急情况是指一旦不立即采取行政强制措施，将会造成公共利益的重大损失或是发生证据灭失等无法挽回的情形。

不得采取限制人身自由的行政强制措施。虽然《中华人民共和国行政强制法》还规定了限制公民人身自由的行政强制措施及相关特别程序，但是《中华人民共和国行政强制法》规定限制公民人身自由的行政强制措施由法律规定，而现行法律尚无城市管理执法中可以限制公民人身自由的规定，同时《中华人民共和国行政处罚法》规定限制人身自由的行政处罚权只能由公安机关行使。因此在城市管理执法中不得限制公民人身自由。如出现妨害城管执行公务等特殊情况，需要限制公民人身自由，可以通知公安机关予以配合。

5. 被采取强制措施财物的移送

需要移送的有两类情形：① 违法行为涉嫌犯罪应当移送司法机关的，行政机关应当将查封、扣押、冻结的财物一并移送。如果被查封、扣押、冻结的财物中有部分与涉嫌犯罪的行为并无关联，则该部分应当由城市管理执法主管部门继续保留。如果被查封、扣押、冻结的财物是不动产，那么应当将保管的相关财产权证照移交司法机关。如果在未查封过程中采取了贴封条和公告等公示方式，应当在案件移送后变更封条和公告的相关内容。② 查封、扣押的物品属非法物品的，移送有关部门处理。

城市管理执法主管部门将被查封、扣押、冻结的财物进行移送时，应当告知当事人。告知应当以书面形式作出并送达当事人，告知书中应当载明移送日期、本机关名称、移送机关的名称以及移送财物的种类、数量等。

6. 法制审核程序

城市管理执法主管部门应当确定法制审核机构，配备一定比例符合条件的法制审核人员，对重大执法决定在执法主体、管辖权限、执法程序、事实认定、法律适用等方面进行法制审核。对非重大执法决定无须通过法制审核程序。

（二）查封、扣押

前面已经分析，城市管理执法主管部门能实施的行政强制措施是查封场所、设施或者财物和扣押财物。

1. 查封、扣押的实施主体

实施的主体应当是城市管理执法主管部门，理由不重复赘述。

2. 查封、扣押的范围

查封、扣押限于涉案的场所、设施或者财物，有可能是证明行政行为违法与否或责任大小的证据，也可能是实施违法行为的工具、违禁物品、违法所得以及违法行为人的各种证照。"涉案"是指与城管执法主管部门正在处理的案件有关。不得查封、扣押与违法行为无关的场所、设施或者财物；不得查封、扣押公民个人及其所扶养家属的生活必需品。如《无证无照经营查处办法》中规定："对涉嫌从事无照经营的场所，可以予以查封；对涉嫌用于无照经营的工具、设备、原材料、产品（商品）等物品，可以予以查封、扣押"。《最高人民法院关于人民法院民事执行中查封、扣押、冻结财产的规定》（法释〔2004〕15号）中明确规定了不得查封、扣押的财产范围，即"第五条　人民法院对被执行人下列的财产不得查封、扣押、冻结：（一）被执行人及其所扶养家属生活所必需的衣服、家具、炊具、餐具及其他家庭生活必需的物品；（二）被执行人及其所扶养家属所必需的生活费用。当地有最低生活保障标准的，必需的生活费用依照该标准确定；（三）被执行人及其所扶养家属完成义务教育所必需的物品；（四）未公开的发明或者未发表的著作；（五）被执行人及其所扶养家属用于身体缺陷所必需的辅助工具、医疗物品；（六）被执行人所得的勋章及其他荣誉表彰的物品；（七）根据《中华人民共和国缔结条约程序法》，以中华人民共和国、中华人民共和国政府或者中华人民共和国政府部门名义同外国、国际组织缔结的条约、协定和其他具有条约、协定性质的文件中规定免于查封、扣押、冻结的财产；（八）法律或者司法解释规定的其他不得查封、扣押、冻结的财产。"虽然这是司法规定，但是出发点是一致的，建议参照。

禁止重复查封，当事人的场所、设施或者财物已被其他国家机关依法查封的，不得重复查封。

3. 查封、扣押决定书

城管执法主管部门决定实施查封、扣押的，应当履行行政强制措施实施的一般程序后，制作并当场交付查封、扣押决定书和清单。查封、扣押决定书应当载明下列事项：① 当事人的姓名或者名称、地址；② 查封、扣押的理由、依据和期限，包括主要违法事实及相关证据材料，并写明违法行为所违反的法律名称及具体条款；③ 查封、扣押场所、设施或者财物的名称、数量等；④ 申请行政复议或者提起行政诉讼的途径和期限；⑤ 行政机关的名称、印章和日期。查封、扣押清单一式二份，由当事人和城管执法主管部门分别保存。清单中应当对所被查封、扣押的场所、设施及财物的名称、规格、数量、特征等逐一列明。

4. 查封、扣押期限

查封、扣押的期限不得超过三十日；情况复杂的，经行政机关负责人批准，可以延长，但是延长期限不得超过三十日。法律、行政法规另有规定的除外。

查封、扣押期限延长，即延长查封、扣押的决定应当及时书面告知当事人，并说明理由。

查封、扣押期限的中止，即对物品需要进行检测、检验、检疫或者技术鉴定的，查封、扣押的期间不包括检测、检验、检疫或者技术鉴定的期间。检测、检验、检疫或者技术鉴定的期间应当明确，并书面告知当事人。检测、检验、检疫或者技术鉴定的费用由城管执法主管部门承担。检测、检验、检疫或者技术鉴定等工作专业性较强，且需委托专业机构来承担此类工作，有可能需要很长的时间，非城管执法主管部门能左右，因此才需要期间的中止。

5. 被查封、扣押财产的保管

由城管执法主管部门保管。

对查封、扣押的场所、设施或者财物，行政机关应当妥善保管，不得使用、截留、损毁或者擅自处置。造成损失的，应当承担赔偿责任。

委托保管。对查封的场所、设施或者财物，城管执法主管部门可以委托第三人保管，第三人不得损毁或者擅自转移、处置。因第三人的原因造成的损失，行政机关先行赔付后，有权向第三人追偿。

保管费用。因查封、扣押发生的保管费用由城管执法主管部门承担。如是委托保管，城管执法主管部门应当向受托的第三人支付相关费用。

6. 被查封、扣押财产的处置

城管执法主管部门采取查封、扣押措施后，应当及时查清事实，在规定的期限内作出处理决定。有以下几种处理情形：① 被查封、扣押的物品属非法物品的，移送有关部门处理。② 对违法事实清楚，依法应当没收的非法财物予以没收。③ 法律、行政法规规定应当销毁的，依法销毁。④ 应当解除查封、扣押的，作出解除查封、扣押的决定，并返还当事人。在规定的查封、扣押期限届满后仍不能对案件作出处理决定的，也应当在期限届满之日及时作出解除查封、扣押的决定，不得以案件未处理完毕为理由擅自延长对场所、设施或者财物的查封、扣押期限。

7. 查封、扣押的解除

根据解除查封、扣押的时间点的不同，可以分成两类：一是行政处理决定作出前的解除；二是行政处理决定后的解除。

行政处理决定作出前的解除包括：① 查封、扣押的场所、设施或者财物与违法行为无关。② 查封、扣押期限已经届满。

行政处理决定后的解除包括：① 当事人没有违法行为。② 城管执法主管部门对违法行为已经作出处理决定，不再需要查封、扣押。

解除查封、扣押应当立即退还财物；已将鲜活物品或者其他不易保管的财物拍卖或者变卖的，退还拍卖或者变卖所得款项。变卖价格明显低于市场价格，给当事人造成损失的，应当给予补偿。

三、行政处罚

（一）行政处罚的主体

城管执法中的行政处罚主体应当是城市管理执法主管部门，不同级别部门的职权划分，此不赘述，见前述内容。在此仅强调一点，虽然《中华人民共和国行政处罚法》中规定："行政机关依照法律、法规或者规章的规定，可以在其法定权限内委托符合本法第十九条规定条件的组织实施行政处罚。行政机关不得委托其他组织或者个人实施行政处罚。"但是《城市管理执法办法》中并没有委托实施行政处罚的规定，因此通常情况下城市管理执法主管部门不得委托其他组织实施行政处罚，除非有明确的法律、法规或者规章的规定。如委托其他组织实施行政处罚，该行政处罚的法律责任仍由城市管理执法主管部门承担。

受委托的组织应当符合以下条件：

（1）依法成立的管理公共事务的事业组织；

（2）具有熟悉有关法律、法规、规章和业务的工作人员；

（3）对违法行为需要进行技术检查或者技术鉴定的，应当有条件组织进行相应的技术检查或者技术鉴定。

（二）行政处罚的范围

详见前述内容。

（三）行政处罚的程序

1. 简易程序

简易程序适用于违法事实确凿并有法定依据，对公民处以五十元以下、对法人或者其他组织处以一千元以下罚款或者警告的行政处罚的，可以当场作出行政处罚决定。具体程序如下：

（1）向当事人出示执法身份证件。

（2）填写预定格式、编有号码的行政处罚决定书。行政处罚决定书应当载明当事人的违法行为、行政处罚依据、罚款数额、时间、地点、不服行政处罚的救济途径以及行政机关名称，并由执法人员签名或者盖章。

（3）行政处罚决定书应当当场交付当事人。

执法人员当场作出的行政处罚决定，必须报所属行政机关备案。

2. 一般程序

一般程序适用除可以适用简易程序之外的行政处罚。具体程序如下：

（1）调查或者检查

执法人员不得少于两人。执法人员与当事人有直接利害关系的，应当回避。

向当事人或者有关人员出示证件。

询问案件当事人、证人，并制作询问或者检查笔录。

收集证据。可以采取抽样取证的方法；可以勘验、拍照、录音、摄像等方式进行现场取证；查阅、调取、复制有关文件资料等；在证据可能灭失或者以后难以取得的情况下，经行政机关负责人批准，可以先行登记保存，并应当在七日内及时作出处理决定，在此期间，当事人或者有关人员不得销毁或者转移证据。

（2）作出处罚决定前的告知

城管执法主管部门及其执法人员在作出行政处罚决定之前，应当向当事人告知给予行政处罚的事实、理由和依据，并告知当事人依法享有的权利。

（3）听取当事人的陈述、申辩

当事人在被告知将要被行政处罚后，有权陈述、申辩，并提供证据。城管执法主管部门应当听取，并接收证据。对当事人提出的事实、理由和证据，应当进行复核；当事人提出的事实、理由或者证据成立的，城管执法主管部门应当采纳。

城管执法主管部门不得因当事人申辩而加重处罚。

（4）作出行政处罚决定

调查终结，由从事行政处罚决定审核的人员进行审核。行政机关中初次从事行政处罚决定审核的人员，应当通过国家统一法律职业资格考试取得法律职业资格。

行政机关负责人对调查结果进行审查，根据不同情况，分别作出如下决定：确有应受行政处罚的违法行为的，根据情节轻重及具体情况，作出行政处罚决定；违法行为轻微，依法可以不予行政处罚的，不予行政处罚；违法事实不能成立的，不得给予行政处罚；违法行为已构成犯罪的，移送司法机关。

对情节复杂或者重大违法行为给予较重的行政处罚，城管执法主管部门的负责人应当集体讨论决定。

制作行政处罚决定书。行政处罚决定书应当载明下列事项：当事人的姓名或者名称、地址；违反法律、法规或者规章的事实和证据；行政处罚的种类和依据；行政处罚的履行方式和期限；不服行政处罚决定，申请行政复议或者提起行政诉讼的途径和期限；作出行政处罚决定的行政机关名称和作出决定的日期。行政处罚决定书必须盖有作出行政处罚决定的行政机关的印章。

（5）送达行政处罚决定书

行政处罚决定书应当在宣告后当场交付当事人；当事人不在场的，行政机关应当在七日内依照民事诉讼法的有关规定，将行政处罚决定书送达当事人。

3. 听证程序

　　城管执法主管部门作出责令停产停业、吊销许可证或者执照、较大数额罚款等行政处罚决定前，应当组织听证。具体程序如下：

　　（1）听证权的告知

　　作出行政处罚决定前，应当书面告知当事人有要求举行听证的权利。

　　（2）听证的程序组织

　　当事人要求听证的，应当组织听证。当事人不承担行政机关组织听证的费用。听证依照以下程序组织：① 当事人要求听证的，应当在行政机关告知后三日内提出；② 城管执法主管部门应当在听证的七日前，通知当事人举行听证的时间、地点；③ 除涉及国家秘密、商业秘密或者个人隐私外，听证公开举行；④ 听证由城管执法主管部门指定的非本案调查人员主持；当事人认为主持人与本案有直接利害关系的，有权申请回避；⑤ 当事人可以亲自参加听证，也可以委托一至二人代理；⑥ 举行听证时，调查人员提出当事人违法的事实、证据和行政处罚建议；当事人进行申辩和质证；⑦ 听证应当制作笔录；笔录应当交当事人审核无误后签字或者盖章。

　　（四）行政处罚决定的适用

　　城管执法主管部门在作行政处罚决定时，除根据各部门法决定处罚内容之外，还应当注意以下情况：

　　1. 违法行为的纠正

　　城管执法主管部门实施行政处罚时，应当责令当事人改正或者限期改正违法行为。改正违法行为，包括停止违法行为，积极主动协助调查取证，消除违法行为所造成的不良后果。对此，需要注意的是，作行政处罚决定时不能仅作责令改正或责令限期改正的决定，甚至将责令改正或责令限期改正当作行政处罚，责令改正或责令限期改正的决定只是警告、罚款、没收违法所得、没收非法财物、责令停产停业等处罚决定或不予处罚决定的附随内容。

　　例如，实践中不少地方在执法过程中将"责令限期拆除"当作行政处罚，这是不对的。2000年12月1日《国务院法制办公室关于"责令限期拆除"是否是行政处罚行为的答复》（国法秘函〔2000〕13号）中明确："根据《行政处罚法》第二十三条关于'行政机关实施行政处罚时，应当责令改正或者限期改正违法行为’的规定，《城市规划法》第四十条规定的‘责令限期拆除’，不应当理解为行政处罚行为”。

2. 一事不再罚

对当事人的同一个违法行为，不得给予两次以上罚款的行政处罚，即一事不再罚（罚款）原则。如此规定是为了解决行政处罚中的利益机制驱动的问题，避免行政处罚主体为追求利益而多次罚款。至于再给予其他处罚方式并未禁止。

3. 责任年龄

不满十四周岁的人有违法行为的，不予行政处罚，责令监护人加以管教；已满十四周岁不满十八周岁的人有违法行为的，从轻或者减轻行政处罚。

4. 精神病人行政违法行为的处罚

精神病人在不能辨认或者不能控制自己行为时有违法行为的，不予行政处罚，但应当责令其监护人严加看管和治疗。间歇性精神病人在精神正常时有违法行为的，应当给予行政处罚。

在确定行为人是否是精神病人或间歇性精神病人，需要全面了解行为人及其实施违法行为时的情况，并应当经司法鉴定部门鉴定，同时向有关知情人了解情况，才可能准确把握，避免主观臆断。

5. 依法从轻、减轻行政的情形

当事人有下列情形之一的，应当依法从轻或者减轻行政处罚：① 主动消除或者减轻违法行为危害后果的；② 受他人胁迫有违法行为的；③ 配合行政机关查处违法行为有立功表现的；④ 其他依法从轻或者减轻行政处罚的。

违法行为轻微并及时纠正，没有造成危害后果的，不予行政处罚。

6. 行政处罚的时效

违法行为在二年内未被发现的，不再给予行政处罚。法律另有规定的除外。从违法行为发生之日起计算。违法行为发生之日是指违法行为完成或者停止之日。违法行为有连续或者继续状态的，从行为终了之日起计算。所谓连续状态是指违法行为人连续实施同一种违法行为，基于同一个违法故意，连续实施数个独立的违法行为。

（五）行政处罚的执行

1. 执行的一般规定

（1）行政复议或者行政诉讼期间不停止执行

行政处罚决定依法作出后，当事人应当在行政处罚决定的期限内，予以履行。当事人对行政处罚决定不服申请行政复议或者提起行政诉讼的，行政处罚不停止执行，法律另有规定的除外。

需要说明的是，此执行不包括行政机关强制执行和申请人民法院强制执行。鉴于城管执法主管部门对罚款、没收违法所得、没收非法财物、责令停产停业的行政处罚没有行政强制执行权，因此只能申请人民法院强制执行，但申请人民法院强制执行时应待行政复议和行政诉讼期满，如已进入行政复议或行政诉讼，则应待结案。

（2）罚款决定与罚款收缴相分离

作出罚款决定的行政机关应当与收缴罚款的机构分离。

除依法可以当场收缴的罚款外，作出行政处罚决定的城管执法主管部门及其执法人员不得自行收缴罚款。当事人应当自收到行政处罚决定书之日起十五日内，到指定的银行缴纳罚款。银行应当收受罚款，并将罚款直接上缴国库。

（3）当场收缴的适用范围

依法按照简易程序当场作出的行政处罚决定，有下列情形之一的，执法人员可以当场收缴罚款：① 依法给予二十元以下的罚款的；② 不当场收缴事后难以执行的；③ 在边远、水上、交通不便地区，行政机关及其执法人员依法作出罚款决定后，当事人向指定的银行缴纳罚款确有困难，经当事人提出，行政机关及其执法人员可以当场收缴罚款。

行政机关及其执法人员当场收缴罚款的，必须向当事人出具省、自治区、直辖市财政部门统一制发的罚款收据；不出具财政部门统一制发的罚款收据的，当事人有权拒绝缴纳罚款。

执法人员当场收缴的罚款，应当自收缴罚款之日起二日内，交至行政机关；在水上当场收缴的罚款，应当自抵岸之日起二日内交至行政机关；行政机关应当在二日内将罚款缴付指定的银行。

（4）暂缓或者延期缴纳罚款

当事人确有经济困难，需要延期或者分期缴纳罚款的，经当事人申请和行政机关批准，可以暂缓或者分期缴纳。

（5）逾期缴纳罚款的处理

当事人逾期不履行行政处罚决定的，作出行政处罚决定的行政机关可以采取下列措施：① 到期不缴纳罚款的，每日按罚款数额的百分之三加处罚款；② 根据法律规定，将查封、扣押的财物拍卖或者将冻结的存款划拨抵缴罚款；③ 申请人民法院强制执行。

（6）没收物品的处理

除依法应当予以销毁的物品外，依法没收的非法财物必须按照国家规定公开拍卖或者按照国家有关规定处理。

罚款、没收违法所得或者没收非法财物拍卖的款项，必须全部上缴国库，任何行政机关或者个人不得以任何形式截留、私分或者变相私分；财政部门不得以任何形式向作出行政处罚决定的行政机关返还罚款、没收的违法所得或者返还没收非法财物的拍卖款项。

2. 执行的方式

（1）自动履行

行政处罚决定依法作出后，当事人应当在行政处罚决定的期限内，予以履行。如果当事人对行政处罚决定不服，那么可以申请行政复议或者提起行政诉讼，但除法律有特别规定外不得以已申请行政复议或起诉为由拒不履行。

（2）强制执行

《中华人民共和国行政强制法》规定的强制执行的种类包括：行政机关强制执行和申请人民法院强制执行。如前述分析，城管执法主管部门可实施警告、罚款、没收违法所得、没收非法财物、责令停产停业等行政处罚。警告送达即可，无强制必要。由于现有规定并没有赋予城管执法主管部门有行政强制执行权，因此如当事人不自动履行罚款、没收违法所得、没收非法财物、责令停产停业的行政处罚时，那么应当申请法院强制执行。

第二章

城市治理与
国有土地使用权收回

城市治理中涉及国有土地使用权的问题较多，处理起来也颇为复杂，因此，本章旨在重点阐述在城市治理过程中收回国有土地使用权争议比较大的问题，希望能够为实务工作者以及相关国有土地使用权人提供一些参考和帮助。

第一节　国有土地使用权的基本类型

依据我国现行的法律、法规的规定，国有土地可以分别以出让、出租、作价出资或入股以及划拨的方式确定给单位或者个人使用。因此，依据前述的取得方式，国有土地使用权可分为出让土地使用权、承租土地使用权、作价出资或入股土地使用权和划拨土地使用权四种类型。

一、出让土地使用权

出让土地使用权是指，土地使用者通过市、县人民政府自然资源主管部门组织实施的招标、拍卖、挂牌以及双方协议的方式取得的国有土地使用权。出让土地使用权的最高年限根据土地用途分别为：① 居住用地七十年；② 工业用地五十年；③ 教育、科技、文化、卫生、体育用地五十年；④ 商业、旅游、娱乐用地四十年；⑤ 综合或者其他用地五十年。其中工业（不含采矿用地）、商业、旅游、娱乐等经营性用地以及同一宗地有两个以上用地者的应当以招标、拍卖、挂牌方式出让。通过招标、拍卖、挂牌以及协议的方式确定土地使用者后，市、县人民政府的自然资源主管部门应当与其就签订《国有土地使用权出让合同》。土地使用者支付全部土地出让金后办理登记，领取土地使用证取得土地使用权。取得土地使用权后，土地使用者应当按照土地使用权出让合同的规定和城市规划要求，开发、利用、经营土地，确需改变该幅土地建设用途的，应当经有关人民政府自然资源主管部门同意，报原批准用地的人民政府批准。其中，在城市规划区内改变土地用途的，在报批前，应当先经有关城市规划行政主管部门同意，签订土地使用权出让合同变更协议或者重新签订土地使用权出让合同，相应调整土地使用权出让金。依法取得的土地使用权可以转让、出租或者抵押，但未按照土地使用权出让合同规定的期限和条件投资开发、利用土地的不得转让及出租。土地使用权出让合同约定的使用年限届满，需要继续使用土地的，应当至迟于届满前一年申请续期，除根据社会公共利益需要收回该幅土地的，应当予以批准。经批准准予续期的，应当重新签订土地使用权出让合同，依照规定支付土地使用权出让金。土地使用权出让合同约定的使用年限届满，土地使用者未申请续期或者虽申请续期但未获批准的，土地使用权由国家无偿收回。

二、承租土地使用权

承租土地使用权是指，土地使用者通过招标、拍卖、挂牌以及协议的方式与县级以上人民政府自然资源主管部门签订一定年期土地租赁合同，并支付租金取得的土地使用权。土地租赁只作为出让方式的补充，经营性房地产开发用地不实行租赁。国有土地租赁期限分为短租和长租两种，短租期限一般不超过五年，用于短期使用或用于临时建筑的土地；长租的期限不得超过同种类出让土地的最高年限，用于需要进行地上建筑物、构筑物建设后长期使用的土地。租赁期限六个月以上的，市、县自然资源主管部门应当与承租人签订租赁合同，承租人取得土地使用权在按照约定缴纳租金并完成开发建设的情况下，经自然资源主管部门的同意或合同的约定可以将承租土地使用权转租、转让或抵押，并依法进行登记。在租赁合同约定的期限内，承租土地如果需要出让，承租人有优先受让的权利，承租土地在办理出让手续后中止租赁关系。租赁合同到期后，承租人可申请续期，除因公共利益需要收回土地之外，应当批准。如到期未申请续期或是申请未得到批准的，承租土地由国家无偿收回，并可要求承租人拆除地上建筑物、构筑物，恢复土地原状。

三、作价出资或入股土地使用权

作价出资或入股土地使用权，是指国家以一定年期的国有土地使用权作价，作为出资投入改组后的新设企业，新设企业因此获得的土地使用权。这种土地使用权较为特殊，是为处置国有企业改革中原存量划拨用地，主要适用于根据国家产业政策，须由国家控股的关系国计民生、国民经济命脉的关键领域和基础性行业企业或大型骨干企业以及改造或改组为有限责任公司、股份有限公司以及组建企业集团的这类企业。由省级以上人民政府自然资源管理部门批准，原有的划拨用地可以采取国家以土地使用权作价出资（入股）方式处置，土地使用权作价出资（入股）形成的国家股股权，按照国有资产投资主体由有批准权的人民政府土地管理部门委托有资格的国有股权持股单位统一持有。该土地使用权可以依照土地管理法律、法规关于出让土地使用权的规定转让、出租、抵押。

四、划拨土地使用权

划拨土地使用权，是指经县级人民政府依法批准缴纳补偿、安置等费用或者无偿取得的无使用期限限制的国有土地使用权。由于划拨土地国家并未收取出让金，所以其取得、转让、出租、抵押均受到严格限制。依据土地管理法及城市房地产管理法的规定，划拨土地的类型分为四大类，分别为：① 国家机关用地和军事用地；② 城市基础设施用地和公益事业用地；③ 国家重点扶持的能源、交通、水利等基础设施用地；④ 法律、行政法规规定的其他用地，经县级以上人民政府批准可以以划拨方式取得土地使用权。国土资源部依据前述法律规定在2001年10月12日发布的《划拨用地目录》对法律规定的四大类作出了细分，进一步明确了划拨土地的适用范围，在该目录范围内的用地项目经过县级人民政府依法批准，方可取得划拨土地使用权。但是，由于历史原因，我国现在也存在目录之外的并未缴纳土地出让金的用地，这部分也属于划拨用地，例如房改房用地等。土地使用者必须按照国有土地划拨决定书及建设用地批准书的规定使用土地，确需改变该幅土地建设用途的，应当经有关人民政府自然资源主管部门同意，报原批准用地的人民政府批准，变更的土地用途在《划拨用地目录》范围内的仍然可以继续划拨使用，不在范围内的需要变更为出让土地并补缴土地出让金。在依法取得国有土地使用权证和地上建筑物、其他附着物合法产权证明的情况下，经市、县自然资源主管部门和房屋建设主管部门的批准，划拨土地使用权和地上附着物才能进行转让、出租、抵押，并按照土地用途等签订土地出让合同，补缴土地出让金或者以转让、出租、抵押所获效益抵缴土地出让金。未经批准擅自转让、出租、抵押划拨土地使用权的合同无效，市、县人民政府自然资源主管部门应当没收其非法收入，并根据情节处以罚款。土地使用者因迁移、解散、撤销、破产或者其他原因而停止使用土地的，市、县人民政府无偿收回其划拨土地使用权。对划拨土地使用权，市、县人民政府根据城市建设发展需要和城市规划的要求，可以无偿收回，对地上附着物给予适当补偿。

特别说明的问题有两点：第一，上述四种类型的划分源于1990年《中华人民共和国城镇国有土地使用权出让和转让暂行条例》实施以来的现行土地制度。而在该条例实施之前国有土地使用权的取得主要分为有偿或无偿两种类型。第二，在1982年《中华人民共和国宪法》修改前，我国的土地所有权是公有与私有并存。而宪法明确中华人民共和国土地实行公有制，并未给原土地私有权人补偿，这是个历史事实。了解前述两个问题对于正确处理城市治理中的土地纠纷十分重要。

第二节　城市治理中收回国有土地使用权的两种方式

《中华人民共和国物权法》《中华人民共和国土地管理法》《中华人民共和国城市房地产管理法》《中华人民共和国城镇国有土地使用权出让和转让条例》《基本农田保护条例》《国有土地上房屋征收与补偿条例》规定了多种"收回土

地使用权"的情形，主要可以分为两大类：无偿收回国有土地使用权和有偿收回国有土地使用权。

一、无偿收回国有土地使用权

无偿收回即收回国有土地使用权时无须支付补偿，这类方式的适用对象受到法律的严格限制。

（一）闲置土地的无偿收回

1. 确定闲置的条件

《闲置土地处置办法》第二条规定："本办法所称闲置土地，是指国有建设用地使用权人超过国有建设用地使用权有偿使用合同或者划拨决定书约定、规定的动工开发日期满一年未动工开发的国有建设用地。

已投资额占总投资额不足百分之二十五，中止开发建设满一年的已动工开发但开发建设用地面积占应动工开发建设用地总面积不足三分之一的建设用地，也可以认定为闲置土地。"

2. 闲置土地无偿收回土地使用权的条件

（1）《土地管理法》第三十八条规定："禁止任何单位和个人闲置、荒芜耕地。已经办理审批手续的非农业建设占用耕地，一年内不用而又可以耕种并收获的，应当由原耕种该幅耕地的集体或者个人恢复耕种，也可以由用地单位组织耕种；一年以上未动工建设的，应当按照省、自治区、直辖市的规定缴纳闲置费；连续二年未使用的，经原批准机关批准，由县级以上人民政府无偿收回用地单位的土地使用权；该幅土地原为农民集体所有的，应当交由原农村集体经济组织恢复耕种。

在城市规划区范围内，以出让方式取得土地使用权进行房地产开发的闲置土地，依照《中华人民共和国城市房地产管理法》的有关规定办理。"

（2）《闲置土地处置办法》第十四条规定："除本办法第八条规定情形外，闲置土地按照下列方式处理：（二）未动工开发满两年的，由市、县国土资源主管部门按照《中华人民共和国土地管理法》第三十七条和《中华人民共和国城市房地产管理法》第二十六条的规定，报经有批准权的人民政府批准后，向国有建设用地使用权人下达《收回国有建设用地使用权决定书》，无偿收回国有建设用地使用权。闲置土地设有抵押权的，同时抄送相关土地抵押权人。"

3. 例外情形

因不能归责于土地使用人的原因，如在土地交付等客观情况的变化导致无法在规定的期限动工的情况下，不能作为闲置土地收回。

（1）政府未按照国有土地使用权出让合同或者划拨决定书约定、规定的期限、条件将土地交付，致使项目不具备动工开发条件；

（2）因土地利用总体规划、城乡规划依法修改，造成不能按照国有土地使用权有偿使用合同或者划拨决定书约定、规定的用途和规划和建设条件开发的；

（3）国家出台相关政策，需要对约定、规定的规划和建设条件进行修改的；

（4）因处置土地上相关群众信访事项等无法动工开发的；

（5）因军事管制、文物保护等无法动工开发的；

（6）政府、政府有关部门的其他行为导致土地闲置的；

（7）因自然灾害等不可抗力导致土地闲置的。

（二）其他无偿收回土地使用权的类型

《土地管理法》第五十八条规定："有下列情形之一的，由有关人民政府自然资源主管部门报经原批准用地的人民政府或者有批准权的人民政府批准，可以收回国有土地使用权：

（一）为实施城市规划进行旧城区改建以及其他公共利益需要，确需使用土地的；

（二）土地出让等有偿使用合同约定的使用期限届满，土地使用者未申请续期或者申请续期未获批准的；

（三）因单位撤销、迁移等原因，停止使用原划拨的国有土地的；

（四）公路、铁路、机场、矿场等经核准报废的。

依照前款第（一）项的规定收回国有土地使用权的，对土地使用权人应当给予适当补偿。"

《土地管理法》第七十七条规定："未经批准或者采取欺骗手段骗取批准，

非法占用土地的，由县级以上人民政府自然资源主管部门责令退还非法占用的土地，对违反土地利用总体规划擅自将农用地改为建设用地的，限期拆除在非法占用的土地上新建的建筑物和其他设施，恢复土地原状，对符合土地利用总体规划的，没收在非法占用的土地上新建的建筑物和其他设施，可以并处罚款；对非法占用土地单位的直接负责的主管人员和其他直接责任人员，依法给予处分；构成犯罪的，依法追究刑事责任。"

《土地管理法》第七十四条规定："买卖或者以其他形式非法转让土地的，由县级以上人民政府自然资源主管部门没收违法所得；对违反土地利用总体规划擅自将农用地改为建设用地的，限期拆除在非法转让的土地上新建的建筑物和其他设施，恢复土地原状，对符合土地利用总体规划的，没收在非法转让的土地上新建的建筑物和其他设施；可以并处罚款；对直接负责的主管人员和其他直接责任人员，依法给予处分；构成犯罪的，依法追究刑事责任。"

《中华人民共和国城镇国有土地使用权出让和转让暂行条例》第四十七条规定："无偿取得划拨土地使用权的土地使用者，因迁移、解散、撤销、破产或者其他原因而停止使用土地的，市、县人民政府应当无偿收回其划拨土地使用权，并可依照本条例的规定予以出让。对划拨土地使用权，市、县人民政府根据城市建设发展需要和城市规划的要求，可以无偿收回，并可依照本条例的规定予以出让。无偿收回划拨土地使用权时，对其地上建筑物、其他附着物，市、县人民政府应当根据实际情况给予适当补偿。"

笔者认为，根据城市建设发展需要和城市规划的要求无偿收回划拨土地只适用无偿取得划拨土地使用权，并且未进行开发建设的情形。而对于缴纳土地补偿费或者在地上已经依法建设了建筑、构筑物的情形并不适用该条规定。前者取得的土地使用权已经付出一定成本并非无偿取得，对该部分损失应当予以补偿。而后者应当适用《国有土地上房屋征收与补偿条例》的规定对地上房屋进行征收同时收回国有土地使用权并予以补偿，而该条例规定对房地产的征收应当依据《国有土地上房屋征收评估办法》进行评估，评估包括房屋及其占用范围内土地使用权的市场价值，且不考虑租赁、抵押查封等因素的影响。而划拨土地使用权的价值应当依据自然资源部于2019年5月31日发布的《划拨国有建设用地使用权地价评估指导意见（试行）》进行评估确定。

二、有偿收回国有土地使用权

《土地管理法》第五十八条规定："有下列情形之一的，由有关人民政府自然资源主管部门报经原批准用地的人民政府或者有批准权的人民政府批准，可以收回国有土地使用权：

（一）为实施城市规划进行旧城区改建以及其他公共利益需要，确需使用土地的；

……

依照前款第（一）项的规定收回国有土地使用权的，对土地使用权人应当给予适当补偿。"

也就是说，对土地使用权人应当适当给予补偿：① 为公共利益需要使用土地的；② 实施城市规划进行旧城改建，需调整使用土地的。

《国有土地上房屋征收与补偿条例》第十三条规定："房屋被依法征收的，国有土地使用权同时收回。"

《城镇国有土地使用权出让和转让暂行条例》第四十二条规定："国家对土地使用者依法取得的土地使用权不提前收回。在特殊情况下，根据社会公共利益的需要，国家可以依照法律程序提前收回，并根据土地使用者已使用的年限和开发、利用土地的实际情况给予相应的补偿。"

第三节　征收不动产过程中收回国有土地使用权的实务难点与解决

在收回国有土地使用权的种类中，有一种是在征收不动产过程中收回国有土地使用权，它是因为《中华人民共和国物权法》的发布和《中华人民共和国城市房地产管理法》的修改而规定的。但是它却使另一部条例废止，那就是施行了6年的《城市房屋拆迁管理条例》。2011年1月21日，国务院总理温家宝签署国务院令，公布《国有土地上房屋征收与补偿条例》，自公布之日起施行，2001年6月13日国务院公布的《城市房屋拆迁管理条例》同时废止。在《国有土地上房屋征收与补偿条例》实施后，对于地上已经依法建设了建筑物或者构筑物的，除协议收回外，有偿收回国有土地使用权的应当依据《国有土地上房屋征收与补偿条例》规定对地上房屋进行征收，同时收回国有土地使用权并按照市场价格给予补偿。

下文重点讲述在征收不动产过程中收回国有土地使用权的问题。

一、征收不动产过程中收回国有土地使用权相关政策梳理

主要有三部法律法规对在征收不动产过程中收回国有土地使用权进行了规定，分别是《中华人民共和国物权法》第四十二条："为了公共利益的需要，依照法律规定的权限和程序可以征收集体所有的土地和单位、个人的房屋及其他不动产。

征收集体所有的土地，应当依法足额支付土地补偿费、安置补助费、地上附着物和青苗的补偿费等费用，安排被征地农民的社会保障费用，保障被征地农民的生活，维护被征地农民的合法权益。

征收单位、个人的房屋及其他不动产，应当依法给予拆迁补偿，维护被征收人的合法权益；征收个人住宅的，还应当保障被征收人的居住条件。

任何单位和个人不得贪污、挪用、私分、截留、拖欠征收补偿费等费用。"

《中华人民共和国城市房地产管理法》第6条："为了公共利益的需要，国家可以征收国有土地上单位和个人的房屋，并依法给予拆迁补偿，维护被征收人的合法权益；征收个人住宅的，还应当保障被征收人的居住条件。具体办法由国务院规定。"

《国有土地上房屋征收与补偿条例》第十三条第三款规定："房屋被依法征

收的，国有土地使用权同时收回。"

二、征收不动产过程中"公共利益"的界定

在征收不动产过程中收回国有土地使用权，两部法律都规定收回国有土地使用权的前提是"为了公共利益的需要"，遗憾的是这两部法律并没有具体规定什么是公共利益，但是，新发布的《国有土地上房屋征收与补偿条例》第八条弥补了这个缺憾，对何为"公共利益"进行了具体的规定。

1982年宪法第四次修改的最大亮点是人权入宪。在受到宪法和法律保护的人权中，作为公民的社会经济权利之一的财产权是一类基本权利。2004年3月14日通过的宪法修正案第二十条规定："国家为了公共利益的需要，可以依照法律规定对土地实行征收或者征用并给予补偿。"如果行政机关真正出于公共利益的考虑而采取强制规划、征收、征用等特殊行政措施，以公共利益为由来限制公民的基本权利（财产权是基本权利之一），当属实质法治主义的一种体现，似乎无可厚非。例如在土地和财物的规划、征收、征用、强拆等方面出现的大量恶劣案例，往往是某些行政机关和社会组织假借"公共利益"之名而行损害民众利益之实，严重影响了政府形象，社会危害性很大。公共利益作为一个高度抽象、易生歧义和弊端的概念，如果不严格限定，极易出现滥用现象。概括国内外学界和实务界的共识与经验，笔者认为在理解和运用公共利益这个概念时，应坚持如下六条判断标准：

（1）合法合理性。财产权是公民不可侵犯的基本权利，只有在法定条件下才可出于公共利益的考虑依法对基本权利加以克减和限制，故须坚持法定与合法原则，即法律保留和法律优先。各国立法中关于公共利益的表述，主要有概括规定、列举规定、概括与列举相结合的规定等三种方式，其共性是必须具有"公众的或与公众有关的使用"之内涵。此外，关于公共利益的考虑，还应符合比例原则，具有必要性与合理性。如果征收征用之目的可通过其他代价较小的方式实现，则无必要征收征用。

（2）公共受益性。纵观各国立法和行政实务，许多国家对于公共利益之

"公共性"的理解都日益宽泛，凡国家建设需要、符合一般性社会利益的事业，都被认为具有公共性，例如国民健康、教育、公共设施、公共交通、公共福利、文物保护等公共事业发展的需要。公共利益的受益范围一般是不特定多数的受益人，而且该项利益需求往往无法通过市场选择机制得到满足，需要通过统一行动而有组织地提供。政府就是最大的、有组织的公共利益提供者，它运用公共权力征收征用土地为全社会提供普遍的公益性服务。

（3）公平补偿性。天下没有免费的午餐。运用公共权力追求公共利益必然会有代价，这就造成公民权利的普遍牺牲（损害）或特别牺牲（损害）。有损害必有救济，特别损害应予特别救济，才符合公平正义的社会价值观，这是现代法治的一个要义。这种救济主要表现为法定条件下的公平补偿和事先补偿，它体现了现代法治的基本要求——实体公正。与正当补偿、适当补偿等提法相比，公平补偿的提法也许更合乎市场机制的要求，更接近私权利与私权利之间的交往法则。事先补偿则体现了政府诚信和法安定性的要求。

（4）公开参与性。以公共利益为由采取强制规划、征收、征用等特殊行政措施，会严重影响公民的基本权利，必须做到决策和执行全过程的公开透明，依法保障行政相对人的知情权、听证权、陈述权、申辩权、参与决策权等程序权利和民主权利的有效行使。如果在考量土地、财产征收征用措施的必要性、公益性及其补偿的公平性的过程中，利害相关的民众不能表达意愿、协商条件、参与决策、寻求说法，这肯定不符合现代法治的又一基本内蕴——程序公正和参与民主的要求。

（5）权力制约性。以公共利益为由强制克减和限制公民权利，极易造成政府与人民之间的紧张关系，尤其是在出现公共危机而行使行政紧急权力时更易于以公共利益之名越权和滥用公权力，故须进行有效的监督制约，这是建设有限政府、法治政府的要求。除了把以公共利益为由行使公权力纳入舆论监督、社会监督等民主监督视野中，更需要加强对于这一公权力行使过程的违宪审查、司法审查、上级监督、专门监督等国家权力性监督，这是"以权力监督权力"的机制和判断标准。国内外的行政诉讼实践证明，通过司法审查来监督和判断行政征收征用措施是否真正符合公共利益的要求，就是一种有效的监督制约机制。

（6）权责统一性。如果行使公权力后不承担责任，任何公权力掌控者都会滥用权力，故须完善相应的责任机制。当某个公权力掌控者以公共利益为由克减和限制公民的基本权利，之后通过监督机制判定所谓公共利益之理由不成立，则应严格追究且能够追究其责任，包括法律责任、政治责任、道义责任、社会责任，使其付出相应代价。这是建设责任政府、法治政府的要求，也是最有威慑效力和普遍适用、自动适用的控权机制与判断标准。

《国有土地上房屋征收与补偿条例》第八条规定："为了保障国家安全、促进国民经济和社会发展等公共利益的需要，有下列情形之一，确需征收房屋的，由市、县级人民政府作出房屋征收决定：

（一）国防和外交的需要；

（二）由政府组织实施的能源、交通、水利等基础设施建设的需要；

（三）由政府组织实施的科技、教育、文化、卫生、体育、环境和资源保护、防灾减灾、文物保护、社会福利、市政公用等公共事业的需要；

（四）由政府组织实施的保障性安居工程建设的需要；

（五）由政府依照城乡规划法有关规定组织实施的对危房集中、基础设施落后等地段进行旧城区改建的需要；

（六）法律、行政法规规定的其他公共利益的需要。"

虽然该条例还有些规定不为大家认同，例如：将"由政府依照城乡规划法有关规定组织实施的对危房集中、基础设施落后等地段进行旧城区改建的需要"列为公共利益，但是总算在法规上对公共利益有了明确的规定，有利于保护公民的合法权益。

三、明确收回土地使用权的批准机关和执法主体问题

（一）我国目前收回土地使用权的批准机关和执法主体不清

根据土地管理法律和行政法规的规定，收回土地使用权需报经原批准用地的人民政府批准。问题是1999年前的《土地管理法》，土地审批实行分级限额

一次性审批；1999年后的《土地管理法》，土地审批为三次批准，第一次是农用地转用审批，第二次为征地审批，第三次为具体建设项目用地审批。虽然第一次审批和第二次审批在某些情况下可以"同时办理"，但也有分别审批的法定情形。在三次审批且批准权不一致的情况下，原批准用地的人民政府，究竟是指哪次审批的人民政府？

《基本农田保护条例》第十八条规定，经国务院批准的重点建设项目占用基本农田，连续2年未使用的，经国务院批准，由县级以上人民政府无偿收回用地单位的土地使用权。按照占用基本农田都需经国务院批准"农转用"和经国务院批准"征地"这一思路，似乎"原批准用地的人民政府"应当是指批准农用地转用或者批准征地的人民政府。但是，仔细分析三次审批的批准内容，我们可以得出否定的答案。

"农转用"审批是按照土地利用总体规划，将农用地转为建设用地的审批，是土地用途"转类"的审批；"征地"审批是将集体所有土地征为国有土地的审批，是土地所有权"转权"的审批。这两次审批的共同特点，一是上级政府对下级政府的审批，不是对土地使用者的审批；二是这种"转类"审批和"转权"审批并不涉及土地使用权，不是对土地使用权的审批。而根据《土地管理法》第44条第3款的规定，"转类"和"转权"审批后，还需由人民政府对土地使用者进行具体建设项目用地审批，只有在办理具体建设项目用地审批后，土地使用者才有土地使用权。因此，与土地使用者或者土地使用权有关的审批，是第三次审批，即具体建设项目用地审批。

根据上面的分析，由于收回土地使用权是客体是土地使用者，标的物是土地使用权，可以认为，原批准用地的人民政府，应该是指批准具体建设项目用地的人民政府。至于《基本农田保护条例》第18条规定"经国务院批准"，只能理解为是对"基本农田"一种特殊规定，但这一特殊规定对查处、收回闲置土地工作的开展，至少是不利的。

收回土地使用权的执法主体，根据土地管理法律和行政法规的规定，可以分为县级以上人民政府和自然资源行政主管部门两种执法主体。

（1）土地管理法律和行政法规明确以县级以上人民政府为收回土地使用权

执法主体的，有三种情形：即《土地管理法》第38条第1款、《城镇国有土地使用权出让和转让暂行条例》第47条第1款和《基本农田保护条例》第18条。

（2）土地管理法律和行政法规明确以自然资源行政主管部门为收回土地使用权执法主体的，有两种情形：即《土地管理法》第58条第1款、《城镇国有土地使用权出让和转让暂行条例》第17条第2款。

（3）土地管理法律和行政法规未明确收回土地使用权执法主体，或者表述为"国家收回"的，有五种情形：即《城市房地产管理法》第18条、《城市房地产管理法》第22条第2款、《城市房地产管理法》第26条、《城镇国有土地使用权出让和转让暂行条例》第40条、《城镇国有土地使用权出让和转让暂行条例》第42条。

且不讨论"国家收回"究竟由人民政府还是由自然资源行政主管部门作为执法主体的问题，细读上述法律法规条款，我们至少可以发现以下两个不一致：

首先，《土地管理法》第38条第1款、《基本农田保护条例》第18条与《城镇国有土地使用权出让和转让暂行条例》第17条第2款，收回土地使用权的事由都是"闲置"土地，但规定的执法主体并不一致。

其次，《土地管理法》第58条第1款第4项与《城镇国有土地使用权出让和转让暂行条例》第47条第1款，收回土地使用权的事由都是"撤销、迁移"，但规定的执法主体也不一致。

此外，国土资源部2012年发布的第53号令《闲置土地处置办法》第14条规定，闲置土地由国土资源主管部门"下达《收回国有建设用地使用权决定书》"，与《土地管理法》第38条第1款、《基本农田保护条例》第18条的"由县级以上人民政府无偿收回用地单位的土地使用权"，也不一致。

由于土地管理法律、法规、规章对收回土地使用权执法主体的规定不一致，已对收回土地使用权工作造成了法律上的障碍，直接影响了这项工作。因此，土地管理法律、法规、规章对此应当作出统一的规定。

（二）建议尽快统一收回土地使用权的批准机关和执法主体

土地管理法律和行政法规中，对收回土地使用权的批准机关和执法主体，实行两级分离制度，即"批准权"与"执行权"相分离，这是基于土地在人类生活和生产活动中的特殊性和重要性而作出的一项特别规定。基于这一特别规定，对收回土地使用权的批准机关和执法主体，不能分别考虑批准机关应该是谁，执法主体应该是谁，而应作统一考虑。笔者认为，对收回土地使用权的批准机关和执法主体进行统一，并非难事，可以在下面两种方案中选择一种进行统一，但必须以法律的形式进行统一。

如果土地管理法律和行政法规需要统一由"批准具体建设项目用地的人民政府"为收回土地使用权的批准机关，则应同时规定收回土地使用权的执法主体为"市、县自然资源行政主管部门。"

如果土地管理法律和行政法规需要统一由"市、县人民政府"为收回土地使用权的执法主体，为防止收回土地使用权的批准机关和执法主体为同一人民政府，则应同时规定收回土地使用权的批准机关为"上一级人民政府"，或者为"省级人民政府"。

四、统一收回土地使用权的法律文书

收回土地使用权的法律文书，《闲置土地处置办法》第14条规定是"下达《收回国有建设用地使用权决定书》"。笔者认为，对于土地使用权期满的"收回"和其他法定事由的"收回"，使用《收回国有建设用地使用权决定书》是适当的。但是，对于因土地使用者违反法律法规禁止性规定，即被作为行政处罚的"收回"，使用《收回国有建设用地使用权决定书》则直接与《行政处罚法》第39条第1款"应当制作行政处罚决定书"的规定相抵触。

原国家土地管理局印发《关于认定收回土地使用权行政决定法律性质的意见》的通知（〔1997〕国土〔法〕字第153号）中规定："收回土地使用权是人民政府及其土地管理部门一项重要的行政行为，主要采取行政处理决定和行政处罚决定两种方式进行。《行政处罚法》颁布施行后，除行政处理决定仍旧按照土地管理法律、法规的规定执行外，土地管理的各项行政处罚必须依照《行政处罚法》由土地管理法律、法规或者规章规定，并由行政机关依照《行政处罚法》规定的程序实施"。

五、未来展望：待明确的几个法律问题

（一）国有土地使用权收回程序尚存瑕疵

近几年行政机关在收回国有土地使用权时，有时出现违反程序的情况，应当引起有关部门重视。目前，在实践中，收回国有土地使用权常见的程序错误有四种：一是行政机关发文批准新的土地使用者行为在先，收回原土地使用者国有土地使用权，注销其国有土地使用证的行为在后；二是违反国务院行政公文行文的有关规定，将收回国有土地使用权的行政行为和批准新的土地使用者使用这宗国有土地的行政行为混淆，即同一个审批文件既收回国有土地使用权又批准新的土地使用者使用土地，批复只送达新的土地使用者，没有送达原国有土地使用者；三是注销原土地使用者国有土地使用证时，不依照国家《土地登记规则》中"注销土地登记"的规定程序办理；四是收回国有土地使用权时，不告知原土地使用者申诉权和应当享有的其他权利。

（二）法律法规待明确的几个问题

对于什么情况下可以无偿收回国有土地使用权，《城镇国有土地使用权出让和转让暂行条例》第十七条、第四十七条第一款，《城市房地产管理法》第二十六条及《土地管理法》第三十八条、第五十八条的（三）（四）（五）项分别进行了规定。其余的情形，符合《土地管理法》第五十八条的（一）（二）项规定的，《国有土地上房屋征收与补偿条例》第八条、第十三条和第十七条的规定，在收回土地使用权的同时，应当对土地使用权人给予适当补偿。

以上都是法律法规做出了明确规定的，但以下几个问题现行法律法规没有明确的答案。一是在有偿收回土地使用权时，应明确给予补偿的办法及如何保证补偿数额合理的问题。二是因买卖或者以其他形式非法转让划拨土地即非法交易土地被依法处罚后，原使用单位因交易完毕，已经停止使用，而法律又不准予其转让时，是否属于"因单位撤销、迁移等原因，停止使用原划拨的国有土地的"情形。三是当居住用地使用权出让合同约定的使用年限届满，土地使用者未申请续期或者虽申请续期但未获批准时，土地使用权由国家无偿收回是否合理可行。四是在无偿收回划拨土地使用权时，对其地上建筑物和其他附

着物应按照《城镇国有土地使用权出让和转让暂行条例》第四十七条第三款的规定，给予地上建筑物和其他附着物所有权人适当补偿。如双方对补偿的方式及数额不能达成一致意见时，又该如何处理。这些法律法规的不完善之处，给依法收回国有土地使用权工作增加了难度，往往容易引起行政诉讼。遗憾的是《国有土地上房屋征收与补偿条例》第十三条第三款规定的过于简单，依然没有解决收回国有土地使用权具体的程序。因此，笔者认为，在今后有关法律法规修订中，应尽早予以明确。

第三章

城市治理与旧城改造

城市治理是个宏大系统工程。具体到旧城改造，无非是回答这两个问题，因何进行旧城改造，如何进行旧城改造。而对于旧城改造的方式和理念，又存在两个不同的思考层面——从物的角度，如何实现土地等城市资源的合理利用和长效配置；从人的角度，如何确保和帮助人民生活得更美好。只关心其一，是过去"治理城市"的思路，只有两者兼顾，才是城市治理的合理进路。

本章分为三节，第一节侧重于理论研究，从城市规划的理论变迁出发，划定旧城改造所应当遵守的基本准则和价值；第二节和第三节是本章的重点。第二节梳理了我国目前有关旧城改造的法律、政策和实践，总结出目前中国旧城改造的基本制度和特点。第三节介绍了深圳、广州城市更新的制度与经验，结合城市治理观念变迁，对蓬勃兴起的城市更新模式进行了评述和展望。

第一节　旧城改造的基本涵义

一、旧城改造的涵义和主要内容

1958年8月，在荷兰海牙召开的第一届关于旧城改造问题的国际研讨会上，对旧城改造（urban redevelopment）的涵义进行了如下概括：旧城改造是根据城市发展的需要，在城市老化地区实施的有计划的城市改造建设，包括再开发、修复、保护三个方面的内容。

1998年，我国颁布《城市规划基本术语标准》GB/T 50280—1998，把旧城改造归纳为对城市旧区进行的调整城市结构、优化城市用地布局、改善和更新基础设施、整治城市环境、保护城市历史风貌的建设活动。

由此可见，无论是从内涵角度还是外延角度的定义，旧城改造均是指对老城市物质生活环境进行的有步骤的改造和更新。旧城改造是一个持续渐进的过程，取决于城市的发展方向和速度。其主要内容包括以下五个方面：

（1）改造城市规划结构，在其行政界限范围内，实行合理的用地分区和城市用地的规划分区；

（2）改善城市环境，通过采取综合的相互联系的措施来净化大气和水体，减轻噪声污染，绿化并整顿开阔空间的利用状况等；

（3）更新、调整城市工业布局；

（4）更新或完善城市道路系统；

（5）改善城市居住环境，更新公共服务设施，把旧街坊改造成配套设施完整的居住区。

二、旧城改造的意义

旧城改造的起因是城市的老化。可以说，只要存在社会生活的发展和城市的变迁，旧城改造的必要性就不会消失。旧城改造是一个观念系统和物质系统相互影响的过程。一项成功的旧城改造，不仅是多修一条路、两个街心花园、若干商业或住宅小区那么简单，它将实现一个城市从过去到未来的文化延续和提升。

微观论之，旧城改造的启动往往出于以下原因：

（1）旧城与卫星城的人口布局不尽合理，旧城人口和建筑密度过大，生活空间紧迫；

（2）基础设施滞后于时代，无法为居民提供必要的交通、水电、绿化设施和必要生活系统；

（3）城市功能布局发生转移，旧城地区被划定为商业区域；

（4）旧区房屋残破，具有安全隐患。

三、旧城改造理论

当我们讨论城市治理或者旧城改造时，一个基本的作为前提的共识是，城市不是自动或者自发形成的，城市的更新需要有意识、有计划地干预，简而言之，城市是需要设计的，而城市的设计是一个动态的过程。旧城改造理论蕴含于城市规划的理论之中，对城市的设计就是旧城改造的思路。20世纪以来，随着工业时代的勃兴与基本完成，城市成为负载社会生活的主要载体，对城市的规划设计受到空前重视。

第二节　中国旧城改造的传统模式和经验

我国的旧城改造法律制度较为松散，中央级立法在对旧城改造活动的规范和设计上较为粗略，实际实施中很大程度上依赖于各地制定的地方性规范文件。一方面，这造成了各地旧城改造制度和政策各有不同；另一方面，立法权的下沉，对中国这样一个幅员辽阔、国情复杂、发展不均衡的大国，似乎也是一个必然的选择。下面，将以中央级立法为骨架，以各地规定和实际操作为添充，研究和探讨现行的传统模式下旧城改造的基本制度。

一、旧城改造的法理依据——"公共利益"之争

在法律、行政法规层面，我国并无旧城改造的专门立法。对旧城改造的相关规定散见于城市规划、历史文化保护、房地产管理、房屋征收、拆迁等法律、法规中。

2007年《物权法》生效。对于已经实施多年的《土地管理法》《房地产管理法》《城市房屋拆迁管理条例》等法律和行政法规，摆在眼前的问题是，原来对于征收不动产的规定与上位法发生了冲突。

在这种情况下，国家废止了实施20年的城市房屋拆迁制度，取而代之的是不动产征收制度。2011年生效的《国有土地上房屋征收与补偿条例》第八条

中，将符合一定条件的旧城改造列入了公共利益的需要。

2019年修订的《土地管理法》将收回土地使用权的两种情形合并为一种，这样与《国有土地上房屋征收与补偿条例》相呼应，正式将符合特定条件的旧城区改建纳入"公共利益"范畴，准予进行土地使用权征收。

二、旧城改造的范围和对象

20世纪90年代以来，除了危房集中或者基础设施不完善的区域，建筑容积率低、土地利用率低的区域也往往被纳入旧城改造的范围。

《国有土地上房屋征收与补偿条例》（以下简称《征收与补偿条例》）采用了《城乡规划法》二十一条的口径，将因旧城改造而进行征收的对象确定为"确需征收的危房集中、基础设施落后等地段"。最高人民法院曾在2004年的《关于审理行政案件适用法律规范问题的座谈会纪要》对此进行了阐述："法律规范在列举其适用的典型事项后，又以'等''其他'等词语进行表述的，属于不完全列举的例示性规定。以'等''其他'等概括性用语表示的事项，均为明文列举的事项以外的事项，且其所概括的情形应为与列举事项类似的事项。"

有些地方在制定本地的房屋征收法规、政策时，也尝试对这一条款进行更明确的规定。比如《温州市区国有土地上房屋征收与补偿办法》明确规定："本办法所称的旧城区，是指1988年版《温州市旧城控制性详细规划》所规定的旧城区范围。"我们认为，这不失为一个可以借鉴的思路。

三、旧城改造的模式

一般认为，旧城改造有成片重建、零星改造修缮和保护性整治三种路径。其中成片重建改造模式是指对危破房分布相对集中、土地功能布局明显不合理或公共服务配套设施不完善的区域，以改善人居环境、完善公共服务配套和优化城市功能布局为目的，按照现行城市规划的要求实施成片重建改造。零星改造模式是指对零散分布的危破房或部分结构相对较好但建筑和环境设施标准较低的旧住房，结合街区综合整治，采取修缮排危、成套改造、高层房屋加装电梯、立面整饰等多种方式予以改造，消除居住安全隐患，完善各种生活设施，改善居民的生活条件。

历史文化保护性整治模式，是指对历史文化街区和优秀历史文化建筑进行保护性整治更新。

四、旧城改造的步骤

在成片开发的模式下，旧城改造的步骤一般可以分为规划、立项、制定方案、组织实施五个步骤。

（一）规划

规划是指总体性规划、控制性详细规划和修建性详细规划。在立项之前，规划部门会同市发展改革、国土资源、建设、市政、房管、土地储备等有关单位及人民政府，依据城市总体规划、土地利用总体规划和分区规划，编制旧城改造总体规划，经市、县人民政府批准后，作为旧城改造的立项依据。在此基础上，编制控制性详细规划。根据原建设部《城市规划编制办法》，修建性详细规划应当包括：① 建设条件分析及综合技术经济论证；② 作出建筑、道路和绿地等的空间布局和景观规划设计，布置总平面图；③ 道路交通规划设计；④ 绿地系统规划设计；⑤ 工程管线规划设计；⑥ 竖向规划设计；⑦ 估算工程量、拆迁量和总造价，分析投资效益。

（二）立项和计划

立项是指发展改革部门根据总体规划、控制性详细规划、项目建议书、可行性研究报告、初步设计和预算报告等材料，对属于政府组织实施的旧城改造予以许可。根据《国有土地上房屋征收与补偿条例》第九条的规定："确需征收房屋的各项建设活动，应当符合国民经济和社会发展规划、土地利用总体规划、城乡规划和专项规划。保障性安居工程建设、旧城区改建，应当纳入市、县级国民经济和社会发展年度计划。"

上述规划和计划两个环节，各地也都以《征收与补偿条例》为依据进行了相应规定。

《上海市国有土地上房屋征收与补偿实施细则》规定："保障性安居工程建设、旧城区改建，应当纳入区（县）国民经济和社会发展年度计划"。"因旧城区改建需要征收房屋的，房屋征收范围由市建设行政管理部门会同市房屋管理、发展改革、规划土地、财政等行政管理部门以及相关区（县）人民政府确定"。因此，在上海模式下，区县人民政府无权自行确定旧城改建的范围，而需要市级各行政主管部门与区县政府共同确定。

《湖北省国有土地上房屋征收与补偿实施办法》不仅规定："确需征收房屋的各项建设活动，应当符合国民经济和社会发展规划、土地利用总体规划、城乡规划和专项规划；保障性安居工程建设、旧城区改建，应当纳入市、县级国民经济和社会发展年度计划"。还在第十二条规定："依照本办法第十条规定征收房屋的，房屋征收部门应当根据规划部门出具的规划意见，合理确定国有土地上房屋征收范围"。在一定程度上弥补了征收取代拆迁后，房屋征收取消前置规划许可的制度遗憾。

（三）制定方案并征收意见

《征收与补偿条例》第十条规定："房屋征收部门拟定征收补偿方案，报市、县级人民政府。市、县级人民政府应当组织有关部门对征收补偿方案进行论证并予以公布，征求公众意见。征求意见期限不得少于30日。"第十一条规定："市、县级人民政府应当将征求意见情况和根据公众意见修改的情况及时公布。因旧城区改建需要征收房屋，多数被征收人认为征收补偿方案不符合本条例规定的，市、县级人民政府应当组织由被征收人和公众代表参加的听证会，并根据听证会情况修改方案。"

司法实践中，因为"征收补偿方案征求意见不足30日"被确认违法的案例并不少见。在"张荣诉被告旬邑县人民政府撤销房屋征收决定"①一案中，咸阳中院认为，旬邑县人民政府对于征收补偿方案虽组织有关部门征求了公众意见并进行了听证，但并未依照《征收与补偿条例》征求意见期限达到30日，其违

---

① （2019）陕04行初53号《行政判决书》。

反了《征收与补偿条例》相关规定，因此作出了确认旬邑县盐店巷棚户区改造项目房屋征收决定违法的判决。

（四）组织实施

《征收与补偿条例》中对旧城改造引起的征收程序并没有进行特别的设计。也是沿用"市县级人民政府作出征收决定和补偿方案——评估、协商——达成协议或者作出补偿决定——自行搬迁或者申请法院强制搬迁"的程序。旧城改造征收活动在组织实施阶段与其他类型的房屋征收活动并无区别，在此不再赘述。

五、旧城改造中的公民参与和民主决策

由于旧城改造保障民生的特殊性质，早在《征收与补偿条例》制定实施之前，很多地方政府就已经在探索和设计公民参与旧城改造决策的制度。如《关于广州市推进旧城更新改造的实施意见》规定实行"阳光动迁"。试行旧城更新改造事前征询制度，开展两轮征询，全面、及时、动态地公开各种拆迁补偿安置信息，充分尊重改造区域居民的参与权和知情权，使其真正成为旧城更新改造的主导者和推动者。其中第一轮，征询改造区域居民意愿，同意改造户数的比例达到90%以上（含90%）的，方可启动改造，并办理地块改造前期手续；第二轮，征询改造区域居民对补偿安置方案的意见，在规定时间内，签订附生效条件的房屋拆迁补偿安置协议的居民户数达到2/3以上（含2/3）的，方可具体实施拆迁。

各地在制定国有土地上房屋征收与补偿的地方法规时，都较为重视旧城改造项目中的民主决策，有些地方设置了详细、严格的标准，主要体现在三个环节：房屋征收范围确定后对"是否改建"征求意见；补偿安置方案发布后超过规定比例的人提出意见应当举行听证；签订协议的被征收人在签约期限内达不到规定比例则征收决定终止。

比如《上海市国有土地上房屋征收与补偿实施细则》规定："因旧城区改建房屋征收范围确定后，房屋征收部门应当组织征询被征收人、公有房屋承租人

的改建意愿；有90%以上的被征收人、公有房屋承租人同意的，方可进行旧城区改建……在签约期限内达到规定签约比例的，补偿协议生效；在签约期限内未达到规定签约比例的，征收决定终止执行。签约比例由区（县）人民政府规定，但不得低于80%"。

《浙江省国有土地上房屋征收与补偿条例》规定："因旧城区改建需要征收房屋的，房屋征收范围确定后，房屋征收部门应当组织征询被征收人的改建意愿；百分之九十以上被征收人同意改建的，方可进行旧城区改建……因旧城区改建需要征收房屋，半数以上被征收人提出征收补偿方案不符合国务院房屋征收补偿条例和本条例规定的，设区的市、县（市、区）人民政府应当组织由被征收人代表和公众代表参加的听证会"。

纵观全国各省市区、副省级城市的地方法规，大多进行了类似上文的规定，只是比例略有不同。

旧城改造征收项目需要体现人民性，毋庸置疑。征求被征收人的意见也可以弥补法规法规对"旧城区"定性的模糊。但应当对"是否同意征收"和"是否签订协议"有所区分，前者是公共决策，而后者是对自身权利义务的私人决策。生活中，造成不能签订补偿安置协议的情况很多，有的是对补偿安置的方案不认同，有的是自身房屋土地甚至家庭成员之间还有尚待解决的个性化问题。

除了要求全部签约才继续征收外，有些地方为促进签订补偿安置协议，设计了一种"签约比例和奖励挂钩"的制度。

设定过高的签约比例作为是否实施征收的条件，在一定程度上背离了《征收与补偿条例》的初衷。《征收与补偿条例》第十一条规定："因旧城区改建需要征收房屋，多数被征收人认为征收补偿方案不符合本条例规定的，市、县级人民政府应当组织由被征收人和公众代表参加的听证会，并根据听证会情况修改方案。"并没有将签约比例作为是否继续征收的前提。

地方政府要从提高执政能力入手，敢于面对和处理旧城改造征收项目中的多元化诉求和利益冲突。"权"和"责"是政府行政权力的一体两面，对于旧城改造同样如此，地方政府往往将征收视为自身的权力，但从另一个角度，如果该区域确属严重的"危房集中、基础设施落后"地段，政府也应该实施旧城改造的职责和义务。

六、旧城改造的征收补偿安置

作为征收拆迁活动的类型之一，旧城改造引起的补偿安置，以前依托于国务院《城市房屋拆迁管理条例》，自《征收与补偿条例》生效后依托于该条例，执行的是征收活动的通行政策。与其他征收项目唯一的区别是，《征收与补偿条例》第二十一条第三款规定："因旧城区改建征收个人住宅，被征收人选择在改建地段进行房屋产权调换的，作出房屋征收决定的市、县级人民政府应当提供改建地段或者就近地段的房屋。"下面仅就因旧城改造征收项目补偿安置中独有的或者更为突出的问题进行探讨。

对于旧城改造征收的补偿安置，实践中有如下几个焦点问题。

（一）对"改建地段和就近地段"规定不明确

《征收与补偿条例》对提供"改建地段或者就近地段的房屋"，从立法本意上是对被征收人产权调换权利的加强，但是由于上述规定较为含糊，什么是"改建地段"，什么是"就近地段"，并没有明确的标准。

各地政府和实务界对"改建地段"的理解有一定分歧。一种意见认为，既然是所谓的"旧城区改建"，那么"改建地段"就是指"被改建的旧城区"。"就近地段"则是一个更为模糊的概念，也是司法实践中经常发生争议的焦点。被征收人往往认为征收机关为其提供的安置房距离较远、区位等级较低，达不到"就近安置"的要求。对于"就近"的标准，很多地方也试图做出更明确细致的规定。

一种方式是约束区位。一种方式是约束距离。也有的地方对区位和距离进行双重约束。

（二）被征收人的产权调换权利往往无法得到保证

无论地方政府对具体项目的真实意图和利益基础为何，在立法层面，旧城改造征收项目的公益性质在于改善被征收人的居住环境。因此，保证被征收人的产权调换权利，不仅仅关系补偿方案的合法性、合理性，还直接关系到征收项目的正当性基础。尽管对此《征收与补偿条例》已经做出了明确规定，但仍然有些地方在个案操作上突破这个规定，剥夺被征收人的产权调换权利。

（三）对被征收房屋价值测算不合理

《征收与补偿条例》第十九条笼统规定对被征收房屋价值的补偿，不得低于房屋征收决定公告之日被征收房屋类似房地产的市场价格。被征收房屋的价值，由具有相应资质的房地产价格评估机构按照房屋征收评估办法评估确定。但是对于旧城改造的被征收人而言，多数人房屋的面积狭小（尤其是产权登记的面积可能更小），简单以"类似房地产的市场价格"进行补偿，所得的补偿款可能根本不足以购买房屋。此外，旧城改造的区域大多容积率较低，而土地使用权的价值占房地产价值的大部分，在政府利用土地的集约化经营大幅度营利的情况下，也应当允许被征收居民分享土地升值的收益。

（四）对住房保障的规定不足

《征收与补偿条例》对住房保障的规定仅为一条原则性规定："征收个人住宅，被征收人符合住房保障条件的，作出房屋征收决定的市、县级人民政府应当优先给予住房保障。具体办法由省、自治区、直辖市制定。"由于旧城改造地区房屋的面积一般较小，如果仅仅在拆除面积范围内进行产权调换，那么很多被征收人可能因为无力支付差价而不能购房。对此，《济南市旧城区部分区片危陋房屋改造拆迁试行规定》做了区分处理。原地回迁的，新安置房的标准为被拆合法房屋的原建筑面积。被拆迁人易地安置的，新安置房面积的标准，拆除平房、简易楼房的为被拆合法房屋建筑面积的2.5倍；拆除楼房的为被拆合法房屋建筑面积的1.5倍。

（五）公房承租人的法律地位和权利尚待明确

《征收与补偿条例》第一条开宗明义："保障被征收房屋所有权人的合法权益"，没有把房屋的承租人和其他使用权人涵盖进补偿范围，而在一些大城市的旧城改造活动中，直管公房和自管公房又恰恰占相当大的比重。在实践中，不对承租人进行补偿显然是不合理也不可行的，但是如何补偿又没有明确规定，为征收活动中的纷争和无序留下了伏笔。

七、旧城改造征收的司法审查

旧城改造征收作为国有土地上房屋征收的一种类型，其行政行为的类型及其司法审查与其他类型征收案件并无根本区别。以下仅针对旧城改造征收的特点，着重探讨如下焦点问题。

（一）对房屋征收是否为公共利益的审查

旧城改造是"腾笼换鸟"还是公共利益，这往往是聚集被征收人最多疑问和情绪的问题，各地法院在评价特定旧城改造征收项目是否为公共利益时大概存在如下几种类型：

（1）笼统认可型——将片区规划、交通、设施不佳，土地利用率低等笼统认定为公共利益；

（2）倒推反证型——以该征收项目多数人签订协议倒推是公共利益；

（3）司法谦抑型——尊重地方政府对公共利益的"首次判断权"。

（二）对房屋征收决定程序的审查

司法实践中，对房屋征收决定程序的审查，是各级法院在处理此类案件时，最认真、最娴熟、最具有法律依据的部分。从符合四项规划、纳入国民经济计划，到补偿安置方案的公布、征求意见、听证和修改，社会稳定性风险评估，专门资金账户。

司法实践中，这类确认违法而不撤销的判决。对行政行为本身、行政机关和行政负责人都影响不大。长此以往，会有一些地方政府不介意用败诉来换取征收活动的"效率"。

（三）对补偿安置方式的司法审查

对补偿安置方式的司法审查体现在两个阶段：在对房屋征收决定提起的诉讼中，审查是补偿安置方案中是否确保了被征收人对于货币补偿和产权调换的选择权。在对房屋征收补偿决定提起的纠纷中，审查是否尊重了被征收人的选择权，以及货币补偿或者产权调换的决定是否合法。

（四）对补偿安置协议的司法审查

2019年12月，最高人民法院发布了《最高人民法院关于审理行政协议案件若干问题的规定》，将签订、履行土地房屋等征收征用补偿协议纳入了行政案件审理范畴。在实践中，此类案件集中于两种情况：被征收人对已经签订的补偿安置协议请求变更、撤销、确认无效；在选择产权调换的情况下，被征收人对于安置房久拖未建的情况请求履行。我们有理由相信，随着行政协议审理规则的明确和审判经验的积累，房屋被征收人遭遇的协议不公平、不履行的情况将逐步得到司法的干预。

在梳理旧城改造征收案件的司法审查现状时，我们对很多判决持有不同见解，但却无法对法院和法官过于苛责。司法问题的根源在于立法，立法时一字的含糊就会使得法官在裁判时无所适从，而在旧城改造房屋征收领域，可供法官引据的法律依据——法律和法规实在过于粗疏。因此，旧城改造征收的司法审查注定将伴随这一领域的立法和实践，是一个不断摸索和进步的过程。

八、传统旧城改造模式的特点与不足

我国传统的旧城改造活动存在以下几个特点：

（一）在计划和实施的主体上，以政府主导为主

旧城改造的模式一般是由政府组织、政府出资，政府在做出旧城改造决策时，往往优先考虑的并不是改善居住条件，而是实现城市规划和进行土地出让。

（二）在规模上，以成片整治为主

结合当前在各地愈演愈烈的"土地储备制度"，旧城改造的规模一般都比较大。从物质层面看，较大规模的统拆统建有利于实现城市的完整规划，使旧城改造尽可能"一步到位"，但也存在着一定的问题。首先，成片整治常常意味着成片拆迁，改造区域内的居民被迫大量搬迁，原有的生活系统遭到破坏；其次，成片整治的周期长，在这个过程中，可能造成土地闲置；第三，大宗储备土地

只有大型开发商才有能力入手，而他们必然会选择经济回报率最高的项目进行建设，容易导致土地资源的垄断，背离旧城改造的初衷。

（三）在方法上，以拆除房屋、迁移原住居民为主

与我国香港、台湾地区"保护、整治、修复、拆除"相结合的旧城改造制度不同，我国内地目前旧城改造的主要方法是拆除房屋、迁移原住居民。

（四）在历史遗产和文化生态的保护上，以消极保护为主

目前我国的文物保护法令，对文物、历史建筑和保护区域的认定仍采取政府核准而非审查备案的方式。这样就造成了大批具有历史文化保护价值的文物、建筑和历史风貌因为没有得到当地政府的承认而无法获得"免死金牌"。未能及时认定当然与政府的行政效率、价值取向有关，也不能排除当前的历史文化知识不足以对某些具有重大价值的文物进行正确评价的原因。

（五）在城市功能分区上，具有居住区向综合商业区转变的倾向

如前所述，对成片整治收回的土地，无论政府还是开发商都倾向于建设经济回报率最高的项目。因此，依原样建设普通住宅显然不是一个"明智"的选择。我们看到，多数旧城改造片区，在经过拆迁和土地整理后都变成了"集餐饮、娱乐、高档住宅、商业中心、商务会所于一身"的综合商业区。但是，这种城建理念有待探讨，旧城地区是否具有足够的经济吞吐可以养活超大型商业区？

（六）在规划前瞻性和稳定性上，规划变更频繁，具有一定的随意性

正如刚才提到的，成片改造的周期长，可能会造成土地资源的浪费。我们同样也存在"拆"与"建"之间的时间差问题，但是由于缺乏法律规制，造成不是"荒废闲置"就是"多此一举"的尴尬局面。我们曾经承办的华北某中心城市房屋拆迁一案中，被拆迁人所住的小区原为旧城改造区域，改造完成建设了商品房住宅小区，但入住不到三年就因市政基础设施建设再次遭遇拆迁。类似由于立项和规划缺乏整体性和前瞻性造成的建设资源严重浪费，势必由政府或者居民来买单。

第三节　城市治理语境下旧城改造的未来——城市有机更新

一、从改造到更新——旧城改造理念和目标的变迁

2010年，住房和城乡建设部印发了《中国人居环境奖评价指标体系（试行）》和《指标说明》，罗列了国际上公认的旧城改造目标，分为五点："1. 编制旧城改造规划，并逐步得到实施。2. 开展旧城教育、医疗、商业服务、体育、文化等公共服务设施更新改造，基本满足旧城居民生活需求。3. 旧城道路、市政等基础设施建设更新改造完毕，旧城人居环境得到明显改善。4. 旧城内有价值的历史建筑和传统文化得到有效保护。5. 城市老旧小区道路、绿化、照明等基础设施及居住环境普遍得到改善，全面实施物业管理。"

2016年住房城乡建设部对此进行了修订，将"旧城改造"改为"旧城有机更新"，并对部分项目进行了修改："将编制旧城改造规划，并逐步得到实施"改为"编制旧城更新改造规划，有序实施城市修补和有机更新"；增加了"有效更新利用老建筑、旧厂房，保持和恢复老城区功能和活力"的要求；删除了已经基本实现的"全面实施物业管理"，取而代之"建筑物、街道立面、天际线、色彩和环境得到协调美化和提升"。

由此可见，在新的城市治理的理念之下，随着社会生活的进步和城市的发展，旧城改造的理念和目标都发生了变化。从将城市作为一个客体和对象来管理，到让城市和城市中的人自我更新与发展，更加注重城市发展的人本、共享与科学。

二、深圳城市更新的制度与经验

深圳是国内最早提出"城市更新"概念的城市之一。早在2009年，深圳市

就发布了地方政府规章《深圳市城市更新办法》。直到现在，深圳仍然是全国城市更新法律体系最完整、实践经验最丰厚的城市。

（一）深圳城市更新的理念和目的

《深圳市城市更新办法》规定：进一步完善城市功能，优化产业结构，改善人居环境，推进土地、能源、资源的节约集约利用，促进经济和社会可持续发展。城市更新应当遵循政府引导、市场运作、规划统筹、节约集约、保障权益、公众参与的原则，保障和促进科学发展。

（二）深圳城市更新的范围和对象

根据《深圳市城市更新办法》，深圳城市更新的范围是包括旧工业区、旧商业区、旧住宅区、城中村及旧屋村等在内的城市建成区。纳入城市更新的地块必须具有以下特征之一：① 城市的基础设施、公共服务设施亟需完善；② 环境恶劣或者存在重大安全隐患；③ 现有土地用途、建筑物使用功能或者资源、能源利用明显不符合社会经济发展要求，影响城市规划实施；④ 依法或者经市政府批准应当进行城市更新的其他情形。

（三）城市更新的规划

深圳城市更新的规划从宏观到具体分别是：国民经济和社会发展总体规划、城市总体规划和土地利用总体规划、城市更新单元规划。其中，城市更新单元规划是管理城市更新活动的基本依据，一个城市更新单元可以包括一个或者多个城市更新项目。

（四）城市更新年度计划的制定与实施

城市更新年度计划包括城市更新单元规划的制定计划、已具备实施条件的拆除重建类和综合整治类城市更新项目、相关资金来源等内容。其中，综合整治类城市更新项目可以单独制定年度计划。

（五）拆除重建类更新

拆除重建类更新分为如下几种情形：

（1）依法收回土地使用权；

（2）收购土地使用权；

（3）权利人自行改造；

（4）多元权利主体情况下，推举或设立某一主体进行更新；

（5）由土地受让人作为更新主体。

（六）综合整治类更新

综合整治类更新项目主要包括改善消防设施、改善基础设施和公共服务设施、改善沿街立面、环境整治和既有建筑节能改造等内容，但不改变建筑主体结构和使用功能。

（七）功能改变类更新

功能改变类更新是指改变部分或者全部建筑物使用功能，但不改变土地使用权的权利主体和使用期限，保留建筑物的原主体结构。

三、广州的城市更新

广州提出"城市更新"的时间较短，但十年前就依托广东省"三旧改造"政策开展得轰轰烈烈的城中村改造，也自主探索了第一个房地产开发商参与城中村改造的猎德村模式。在继承和借鉴三旧改造经验的基础上，广州在2015年出台了《广州市城市更新办法》，正式进入城市更新时代。

（一）广州城市更新的理念

《广州市城市更新办法》用相当篇幅描述了广州城市更新的理念与蓝图。

"城市更新遵循'政府主导、市场运作，统筹规划、节约集约，利益共享、公平公开'的原则。

城市更新应当坚持以人为本，公益优先，尊重民意，切实改善民生。城市更新应当提升城市基础设施，完善公共服务配套，推进基本公共服务均等化，营造干净、整洁、平安、有序的城市环境。"

（二）城市更新的类型

广州将城市更新区分为全面改造和微改造方式。在城市重点功能区以及对完善城市功能、提升产业结构、改善城市面貌有较大影响的城市更新项目上，实施以拆除重建为主的全面改造。对那些对城市整体格局影响不大，但现状用地功能与周边发展存在矛盾、用地效率低、人居环境差的地块，通过建筑局部拆建、建筑物功能置换、保留修缮，以及整治改善、保护、活化，完善基础设施等办法，实施微改造。

（三）城市更新的资金来源

在资金来源上，广州制定了"政府主导、市场运作、多方参与、互利共赢"的原则。

第一，充分调动企业和居民的积极性，动员社会力量广泛参与城市更新改造。

第二，鼓励利用国家政策性资金，争取更多的国家政策性贷款用于更新改造项目。

第三，引导市场金融机构根据改造项目的资金筹措、建设方式和还贷来源等具体情况，在以土地使用权和在建工程抵押担保发放贷款的基础上，探索贷款投放和担保新模式，创新信贷金融产品，优先保障符合条件更新改造项目的信贷资金需求。

第四，按照政府和社会资本合作项目建设模式（PPP）管理规定，鼓励企业参与城市更新改造和安置房建设，积极引入民间资本，通过直接投资、间接投资、委托代建等多种方式参与更新改造，吸引有实力、信誉好的房地产开发企业和社会力量参与。

（四）广州城市更新案例——恩宁路改造

恩宁路建成于1931年，是一条有浓厚西关特色的道路，是广州最完整和最长的骑楼街。恩宁路历史文化资源丰厚，两侧内街有连片的西关大屋、竹筒屋，著名的有泰华楼、八和会馆、李小龙故居、詹天佑故居、金声电影院、宝庆大押、銮舆堂等都位于这里。但不可回避的现实是，恩宁路也是广州危旧房屋最为集中的地区之一。

1. 长达九年的恩宁路改造僵持

2006年恩宁路连片危破房改造进入政府集中改造决策视野，新任荔湾区委书记表示恩宁路危破房改造项目将实行新模式，也是广州市新一轮旧城改造的试点和未来的范例。

2007年5月，恩宁路连片危破房改造项目正式开始动迁。按照动迁计划，八和会馆、李小龙旧居以及恩宁路沿街的骑楼都将得到保留，而金声电影院将被拆除。征收拆迁遭到不少居民反对，不少人不愿意离开生活了几十年的老地方。

2007年7月，经媒体报道后引起广大市民关注和热议，原有方案被推翻。时任广州市市长张广宁要求"由市规划局牵头，重新认真、慎重考虑恩宁路骑楼街的规划方案"。

2007年8月，恩宁路保护方案公布，李小龙故居、八和会馆、宝庆大押、銮舆堂、泰华楼和一片古老民居等6处建筑被列为重点保护对象。金声电影院、各式骑楼和现有的学校、医院等7栋公共设施以及几十棵大树也被列入保护名单，大量的石板街巷都将尽量保持原有风貌。

2009年12月，广州市政府公布《广州市旧城更新改造规划纲要》，荔湾区政府公布《恩宁路历史文化街区保护开发规划方案》，并向公众咨询意见。同时，有小部分已经搬迁的居民要求废弃之前与政府签订的合同，因为自己的房屋又"重新"被保留。

2010年1月，183户居民联名反对恩宁路规划方案。同时一些民间组织和志愿者发起保护恩宁路的活动，恩宁路保护志愿者开办了一个网站"恩宁路：民间关注"，以"我们坚信这是一个可以活下去的旧城"为标题，旨在通过调查、研讨和实证分析寻求旧城改造的其他可能性。

2011年6月24日，最新的恩宁路旧城改造方案亮相，新方案摒弃了原来以经济为中心的"建筑全拆、居民全部原地回迁"方案，提出保留有历史文化价值的建筑，让居民自主更新。

至此，恩宁路改造陷入了一种僵持状态。一方面，五年时间内规划变更了三次，从文本上看，确定纳入保护的建筑越来越多。另一方面，拆迁从未停止，很多建筑已经被拆除，后又宣布需要保留。

2. 试水微改造——永庆坊一期保护性改造的摸索

2013年，恩宁路被确定为历史文化街区，辖区建筑限高限容，使得商业开发的利润空间大大降低，开发商望而却步。当地政府开始转变"大拆大建"的思路，探索"文创小镇"式改造模式。

2015年，《广州市城市更新办法》出台，明确提出了"微改造"的模式，恩宁街上建筑风貌保留完整、原住居民较少的永庆坊成为"微改造"的试点，政府通过BOT方式引入社会资本进行"微改造"，由企业改造、建设和运营，15年运营期满后交还政府。

永庆坊一期微改造秉持"修旧如旧，建新如故"的理念，强化岭南建筑整体风貌特色，保留岭南传统民居的空间肌理特点，同时对部分建筑适当拆除和原址重建恢复。对永庆片区内现存的文物保护建筑，聘请专业团队进行保护性修缮，促进文物资源的活化利用。

2016年，永庆坊一期建成开放，社会普遍认为改造成果保持了街巷格局与肌理，但也存在一些问题，比如建筑高度增加，屋顶加大，体量变大，改变了整个历史街区的风貌，一些建筑改造后的立面材料、色彩、外凸橱窗等也被批评与街区历史风貌不协调。不少专家认为这是恩宁路一期改造没有保护规划和城市设计导则的约定所致。

此外，2017年8月，由中国城市科学研究会城市更新专业委员会牵头完成的《广州恩宁路永庆片区微改造实施评估研究》，调查了永庆社区微改造项目实施满意度，调查的45个指标中，改造过程的"社区参与"得分最低（2.85）。

3. 永庆坊二期——着力探索规划科学化和社区微观自治

目前，永庆坊二期改造项目也已经开始，面积比一期大十倍，仍然由万科集团作为社会主体参与实施。吸取了一期改造的经验和教训，永庆坊二期在一期最薄弱的两个环节着力改变。首先，不再是由开发商万科通过招标来做改造设计方案，二期是由市国规委招标做实施方案，由保护规划、实施方案、设计导则作为规划许可的依据。其次，成立了"恩宁路历史文化街区共同缔造委员会"，其中半数以上的委员是社区居民。共同缔造委员会是"恩宁路历史建筑保护利用试点项目指挥部"的议事平台，发挥政府和社会在恩宁路项目改造过程中的沟通和协调作用。二期改造提出"让老街坊回来"的理念，将有超过一半的业主是原住居民。

从2006年到2020年，从"大拆大建"到历史文化保护的逆转，"拆迁拉锯战"与"文化保卫战"使恩宁路成了广州的文化地标，也承载着广州人对老城保护、旧城复兴的期望。

四、其他地方城市更新的探索

从深圳和广州的经验我们可以看到，在中国的广大城市特别是大型城市，随着城市治理理念的转变，旧城改造已经从方法上的大拆大建、决策上的行政命令、费用上的大包大揽，逐步转变为拆除、整治、活化相结合的综合治理和有机更新模式。深圳成为城市更新的先驱有其自身的原因，一方面，深圳作为经济特区，在立法层面具有更大的自主权；另一方面，深圳早已完成了集体土地的国有化，在所有权层面不再是多元主体；当然，深圳人敢为天下先的性格也是不可忽视的原因。

除广东地区外，其他城市也在开展城市更新模式的探索。2019年10月，上海成立城市更新和旧区改造工作领导小组，由市长担任领导小组组长，成员有经济信息化委员会、商务委、教委、科委、公安局、民政局、司法局、财政局、人力资源社会保障局、规划资源局、住房城乡建设管理委、房屋管理局、交通委、农业农村委、文化旅游局、审计局、地方金融监管局、国资委、绿化市容局、政府新闻办、信访办等部门的正职负责人。

而北京也在积极探索城市有机更新的办法和思路。针对历史文化古城文保责任重大的特点，北京近几年对于主城区特别是东西城的胡同、小巷，开展了亮化、美化、净化的街区整治，通过微改造和常态整治的方式改善老城区人居环境。对于污染大、劳动密集的产业和企业，通过疏解整治的方式将其疏散到首都核心功能区之外。

五、完善旧城改造制度的若干思考

（一）推进城市更新的地方立法

较之传统的旧城改造，城市有机更新涉及的社会治理层面更为复杂，没有现成的标准答案可参考。从行政管理的角度看，从一元主体、一种模式转变为多元主体、多种模式，政府的工作不是少了，而是多了，需要更科学、更细致、更具有全局性和前瞻性的社会治理能力。而在立法层面，鉴于中国城市复杂、不均衡的发展状况，中央级立法很难对城市更新进行操作层面的规范，这就有赖于各地制定符合本地情况的城市更新法规、规则。

2015年，全国人大对《立法法》进行了修订，修改后的《立法法》下放了立法权，赋予设区的市制定地方性法规的权力。城市更新立法对地方立法机关和行政机关而言是一个巨大的挑战，是检验城市治理水平和治理能力的契机。

当前各地城市更新风头正热、举措繁多，但是行动先于规则不应当成为常态。适度的探索当然有其必要，但城市更新归根结底要在法治化、规范化的环境中进行。

（二）谨慎以旧城改造名义实施土地储备

旧城改造本身只是政府实施城市治理行为，并不涉及公益与私益的区分。如果要认真区分起来，很多旧城改造项目的真实目的恐怕还是"私益"居多。在实践中，某些地方滥用旧城改造、棚户区改造名义，排除被征收人的合意，逾越正当程序，以政府"一口价"搞"政策性拆迁"，损害了被征收人的合法权益，也损害了行政机关的威信。

由于历史原因，旧城区的容积率和建筑密度都比较低，从单纯经济学的角度看可能是"低效能利用"，但是低效能利用不等于闲置，居民的合法物权和其正当生活不容无视。因此，在旧城改造上，绝不能滥用公共利益名义，为了实施土地储备而过度改造"不旧的旧城"，而应与普通商业项目一样，在充分知情、平等协商、合理补偿的前提下实现搬迁目的。

（三）以改善居民生活质量为依归，不恣意剥夺和破坏现有生活系统

摒弃成本高、周期长、负面效果强烈的"大拆大建大迁移"模式，以"微循环"的方式逐步改善旧城区的基础设施；鼓励居民在规划部门的指导下进行自我修缮和更新；整治旧城区周边环境，建立开放式交通网络，为旧城区人口的自觉疏散创造条件。同时，涵养旧城区人文环境，尊重其文化特色和生活习惯。

在非拆不可的情况下，立项和规划主管部门应当控制商业项目的进入规模，

避免将旧城改造成"睡城"，按比例建设普通住宅，为旧区居民提供必要的回迁机会，尽量将旧城改造对他们生活系统的破坏减轻到最低。

（四）提高旧城改造规划的前瞻性、合理性和稳定性

旧城改造涉及诸多人利益，就更需计划周详，政策稳健。旧城改造的方向应在城市的中长期规划中有所体现，一经法定程序核准，便不得随意更改。应严格依照城乡规划法的要求制定控制性和详细性修建规划，避免"拍脑袋决策"，杜绝"一任领导，一套规划"的现象。规划阶段不盲目上马，实施阶段不草率收兵。

（五）完善历史建筑、历史街区等文化遗产的认定和保护制度，注重保留居民的文化记忆

在历史文化遗产保护方面，应当效仿法国、日本，抓紧制定对和保护历史街区、历史建筑和文化风貌进行认定的强制性规则和紧急保护制度，同时要求文物、建设、规划主管部门以对历史负责的态度，在争议项目上先予保护、谨慎拆迁。此外，在旧城改造的过程中，对于寄托居民共同文化记忆的物质载体，也应善意地予以保护。

（六）尊重社会发展和城市变迁的现实，禁止建造"假古迹"

一段时间以来，很多地方政府在城市的历史文化风貌保护上陷入了一个怪圈：一方面对现存的具有历史文化遗产意义的建筑、街区缺乏足够尊重，既不主动进行认定，也不采取任何的保护和修缮措施，甚至在商业开发需要时不惜将其推倒铲平；另一方面，却热衷于修建早已湮没在历史中或根本没有资料对其存在及形态进行证明的"假文物""假古迹"。这种做法破坏了当地业已形成的连贯协调的文化生态，消解甚至歪曲了历史文化遗产保护的意义，损害了人民的正常生活。

（七）优化决策制度，赋予旧城区居民改造的选择权

首先，在筹划阶段，就应预备多套方案，详陈利弊，征求居民意见。如果绝大多数居民反对改造，项目即应暂缓。在改造的实施阶段，应根据具体情况和居民的意愿，适时改进改造方案，调整补偿安置政策。

对于可进行修复、整治而不必拆除的房屋，应鼓励居民自行改造，可以借

鉴北京东城区和西城区的经验，对居民自行修缮房屋提供规划设计帮助、物料支援和无息贷款。

旧城往往处于城市中心，土地升值剧烈。居民是城市生活的主体，对地区文化的养成、区位土地升值具有最为重大的贡献。在整体性搬迁的模式中，可以借鉴某些城市对工业企业"退城进园"返还土地出让金的政策，通过适当途径将土地出让净收益返还给被拆迁居民，使其分享城市发展的成果。

城市是有机生命体，城市更新是一座每天都在增高的山峰，而一个城市的更新政策如何始终兼顾科学、可行与合法，是政府和居民需要持续面对和解决的问题。在这个摸索的过程中，一定还会有弯路、有挫折，遭遇各种各样的观念冲突、利益冲突和体制机制冲突，而城市更新的理念应当始终像十九大报告提出的那样——不断创造美好生活。

城市治理是一项复杂的系统工程，宏观到顶层设计、政府机构设置、城市定位、社会经济发展规划；微观到侵街占道、私搭乱建、小广告的整治。所以，对于城市治理问题，既需要有谋大局的能力，也需要有精细化的操作手段。国家和城市为了公共治理的需要，可能要对非住宅房屋进行征收、临时性征用或者管理性征用。因此，我们有必要对城市治理过程中涉及的非住宅权益保护进行研究和讨论。本章分为四节，第一节介绍非住宅房屋的概念界定和分类，框定研究对象。第二节和第三节研究城市治理中对非住宅权益影响最大的行政行为——征收，第二节介绍非住宅征收的主体、程序、补偿安置的基本要素，第三节围绕非住宅与普通住宅房屋的区别，讨论非住宅房屋征收中的几个独特问题。第四节引用域外的"管制性征收概念"，讨论在城市治理视野下，政府行使行政权力的正当治理行为对非住宅房屋使用、收益的影响及其应当遵循的法律原则。

第一节　非住宅房屋概述

一、非住宅房屋概念界定

（一）自然属性意义的非住宅房屋

从自然属性意义上讲，非住宅房屋是指功能不为居住，而实际直接用于生产经营或者其他用途使用的房屋。这里的生产经营一般是指用于工业、商业、服务业、仓储运输业等行业。如果仅仅是出租给他人居住，尽管所有权人取得了一定的租金收益，但并未改变房屋的自然用途，因此不能归入非住宅房屋之列。

另外，因个别城市在房地产调控政策中对开发商设置了住宅自持比例的要求，以及部分开发商对住宅开发由注重销售到尝试长租模式的转变，使得毫无争议的"住宅"又具有了一定程度的"经营性"属性，对这类房屋征收时按何种性质进行补偿尚待商榷。

（二）法律属性意义的非住宅房屋

房屋的法律属性，是指在房屋登记中对性质、用途等事项进行的记载。通常说来，房地产权利证书上对房屋用途的记载是以房屋建设时的规划许可内容为依据的。但是，1984年颁布的《城市规划条例》并没有将房屋用途纳入规划审批的控制范畴，而只是规定"申请进行建设的组织和个人，经城市规划主管部门确定其建设位置，提出地面控制标高、建筑密度、建筑层数、建筑立面以及与环境协调等设计要求，并审查其有关设计文件和图纸，发给建设许可证后方可施工"。

之后，1990年开始实施的《城市规划法》的适用范围又仅限于城市规划区，没有涵盖广大农村地区。2008年开始实施的《城乡规划法》虽然涵盖了城市和乡村，但是对建筑用途依然没有在法律层面进行明确规定。随着《不动产登记暂行条例》和《不动产登记暂行条例实施细则》在2015年和2016年的实施，"用途"成了所有不动产的必须登记事项，随着时间的推移和统一登记工作的推进，建筑用途有望尘埃落定。

然而，2016年5月4日国务院常务会议决定"允许将商业用房等按规定改建为租赁住房"，国务院办公厅遂于5月17日发布《关于加快培育和发展住房租赁市场的若干意见》，再次明确允许将商业用房等按规定改建为租赁住房。该文件允许将土地用途由商业用地改为居住用地的同时，又不允许变更土地使用年限和容积率。因此实际用于非住宅用途，但在房屋产权登记记载为住宅或未登记用途的情况比比皆是，从而成为征收、搬迁乃至城市治理中的一大热点、难点问题。

二、非住宅房屋的分类

（一）以用途为标准进行分类

以实际用途进行分类，可以将非住宅用房分为工业、交通、仓储、商业、金融服务业、教科文卫等社会公益事业、宗教、军事、行政办公用房等。而这些用途又可大致概括为营利性和非营利性两类。

（二）以土地所有权性质为标准进行分类

以土地所有权性质为标准，可以将非住宅房屋分为在国有土地上建设和在集体土地上建设的房屋两种。在国有土地上建设的非住宅房屋，拆迁时自然应当适用国有土地上房屋征收的法律法规，在集体土地上建设的房屋，则情况略有分歧。有些地方如杭州、宁波、武汉等地制定了集体土地上房屋征收拆迁的地方性法规或规章并在其中明确规定了非住宅房屋的拆迁补偿方法，此类地区上非住宅房屋的拆迁补偿自然应当依此补偿。有些地方没有制定集体土地征收拆迁规定或虽然制定了集体土地拆迁上征收拆迁的规定，但未对非住宅类房屋特别规定，应当依照根据《土地管理法》及相关配套规定进行补偿。

（三）以房屋权属来源为标准进行分类

以房屋权属来源为标准，可以将非住宅房屋粗略分为自有房屋、承租房屋和未确权房屋三类。其中承租房屋又有一种特殊情况，就是承租直管、代管、自管公房中的非住宅房屋。

除上述几种法律上的分类方式之外，还有很多非住宅房屋属于历史遗留问题，情况特别复杂。比如常见的就有原国企的房屋在普查登记时仅仅笼统地在用途一栏登记为"生产、办公"，之后国企改制一般都是一揽子解决的，所以很少涉及确认土地的详细用途以及在区别用途的基础上确定具体面积，导致现在很多改制后企业碰到拆迁之时，无从着手提出自己的补偿要求。因为现行的土地用途分类里面根本不存在"生产用地"这一类别，而当时的国企一般都是生产办公区里混杂着部分住宅性质的房屋或社区公共设施，改制后的企业对土地的利用更有自主性，甚至可能存在变更了经营范围，使得原来的工业用地变更成了现在的商业用地。

此类问题相当棘手，我们认为应当考虑此种历史遗留问题，根据现在的实际用途和面积加以区分补偿。当然，还要将改制之时是否对土地的用途情况是否有明确认定、改制后的经营范围调整是否办理了法律变更和相应税费的缴纳等情况作为参考。

第二节　非住宅房屋的征收

一、非住宅房屋征收的主要类型

（一）因公共建设实施的征收

《国有土地上房屋征收与补偿条例》明确规定，不动产的征收必须基于国家安全、促进国民经济和社会发展等公共利益的需要，比如由政府组织的国防、外交项目，能源、交通、水利等基础设施项目，科技、教育、文化、卫生、体育、环境和资源保护、防灾减灾、文物保护、社会福利、市政公用等公共事业项目，保障性安居工程项目以及旧城区改造项目。这类征收的特点是规划先行，因"建"而"征"，立足公益。

根据《国有土地上房屋征收与补偿条例》的规定，征收非住宅房屋的，被征收人既可以选择货币补偿也可选择产权调换。一般情况下，只有涉及征收其他市政公用设施时才采取强制性迁建。

（二）因环境保护、城市功能分区等规划目的实施的搬迁（征收）

这类搬迁虽然可以在理论上归类为征收中的异地迁建安置方式，但是该类征收的重点在于"迁"，对象多为工业企业。随着城市规划意识的增强，很多城市都先后设立了工业园区，将能耗大、污染严重的企业从城区清出来，统一安置在工业园区。

随着我国经济结构和经济增长点的转型升级，国家大力推进化解产能过剩、优化、调整结构的产业政策，一些企业尤其是工业企业被关停并转或搬迁。国务院及相关部委为此曾下发过多个文件予以支持和指导。2014年，国务院办公厅发布《关于推进城区老工业区搬迁改造的指导意见》（国办发〔2014〕9号文）（以下简称《意见》），要求以"政府推动、市场运作"为原则推进城区老工业区搬迁改造。

之后，国家发展改革委于2014年和2018年分别确定了老工业区搬迁改造试点项目和重点工程，对符合条件的老工业基地搬迁改造项目纳入中央预算内投资计划，以项目总投资的30%左右下达中央预算内资金。

因有国家政策和资金的支持，重点企业或试点项目的搬迁工作获得了巨大成功；而某些地方政府在对民营经济中的中小企业实施的搬迁工作中则多采取名为征收实为逼迫转产的方式。某些地方政府在名义上虽然为被征收企业备有相应的工业园区予以安置，但多会设置较为苛刻的不恰当入园条件——如总投资额、年纳税能力等，以便保证地方政府的财政税收收益和降低工业污染风险，最终导致该类中小企业无法入园而只能解散或被贱卖的命运。

二、非住宅房屋征收的基本规则

2007年颁布实施的《物权法》第四十二条规定（该条现已被吸收为《民法典》第二百四十三条，为与后引裁判文书中的法律引用相对应及表述习惯，以下仍用《物权法》称之）："为了公共利益的需要，依照法律规定的权限和程序可以征收集体所有的土地和单位、个人的房屋及其他不动产。征收集体所有的土地，应当依法足额支付土地补偿费、安置补助费、地上附着物和青苗的补偿费等费用，安排被征地农民的社会保障费用，保障被征地农民的生活，维护被征地农民的合法权益。征收单位、个人的房屋及其他不动产，应当依法给予拆迁补偿，维护被征收人的合法权益；征收个人住宅的，还应当保障被征收人的居住条件。任何单位和个人不得贪污、挪用、私分、截留、拖欠征收补偿费等费用。"以此为依据，国务院于2011年发布了《国有土地上房屋征收与补偿条例》，取代《城市房屋拆迁管理条例》，成为国有土地上不动产征收的纲领性法规。

（一）征收的起因

《物权法》规定，为了"公共利益"的需要可以进行征收。《国有土地上房屋征收与补偿条例》将物权法中"公共利益"进行了进一步的细化，第八条规定："为了保障国家安全、促进国民经济和社会发展等公共利益的需要，有下列情形之一，确需征收房屋的，由市、县级人民政府作出房屋征收决定：（一）国防和外交的需要；（二）由政府组织实施的能源、交通、水利等基础设施建设的需要；（三）由政府组织实施的科技、教育、文化、卫生、体育、环境和资源保护、防灾减灾、文物保护、社会福利、市政公用等公共事业的需要；（四）由政府组织实施的保障性安居工程建设的需要；（五）由政府依照城乡规划法有关规定组织实施的对危房集中、基础设施落后等地段进行旧城区改建的需要；（六）法律、行政法规规定的其他公共利益的需要。"

（二）被征收人的范围

《征收与补偿条例》将被征收人的范围界定为房屋所有权人，对不动产承租人享有的补偿安置权益并未提及。但现实生活中，大量存在不动产由承租人使用和经营的情况，很多地方对承租人应当享有的补偿安置权有比较客观和详细的规定，我们将在后文中进行阐述。

（三）征收的对象

房屋是征收的主要对象，《征收与补偿条例》在标题和总则中将征收的对象落脚为"征收国有土地上的房屋"，但征收的对象并不限于房屋。

首先，国有土地使用权也是征收的对象。《征收与补偿条例》第十三条规定："房屋被依法征收的，国有土地使用权同时收回。"

其次，房屋以外的其他建筑物、构筑物、附着物也是征收的对象，比如在建工程、各种构筑物及林木。

（四）征收的程序

根据《征收与补偿条例》的规定，征收单位、个人的房屋，需履行法律规定的程序。大致可分为三个阶段：

（1）房屋征收决定阶段：包括国民经济和社会发展规划和年度计划、土地利用总体规划、城乡规划和专项规划；拟定征收补偿方案、论证并公开征求公众意见；根据意见情况举行听证并根据听证会情况修改方案；进行社会稳定风险评估；对未登记房屋进行认定和公示；作出房屋征收决定并公告。

（2）房屋征收实施阶段：包括选取评估机构进行评估；进行征收协商；协商不成的提请作出房屋征收补偿决定；协商一致的签订房屋征收协议。

（3）房屋征收执行阶段：包括对房屋征收协议的履行；对房屋征收决定的申请强制执行等。

三、非住宅房屋征收的补偿安置方式

《国有土地上房屋征收与补偿条例》中被征收人可以选择货币补偿，也可以选择房屋产权调换。

货币补偿是指根据评估的结果确定被征收房屋的市场价值，由征收机构以货币形式一次性补偿给被征收人。

产权调换是指拆迁人在原地或者异地为被征收人安置同样性质的房屋。根据《征收与补偿条例》的规定，被征收人选择房屋产权调换的，市、县级人民政府应当提供用于产权调换的房屋，并与被征收人计算、结清被征收房屋价值与用于产权调换房屋价值的差价。

有些地方对非住宅房屋征收规定了其他补偿方式，作为以上两种补偿方式的补充。比如《济南市国有土地上房屋征收与补偿办法》第三十二条规定："被征收非住宅房屋产权人选择土地收购的，可以在征收补偿方案公布后10日内向房屋征收部门提出申请。房屋征收部门应当在收到申请后3日内转交市土地收储机构。"

严格来说，济南的"土地收购"方式不是增设了一种补偿安置方式，而是增设了一整套补偿制度。济南的"土地收购"制度设计，尤其是其中的出让分成方式，确实不失为一种"政府和原土地使用权人共享土地升值收益"的创新，但由于未看到公开的成功案例，因此尚无法对这种新型补偿方式的效果进行评价。

四、非住宅房屋征收补偿安置的主要项目

（一）房屋补偿金

房屋补偿金是非住宅房屋补偿安置的主体。根据《征收与补偿条例》第十九条的规定，"对被征收房屋价值的补偿，不得低于房屋征收决定公告之日被

征收房屋类似房地产的市场价格。

被征收房屋的价值，由具有相应资质的房地产价格评估机构按照房屋征收评估办法评估确定。对评估确定的被征收房屋价值有异议的，可以向房地产价格评估机构申请复核评估。对复核结果有异议的，可以向房地产价格评估专家委员会申请鉴定"。

对于非住宅房屋的评估以及房屋补偿金的确定，有如下两点值得关注。

首先，在房屋用途的认定方面，根据《国有土地上房屋征收评估办法》，对于已经登记的房屋，其性质、用途和建筑面积，一般以房屋权属证书和房屋登记簿的记载为准；房屋权属证书与房屋登记簿的记载不一致的，除有证据证明房屋登记簿确有错误外，以房屋登记簿为准。

其次，在评估方法的选择上，根据《国有土地上房屋征收评估办法》的规定，被征收房屋的类似房地产有交易的，应当选用市场法评估；被征收房屋或者其类似房地产有经济收益的，应当选用收益法评估。此外，也可以根据实际情况，采用成本法、假设开发法进行评估。

（二）停产停业损失

停产停业损失是指被征收房屋由于拆迁活动不能用于生产经营造成的损失。《国有土地上房屋征收和补偿条例》第二十三条规定："对因征收房屋造成停产停业损失的补偿，根据房屋被征收前的效益、停产停业期限等因素确定。具体办法由省、自治区、直辖市制定。"

1. 停产停业损失的计算方法

各地根据《征收与补偿条例》的授权对停产停业损失的计算和补偿方式进行了具体规定，大致有以下几种计算方法：

（1）以被征收房屋的总体价值的一定比例计算

比如《浙江省国有土地上房屋征收与补偿条例》第二十九条规定，征收非住宅房屋造成停产停业损失的，应当根据房屋被征收前的效益、停产停业期限等因素给予补偿。补偿的标准不低于被征收房屋价值的5%。

《武汉市国有土地上房屋征收与补偿实施办法》对停产停业损失的补偿标准与浙江相同。第三十条规定："征收生产经营性用房，造成被征收人或者公有房屋承租人停产停业损失的，应当给予被征收人或者公有房屋承租人被征收房屋价值5%的补偿。"

沈阳则区分了货币补偿和产权调换两种补偿方式对停产停业损失的影响。《沈阳市国有土地上房屋征收与补偿办法》第三十九条规定："征收非住宅房屋被征收人选择货币补偿的，按照被征收房屋房地产市场评估价格的6%一次性给予停产停业损失补偿费。征收非住宅房屋被征收人选择房屋产权调换的，每月按照被征收房屋房地产市场评估价格的5‰支付停产停业损失补偿费，停产停业期限按照实际过渡期限计算。"

而内蒙古给予的比例较低。《内蒙古自治区国有土地上房屋征收与补偿条例》第三十四条规定："停产停业损失的补偿标准不低于被征收房屋价值的3%。"

南京对停产停业损失补偿规定的更为细致和合理。《南京市国有土地上房屋征收与补偿办法》第三十三条规定："停产停业损失能协商的协商确定，协商补偿的可以委托评估机构进行评估，无法评估的，对非住宅房屋中的营业用房，给予不超过其房地产评估价格8%的停产停业损失补偿；对非住宅房屋中的非营业用房给予不超过其房地产评估价格5%的停产停业损失补偿。"

（2）按纳税等经营指标计算

《长春市国有土地上房屋征收与补偿暂行办法》第三十一条规定："因征收非住宅房屋造成停产停业损失的补偿，根据房屋被征收前的效益、停产停业期限等因素确定。被征收人能够提供税务部门出具应纳税所得额凭证的，按照下列公式计算停产停业损失补偿：年度应纳税所得额÷12（月）×停产停业期限（月）。"

《吉林市国有土地上房屋征收与补偿条例》也规定："征收营业执照记载为经营场所的非住宅房屋，被征收人依法纳税且因征收房屋造成停产停业损失的，房屋征收部门应当按照下列规定向被征收人支付停产停业损失补偿：停产停业损失补偿费＝（应纳税月平均所得额－月平均纳税额）×过渡期限（月）。"

（3）按房屋面积计算

如《长春市国有土地上房屋征收与补偿暂行办法》规定："被征收人不能提供税务部门出具的应纳税所得额凭证，或者提供的应纳税所得额凭证不能反映停产停业损失的，停产停业损失补偿按照被征收房屋权属登记用途、建筑面积计算：登记为商业、服务业用途的，每月每平方米45元；登记为办公、生产用途的，每月每平方米30元；登记为仓储等其他用途的，每月每平方米20元。"

（4）由评估机构进行评估

这种方法往往作为其他计算方法的补充。比如《武汉市国有土地上房屋征收与补偿实施办法》第三十条规定："被征收人或者公有房屋承租人认为其停产停业损失超过被征收房屋价值5%的，可以提请房屋征收部门委托按照本办法选定的房地产价格评估机构按照房屋被征收前3年的效益情况、停产停业期限等对停产停业损失进行评估，并按照评估结果予以补偿。选择货币补偿的，停产停业期限按照6个月计算，选择产权调换的，停产停业期限按照过渡安置期限计算。"

《浙江省国有土地上房屋征收与补偿条例》同样规定："生产经营者认为其停产停业损失超过依照前款规定计算的补偿费的，可以通过评估的方式确定停产停业损失的数额。但与武汉的规定不同，浙江规定，对停产停业损失由"房屋征收部门应当与生产经营者共同委托依法设立的评估机构对停产停业损失进行评估"，可见对停产停业损失进行评估，可以由房地产估价机构以外的其他评估机构进行。这个规定是比较务实的，因为按照目前法律规定，房地产估价机构应当是有房地产估价资质的评估机构，但不一定具备资产评估资质。因此，对停产停业损失进行评估，完全可以由独立的资产评估机构进行。"

此外浙江还规定，生产经营者或者房屋征收部门对评估结果有异议的，应当自收到评估结果之日起十日内，向房地产价格评估专家委员会申请鉴定。鉴定费用由申请人承担；鉴定撤销原评估结果的，鉴定费用由原评估机构承担。

（5）据实补偿，协商确定

如《云南省国有土地上房屋征收与补偿办法》第二十五条规定："对因征收非住宅房屋造成停产停业损失的补偿，由征收当事人双方协商确定；协商不成的，可以委托具有相应资质的机构通过评估确定。"以征收双方当事人协商、合意为原则，协商不成的，再行采用评估方式确定，对停产停业损失的补偿给予了一定弹性。

2. 停产停业损失的补偿条件

《征收与补偿条例》中"征收房屋造成停产停业损失"到底应当如何理解，

实践中有三个焦点问题，第一，房屋登记为住宅而实际用于经营的，是否应当支付停产停业损失。第二，房屋登记为非住宅但实际长期未生产经营的，是否应当支付停产停业损失。第三，提供现房安置的，是否还应支付停产停业损失。对于上述三个问题，不同地方在立法和实践中，给出了不同的回答。

如《云南省国有土地上房屋征收与补偿办法》第二十七条规定："给予停产停业损失补偿的被征收房屋应当具备下列条件：（一）具有土地、房屋权属证明，或者经州（市）、县（市、区）人民政府组织有关部门依法认定的合法建筑；（二）经营者应当持有合法、有效的工商营业执照、税务登记证。被征收人擅自将住宅改变为经营性用房的，征收时不予停产停业损失补偿。"

《沈阳市国有土地上房屋征收与补偿办法》第三十八条规定："给予停产停业损失补偿的被征收房屋应当符合以下条件：（一）具有土地、房屋权属证明，或者经依法认定为合法建筑；（二）具有有效的工商营业执照、税务登记证；（三）具有征收决定公告发布前一个月的有效完税证明。"

对闲置房屋是否支付停产停业损失的问题，有些地方政府直接给予了否定答案。《长春市国有土地上房屋征收与补偿暂行办法》规定，非住宅房屋被征收时闲置的，不给予停产停业损失补偿。《齐齐哈尔市中心城区国有土地上房屋征收与补偿实施办法》也规定，房屋征收决定公告发布前已停产停业的非住宅房屋，对被征收人不予计发停产停业损失补偿。

对现房安置是否应当支付停产停业损失的问题，《征收与补偿条例》并没有将现房安置的情形排除于支付停产停业损失的情况，因此，个别地方政府对现房安置的被征收人拒付停产停业损失是缺乏法律依据的。

（三）搬迁费用

由于非住宅房屋涉及生产、经营设施，其搬迁费用必然大于住宅房屋。各地均就非住宅房屋的搬迁费用进行了特殊的规定。主要包括以下几种补偿方法：

（1）根据实际发生费用据实补偿

《长春市国有土地上房屋征收与补偿暂行办法》规定："征收非住宅房屋，应当根据设备拆装、运输所发生的费用给予搬迁补偿。对无法恢复使用的设备，应当按照重置价格结合成新给予补偿；具体补偿金额，可以协商确定，也可以委托评估机构评估确定；被征收房屋内的电话、有线电视、燃气、互联网等配套设施、设备的迁移费，按照相关规定，给予被征收人补偿。"

（2）以协商一致为原则，评估为补充

《吉林市国有土地上房屋征收与补偿条例》第四十九条规定："征收非住宅房屋，机器设备、物资等搬迁费用，由房屋征收部门与被征收人协商确定；协商不成的，可以委托评估机构通过评估确定。"

（3）根据被征收房屋面积计算

如《齐齐哈尔市中心城区国有土地上房屋征收与补偿实施办法》规定："征收非住宅房屋，按被征收房屋用途计发搬迁费：（一）房屋为办公性质的，按建筑面积每平方米12元标准计发；（二）房屋为商服性质的，按建筑面积每平方米18元标准计发；（三）房屋为生产加工性质的，按建筑面积每平方米36元标准计发；对设备较多的生产加工企业，房屋征收部门也可根据设备拆装、运输所发生的费用支付搬迁费。房屋征收部门负责搬迁的，不支付搬迁费。"

（4）以被征收房屋的评估价格为依据按比例补助

如《宁波市国有土地上房屋征收与补偿办法》第五十一条规定："搬迁和临时安置费实行一次性补偿方式。一次性补偿的搬迁和临时安置费，包括用于补偿机器设备的拆卸、搬运、安装、调试费和搬迁后无法恢复使用的生产设备重置费等损失的费用。一次性补偿的搬迁和临时安置费，按被征收非住宅房屋评估价值的一定比例计算。计算的具体规定由市人民政府另行制定并公布。"

第三节　当前非住宅房屋征收补偿安置的焦点问题

一、对房屋用途的认定

对被征收房屋用途的认定是房屋征收中一个很重要的问题。因为这直接决定了被征收房屋将获得怎样的补偿安置。在货币补偿方面，不同用途的房屋市场价值可能相差悬殊，体现在住宅和非住宅房屋之间，哪怕同样是非住宅房屋，工业用房、经营性用房、仓储办公用房的价值也相差巨大。在产权调换方面，产权调换原则上应当提供与被征收房屋用途相同的"同类房屋"。在停业停产损失、搬迁费、过渡费等杂项补助方面，地方政府往往为不同用途的房屋设置了不同的补助标准。因此，正确识别和认定房屋的用途，是合法合理进行补偿安置的前提。

《国有土地上房屋征收评估办法》第九条规定："对于已经登记的房屋，其性质、用途和建筑面积，一般以房屋权属证书和房屋登记簿的记载为准；房屋权属证书与房屋登记簿的记载不一致的，除有证据证明房屋登记簿确有错误外，以房屋登记簿为准。对于未经登记的建筑，应当按照市、县级人民政府的认定、处理结果进行评估。"

对于已经登记且记载正确的被征收房屋，认定用途、面积等情况以登记为准即可。但是对于没有登记、登记不详、登记错误等情况，就有赖于房屋征收机关的前期调查和认定。

（一）用途登记不明情况的处理

《国有土地上房屋征收与补偿条例》第十五条规定："房屋征收部门应当对房屋征收范围内房屋的权属、区位、用途、建筑面积等情况组织调查登记，被征收人应当予以配合。调查结果应当在房屋征收范围内向被征收人公布。"第二十四条规定："市、县级人民政府作出房屋征收决定前，应当组织有关部门依法对征收范围内未经登记的建筑进行调查、认定和处理。"根据上述规定确立的原则，在不动产用途登记不明的情况下，应当在作出房屋征收决定前依照相应职权进行认定，而认定的结果应当依法送达和公示。没有先行认定或者认定结果没有送达被征收人的，应视为估价报告乃至征收补偿决定缺乏事实依据。

（二）用途登记冲突、错误或改变用途情况的处理

即便在土地、房屋已经登记的情况下，也有可能存在登记错误的问题。一旦涉案房地产进入征收程序，不动产登记冻结，登记错误无法通过原有职权和程序进行更正，就只能有赖于征收机关在前期的调查、认定程序中进行正确认

定，否则就很有可能损害被征收人的合法权益。

　　不动产统一登记之前，土地、规划、房屋管理部门管理本部门职权范围内的许可和登记事宜，法律依据各异，标准和口径不同，极有可能出现相互不一致甚至矛盾的情况。在这种情况下，如果机械地以房屋登记为准而不考虑用地、规划等涉及房屋来源的前置登记及许可，有可能背离客观事实。有的地方政府注意到了这个问题，在不动产登记事项不明或存在冲突的情况下规定了"溯源"原则。比如浙江从权属登记和规划用途两个维度进行衡量，《浙江省国有土地上房屋征收与补偿条例》规定："被征收房屋用途按照房屋登记记载的用途确定；房屋登记未记载用途或者经城乡规划主管部门依法批准改变用途但未作房屋用途变更登记的，按照城乡规划主管部门批准的用途确定。1990年4月1日《中华人民共和国城市规划法》施行前已改变房屋用途并以改变后的用途延续使用的，按照改变后的用途确定。2010年10月1日《浙江省城乡规划条例》施行后依法临时改变用途的房屋在批准期限内被征收的，按照原用途确定，剩余期限的土地收益金予以退还。"

　　再如《温州市区国有土地上房屋征收与补偿办法》第十五条规定："被征收房屋用途，以不动产登记记载的用途确定。不动产登记未记载用途的，按照不动产登记所依据的用地、建房审批部门批准的用途确定；批准用途不明确的，由原审批部门或者继续行使其职权的部门依法予以明确。房屋经城乡规划主管部门依法批准改变用途但未作房屋用途变更登记的，按照城乡规划主管部门批准的用途确定。"在"宁波新潮制衣有限公司与宁波市江东区人民政府行政征收"[①]一案中，宁波中院对被征收房屋用途这个核心事实进行认定时，同样秉持了这个思路。

　　（三）登记不明情况下认定的职权和程序

　　这个问题包含三个相互关联的问题。谁有权对房屋用途等进行认定；认定的范畴是什么，仅包含未登记建筑，还是包括上述提及的登记不明、登记冲突、登记错误、改变用途的情况；这种认定行为在行政法上应当如何评价，是否可

---

① 浙江省宁波市中级人民法院（2015）浙甬行初字第125号《行政判决书》。

被司法救济。

　　实践中，有些地方是由评估机构根据房屋征收部门提供的工作底稿，自行进行房屋面积、用途、权属等的认定，并直接体现在评估报告中，笔者认为这是不符合法律规定的。征收价格评估机构只是一个负责价格评估的中介组织和鉴定机构，没有职权也没有能力做出关于房屋权属等登记事项的判断，其自行做出的判断既没有法律依据也无法救济。《国有土地上房屋征收评估办法》第九条规定："房屋征收评估前，房屋征收部门应当组织有关单位对被征收房屋情况进行调查，明确评估对象。评估对象应当全面、客观，不得遗漏、虚构。房屋征收部门应当向受托的房地产价格评估机构提供征收范围内房屋情况，包括已经登记的房屋情况和未经登记建筑的认定、处理结果情况。调查结果应当在房屋征收范围内向被征收人公布。"因此，房屋征收部门作为评估委托方，应当提供被征收房屋的明确、完整的权属信息。而对被征收房屋的权属、用途等进行的认定，应当按照《国有土地上房屋征收与补偿条例》的规定，由征收机关即县级以上人民政府承担法律责任。

　　《征收与补偿条例》只规定了未登记建筑的认定职权，但是对于登记不明、登记错误、登记冲突或者用途改变的情况，征收机关是否有认定职权呢？我们认为征收机关应比照《征收与补偿条例》第二十四条的规定，组织实施认定。

　　《征收与补偿条例》第十五条规定："房屋征收部门应当对房屋征收范围内房屋的权属、区位、用途、建筑面积等情况组织调查登记，被征收人应当予以配合。调查结果应当在房屋征收范围内向被征收人公布。"这个调查公布的程序是在征收决定作出前的前期调查摸底阶段，如果被征收人认为调查结果与事实不符，可以向征收部门书面提出。在这种情况下，征收机关应当函询土地、规划、房屋等相关主管部门，根据主管部门的意见作出认定。

　　征收机关对房屋用途等作出的认定是否是可诉的行政行为，《征收与补偿条例》没有明确规定。对此不同地方有不同规定。在温州，地方政府和法院都认为认定行为是可诉的。尤其是对未登记建筑的认定，行政机关在未登记建筑认定书中会直接载明诉权，而受诉法院也普遍认为"未经登记建筑认定书是区政府对原告的涉案房屋面积及性质所作的确认行为，其内容直接涉及原告的合法权益，应属具体行政行为"。但也有地方政府和法院认为"认定"只是房屋征收补偿过程中的环节之一，不对被征收房屋及被征收人的实体权益产生直接、确定性的影响，因此不具有可诉性。我们认为，有权力必有救济，在征收程序中对房屋权属、面积、用途进行的认定，是在房屋产权登记已经冻结的情况下，为确定房屋补偿安置而实施的行政行为，其本身具有类似物权登记的法律后果，也直接影响了被征收房屋的补偿安置结果，并无法涵盖于对征收决定或者征收补偿决定的实体性审理范围中，因此是可诉的行政行为，应当纳入司法审查的范畴。

二、非住宅房屋的补偿安置方式

《国有土地上房屋征收与补偿条例》规定，被征收人可以选择货币补偿或者产权调换，而没有区分住宅房屋和非住宅房屋。从法律文本上，非住宅房屋征收也有产权调换的选择权。但在实践中，对产权调换的选择权往往无法切实实现。在法规层面，有些地方政府采取了正向的鼓励政策引导非住宅房屋被征收人选择货币补偿。如《南京市国有土地上房屋征收与补偿办法》第二十五条规定："被征收的非住宅房屋不符合规划控制、节约集约用地、产业发展导向要求的，鼓励被征收人选择货币补偿方式。被征收人选择货币补偿方式并在签约期限内搬迁的，可以给予适当奖励。"也有些地方在地方政策或者补偿安置方案中变相限制甚至剥夺非住宅房屋被征收人选择产权调换的权利。

（一）补偿安置方式选择权的现状和影响因素

尽管《国有土地上房屋征收与补偿条例》确认了被征收人对货币补偿和产权调换的选择权。但实践中，被征收人，尤其是非住宅房屋的被征收人对补偿安置方式的选择权常常遭遇障碍。

首先，在城市规划的制约和引导下，某些消耗资源、不利人居或者造成污染的企业必然会逐步搬出中心城区。

其次，征收项目的性质和拆迁人的利益考量也制约了被征收人的选择权，如果征收项目是道路、绿地、加油站等市政基础设施建设或者学校、医院等社会公益设施，就不具备原地安置的现实条件。即使征收项目是一个商业开发项目，政府出于整宗土地出让和地租级差考虑，也会优先选择对被征收人进行货币补偿，而不是"拆一还一"的产权调换。

此外，生产经营项目搬迁重建的可能性也影响着被征收人的选择。对于超市、小型商场、快餐和旅馆业等片面依赖营业场所区位条件的商业和服务业，迁往异地的可行性很小。对于依赖自然资源的工业企业，如食品粗加工、冶炼等以及一些以对外贸易为主的生产企业，一旦搬迁，则必须长期承受因搬迁造成的成本提升。

随着信息产业和高科技产业的飞速发展，提供科技产品的企业迅速增加，这类企业对经营场所的区位和硬件条件均要求不高，唯一值得考虑的就是办公成本和同类企业聚集的规模效应。近几年来，很多城市都出现了为高科技中小企业提供办公场所和配套设施的"企业孵化器"，这类企业进行搬迁，无论是直接损失还是机会成本的损失都比较小。

（二）因房屋征收对工业企业和小业主带来的影响反思

当前，很多城市的非住宅征收项目本身就具有整合土地资源和淘汰落后产能、产业转型升级两方面的诉求。十多年前被地方政府延请入园的工业企业，可能随着经济的发展和环保政策的严苛成为"不受欢迎的客人"。在这种情况下，被征收人面临的选择往往是要么离开本地另起锅灶从事原来行业，要么转营其他行业。下面以温州的一个征收项目为例分析这种情况。

2016年6月，温州市龙湾区政府发布《关于温州浙南科技城一起工程建设项目国有土地上房屋实施征收决定的公告》，被征收地块位于温州工业园区，被征收人均是2007年至2009年左右入驻的工业企业。该宗征收项目的补偿安置方案为被征收工业企业提供了三种补偿方式：货币补偿、功能置换（专指办公用房，被征收人可根据被征收房屋的评估价，在指定地块置换等值建筑面积的办公用房）和土地置换。在土地置换的补偿方式中，《征收补偿安置方案》规定："1. 工业用房土地置换安置地块：温州空港新区B14c、B03b，土地性质为国有出让。2. 选择土地置换规定：安置企业必须符合空港新区入园条件并有一定规模。"

征收决定发布后，部分被征收企业多次致函龙湾区政府和征收实施单位，要求明确"空港新区入园条件"，但始终未获任何答复。无奈之下，被征收企业之一温州澳珀化工有限公司将本公司生产经营资料报送龙湾区经信委征询。2016年11月，龙湾区经信委答复澳珀公司称："新建（含搬迁）化工项目原则上进入已经依法完成规划环评审查的化工园区（化工集聚区），而空港新区内未规划化工园区。"也就是说，包括澳珀公司在内的浙南科技城一期项目十多家被征收化工企业不可能取得所谓空港新区的土地置换。

上述案例在温州并非个案，因此在实际个案的征收补偿安置方案中，产权调换有时会成为"只能看不能选的选项"。

（三）对变相剥夺产权调换选择权的司法审查

征收机关以"不符合产业规划"为名，剥夺非住宅房屋特别是工业房屋产权调换权利的情况，明确违反了《国有土地上房屋征收与补偿条例》的规定。但令人遗憾的是，此类案件在司法审查中并不能全然得到纠正。我们以同样发生在山东省的两个案例加以说明。

在"山东宝鲁金属材料有限公司与济南市历城区人民政府房屋征收补偿决定"一案①中，济南市历城区人民政府在房屋征收补偿决定中没有给予被征收人宝鲁公司产权调换的选择权。其理由是，根据《济南市国有土地上房屋征收与补偿办法》第三十一条第二款的规定，征收非住宅房屋的，对符合国家产业政策、土地供应政策和项目规划的，实行产权调换，涉案房屋不符合产权调换的条件。

济南市中级人民法院对此认为："根据《济南市国有土地上房屋征收与补偿办法》第一条的规定，该办法制定依据是《国有土地上房屋征收与补偿条例》。《国有土地上房屋征收与补偿条例》第九条规定，'征收房屋的各项建设活动，应当符合国民经济和社会发展规划、土地利用总体规划、城乡规划和专项规划'第二十一条第一款规定，'被征收人可以获得货币补偿，也可以选择房屋产权调换'。《济南市国有土地上房屋征收与补偿办法》第二十条规定，'征收补偿方式包括货币补偿和产权调换'。从上述内容看，即使《济南市国有土地上房屋征收

---

① 山东省济南市中级人民法院（2019）鲁01行初214号《行政判决书》。

与补偿办法》第三十一条第二款虽然强调了'征收非住宅房屋实行产权调换的，应当符合国家产业政策、土地供应政策和项目规划'，也不能得出其系限制对非住宅房屋实施产权调换的结论。因此，37号补偿决定未给予宝鲁公司选择产权调换的补偿方式，与《国有土地上房屋征收与补偿条例》《济南市国有土地上房屋征收与补偿办法》的规定不符，属于适用法律、法规错误，明显不当，依法应予撤销。"

而同样发生在济南市历城区，"济南新运丰经贸有限公司与济南市历城区人民政府房屋征收补偿决定纠纷"中，济南中院在一审中否定了原告认为被告剥夺了其产权调换选择权的主张，理由是征收补偿安置方案中早已载明只进行货币补偿。一审判决评述道："关于原告认为被告历城区政府作出的征收补偿决定剥夺原告房屋产权调换选择权的主张。本院认为，在被告历城区政府下达《房屋征收补偿决定》之前的2016年12月5日，先行做出了《中国智能骨干网济南历城区项目（菜鸟物流一期）国有土地上房屋征收补偿方案》，方案明确表明征收补偿方式为货币补偿。根据上述证据，原告已经获知该补偿方案的内容，未提出异议，且涉案房屋并非个人住宅，故原告该项主张，本院不予采信。"① 该案原告不服上诉至山东省高级人民法院，山东高院认为："关于房屋征收补偿决定没有产权调换的内容是否违法的问题。根据《济南市国有土地上房屋征收与补偿办法》第三十一条第二款的规定，征收非住宅房屋实行产权调换的，应当符合国家的产业政策、土地供应政策和项目规划，具体办法另行制定。被上诉人根据被征收房屋为非住宅房屋，所占用的土地是工业用地的实际情况，根据产业政策实行货币补偿的方式进行补偿，符合上述规定。上诉人关于房屋征收补偿决定没有产权调换内容违法的主张不能成立。"②

对于同一法院在法律规范识别上先后矛盾的情况，可以理解为法院在理解和运用法律的问题上有一个循序渐进、逐步精准的过程。人们常说，司法是社会正义的最后一道防线。我们也希望，在保护非住宅被征收人产权调换选择权

---

① 山东省济南市中级人民法院（2017）鲁01行初583号《行政判决书》。
② 山东省高级人民法院（2018）鲁行终201号《行政判决书》。

的问题上，司法审查能够做到坚守《征收与补偿条例》的规定。

三、非住宅房屋征收中的其他典型问题

（一）"住改非"情况的认定与处理

将住宅改造成商业门面或直接利用住宅进行经营性活动的情况，在城市和农村普遍存在。对这种情况的处理，自1991年《城市房屋拆迁管理条例》始，至今未有定论。

自行将住宅改为非住宅的行为，存在两方面的法律问题，第一是相邻权问题，第二是土地用途管制和规划用途许可制度。

《物权法》第七十七条规定："业主不得违反法律、法规以及管理规约，将住宅改变为经营性用房。业主将住宅改变为经营性用房的，除遵守法律、法规以及管理规约外，应当经有利害关系的业主同意。"

《土地管理法》第五十六条规定："建设单位使用国有土地的，应当按照土地使用权出让等有偿使用合同的约定或者土地使用权划拨批准文件的规定使用土地；确需改变该幅土地建设用途的，应当经有关人民政府自然资源主管部门同意，报原批准用地的人民政府批准。其中，在城市规划区内改变土地用途的，在报批前，应当先经有关城市规划行政主管部门同意。"

《城市房地产管理法》第十八条："土地使用者需要改变土地使用权出让合同约定的土地用途的，必须取得出让方和市、县人民政府城市规划行政主管部门的同意，签订土地使用权出让合同变更协议或者重新签订土地使用权出让合同，相应调整土地使用权出让金。"第五十五条规定："住宅用房的租赁，应当执行国家和房屋所在城市人民政府规定的租赁政策。"

由上述法律规定可见，对"住改非"情形的征收补偿是一个两难问题。一方面，自行"住改非"的情况确实在某种程度上不符合土地用途管制和规划用途许可的法律制度，也对相邻权产生了一定影响，即便这种影响是被容忍的，如果完全按照非住宅进行补偿，则可能发生"从不当行为得利"的后果；另一方面，如果没有发生征收，在依法经营纳税的前提下，自行"住改非"的行为

其实是不受法律否定和处罚的，如果一概不理涉"住改非"的实际情况，仍按住宅房屋进行补偿，那么被征收人的实际权益显然因为征收而受损。

2003年，国务院办公厅《关于认真做好城镇房屋拆迁工作维护社会稳定的紧急通知》规定，对拆迁范围内产权性质为住宅，但已依法取得营业执照的经营性用房，各地可根据其经营情况、经营年限及纳税等实际情况给予适当补偿。国务院的上述口径非常谨慎，实际上是提供了一个比较大的空间，由各地视情况加以规定和处置。《征收与补偿条例》发布之后，各地在相应的地方性规定中也对住改非情况进行了一些更详细的规定，主要集中于两个方面：房屋补偿金的计算、停产停业损失的计算。

有些地区规定，自行住改非的情况，在满足特定条件的前提下，在住宅房屋和非住宅房屋之间进行补偿。如《武汉市国有土地上房屋征收与补偿实施办法》第三十二条规定："征收个人住宅，被征收人、公有房屋承租人自行改变房屋用途作为生产经营性用房使用的，应当按照住宅房屋给予征收补偿。但本办法公布前，住宅已作为商业门面使用，且以该住宅为注册地址办理了工商营业执照的，对其实际用于经营的部分可以给予适当补助，补助标准原则上不超过商业门面与住宅房屋市场评估价格差额的50%，具体标准由各区人民政府制定。"

《齐齐哈尔市中心城区国有土地上房屋征收与补偿实施办法补充规定》第六条规定："房屋产权证载明为住宅，实际用于经营，被征收人在房屋征收范围封闭前已实际经营12个月以上，且依法取得营业执照的住宅改为非住宅房屋，对其实际用于经营的建筑面积部分，依据房地产价格评估机构评定的住宅房屋价值给予增加20%的补偿款，原房按住宅房屋补偿和安置标准予以补偿或安置。"

（二）非住宅公房在征收中的处理

现在大中城市中还有为数不少的历史形成的非住宅公房情况，有些是房管局的直管公房，有些是房管局的代管公房。对于这种房屋的征收主要是两个问题：选择权属于被征收人还是公房承租人；征收利益如何分配。对此很多地方在地方性立法中进行了比较详尽的规定。

对于第一个问题，大多数地方都规定，对于非住宅公房，被征收人拥有货币补偿或者产权调换的选择权，如果被征收人选择货币补偿，则租赁关系终止，补偿款在被征收人和公有房屋承租人之间进行分配。如果被征收人选择产权调换，则房屋征收部门与被征收人签订房屋产权调换协议，被征收人与公有房屋承租人签订房屋租赁协议，继续保持租赁关系。

针对第二个问题，不同地方规定了不同的分配比例。如《武汉市国有土地上房屋征收与补偿实施办法》规定，被征收人选择货币补偿的，租赁关系终止，给予公有房屋承租人被征收房屋价值70%的补偿、被征收人被征收房屋价值30%的补偿。房屋征收部门与被征收人、公有房屋承租人分别签订房屋征收补偿协议。征收房管部门依法托管、代管或者经房管部门决定带户发还给产权人的落私产、文革产，且该房屋已作为公有房屋出租的，对房屋所有权人按照被征收房屋价值100%给予补偿，对住宅房屋承租人按照被征收房屋价值90%给予补偿，对非住宅房屋承租人按照被征收房屋价值70%给予补偿。

《长春市国有土地上房屋征收与补偿暂行办法》第三十八条规定："征收公有房屋，被征收人与公有房屋承租人选择货币补偿的，租赁关系终止……对非住宅房屋，应当按照被征收房屋评估金额的40%补偿被征收人，其他相关补偿给付公有房屋承租人。"

通过以上规定我们看到，对于公有非住宅房屋的利益分配，承租人获得的货币补偿的比例普遍低于住宅房屋。

（三）征收补偿费用在被征收人和承租人之间的分配

在存在租赁关系的情况下，非住宅房屋的征收权益如何分配，并无定论。一般认为，应当首先考虑房屋所有权人和承租人之间租赁合同的约定，有约定的从约定。《南京市国有土地上房屋征收与补偿办法》第三十四条规定："征收有租赁关系的非住宅，租赁双方对停产停业损失的承担方式有约定的，从其约定。没有约定或者约定不成的，房屋征收部门可以将有争议部分的货币补偿款公证提存。搬迁补助费（含设备迁移费）由被征收房屋的合法占有人获得；合法占有人搬迁后，被征收人仍有财产需要搬迁的，可适当获得搬迁补助费。临时安置补助费由被征收人、直管公房承租人获得。"《武汉市国有土地上房屋征收与补偿实施办法》第三十一条规定："被征收房屋的生产经营单位或者个人不是被征收人、公有房屋承租人的，依照其与被征收人、公有房屋承租人的约定分配停产停业损失补偿费、装饰装修价值补偿费。"

在没有约定的情况下，搬迁费由实际占有人取得，争议不大。但承租人能否参与停产、停业损失补偿费的分配，学界和司法实务界都有很大的分歧。有的学者认为承租人不属于《国有土地上房屋征收与补偿条例》中的被征收人，对法律规定应当由被征收人取得的补偿和补助缺乏请求权，其在租约期限内因征收原因而导致合同终止，属于其与出租人之间的租赁合同纠纷的范畴，但是也有法院给出了不同的处理。

在"信阳中意燃气与信阳市人民政府行政补偿纠纷"①中，中意燃气公司作为房屋的承租人请求征收机关信阳市政府支付停产、停业损失，最终得到了法院的支持。

第四节　非住宅房屋的管制性征收

管制性征收在我国尚不是一个"法律概念"，一般观点是将同时符合以下三个特性的行政行为称为管制性征收：其一，政府出于公共利益的需要采取行政强制权力；第二，该行为限制公民或法人的财产权至过渡状态；第三，公民或法人的财产价值因此减损。在这个视野之内，我们从三个方面分析类似管制性征收的行政行为对非住宅房屋权益的影响。

一、突发事件应对中对非住宅房屋的征用和管制性征收

（一）突发公共事件中对非住宅房屋的征用

《宪法》第13条第3款规定："国家为了公共利益的需要，可以依照法律规

---

① 河南省高级人民法院（2016）豫行终2558号《行政判决书》。

定对公民的私有财产实行征收或者征用并给予补偿"。2007年3月制定的《物权法》将宪法中征收征用的规定细化为《物权法》第42条的"征收"和第44条的"征用"。然而,《物权法》第42条规定的"征收"范围仅局限于不动产范畴。而第44条规定"因抢险、救灾等紧急需要,依照法律规定的权限和程序可以征用单位、个人的不动产或者动产。被征用的不动产或者动产使用后,应当返还被征用人。单位、个人的不动产或者动产被征用或者征用后毁损、灭失的,应当给予补偿"。由此可见,《物权法》第44条虽然在范围上涵盖了动产和不动产,但是在方式上又仅限于"征用"。《物权法》第44条的不严谨在某种程度上出现了"法律真空",期待之后进行法律修订时予以完善。

2007年8月,全国人大常委会制定的《中华人民共和国突发事件应对法》,对突发事件的预防与应急准备、监测与预警、应急处置与救援、事后恢复与重建等应对活动进行了规定。其中第十二条规定:"有关人民政府及其部门为应对突发事件,可以征用单位和个人的财产。被征用的财产在使用完毕或者突发事件应急处置工作结束后,应当及时返还。财产被征用或者征用后毁损、灭失的,应当给予补偿。"以此为依据,部分省市出台了相应的地方规章或规范性文件。我们以《杭州市应对突发事件应急征用实施办法》为例分析对非住宅房屋的应急征用规定。

应急征用的适用情形:《杭州市应对突发事件应急征用实施办法》规定,市、区、县(市)人民政府及其部门为应对"突然发生,造成或者可能造成严重社会危害,需要采取应急处置措施予以应对的自然灾害、事故灾难、公共卫生事件和社会安全事件"可以实施应急征用。

应急征用的实施主体:征用实施单位按照以下规定予以确定,也可以由市、区、县(市)人民政府另行指定。如体育场馆的征用由体育行政主管部门负责实施;医疗机构的征用由卫生行政主管部门负责实施;宾馆的征用由旅游主管部门负责实施;广场的征用由其所在地区人民政府负责实施;

应急征用的对象:包括单位或者个人所有的为应对突发事件所急需的食品、饮用水、能源、医疗用品、交通工具、工程机械、通信设施、宾馆、体育场馆、医疗机构、广场等物资、场所。

应急征用应遵循合理原则：政府及其部门采取的应对突发事件应急征用措施，应当与突发事件可能造成的社会危害的性质、程度和范围相适应。有多种措施可供选择的，应当选择有利于最大程度上保护单位和个人权益的措施。

在2020年新冠肺炎这样级别的疫情之下，征用单位、个人的非住宅房屋用于医疗救护、隔离观察、紧急处置及医护人员休息周转，对救护患者、隔离密切接触者和防止疫情蔓延扩散，具有重要的作用和迫切的需要。但是我们也应当看到，疫情发生时全国范围内对应急征用制订了地方性规定的省级行政区只有上海、安徽和云南，疫情过后进行反思和盘点时，或许各地也应当把应急征用立法提上议事日程。

（二）突发公共事件中对非住宅房屋的管制性征收

《突发事件应对法》第四十九条规定，自然灾害、事故灾难或者公共卫生事件发生后，履行统一领导职责的人民政府可以采取一项或多项应急处置措施。比如：封锁危险场所，划定警戒区，实行交通管制；疏散、撤离人员；提供避难场所、生活必需品，实施医疗救护和卫生防疫；关闭或者限制使用有关场所，中止人员密集活动；调用急需物资、设备、设施、工具；要求具有特定专长的人员提供服务等。如果说《突发事件应对法》第十二条的应急征用是"为应急而使用单位、个人的财产"，第四十九条的管制性征收则是"为应急而对单位、个人的财产限制使用或强制处置"。

在本次新型冠状病毒肺炎疫情中，全国各省市区都启动了公共卫生事件一级响应。湖北、四川、广西壮族自治区等地都发布命令，为应对疫情，包括电影院、卡拉OK、书店、网吧等游乐场所、娱乐场所、室内运动场所等容易造成人员密集的场所一律暂停营业，关停休市。这种应急强制措施也会造成经营性非住宅房屋的停产、停业损失，但确属为了重大而紧迫的公共利益所采取的必要措施，按照现行法律的规定是无需进行补偿的。

（三）应杜绝以应急处置为名推进征收拆迁

在征收拆迁活动中，有些地方政府苦于与某些被征收人久久达不成协议，以"排除危险"为名擅自拆除被征收房屋，以推进征收进程，这种做法早在拆迁时代就已有之，征收时代仍未断绝。

《中华人民共和国突发事件应对法》和《国有土地上房屋征收与补偿条例》都规定了为公共利益需要实施征收的情形。两者的区别在于前者情势更紧迫、程序更简单、对被征收人的权益保护规定的也更为粗略。某些地方政府以"排危"名义推进征收拆迁，一手包揽委托鉴定和强制拆除，规避房屋征收的正当程序，取消被征收人应当享有的协商、异议、选择等程序权利，是对《突发事件应对法》和《国有土地上房屋征收与补偿条例》的公然蔑视，应当在司法审查中受到坚决否定。

二、应对污染气候进行的停工限产措施

2013年，中国经历了大面积、长时间的严重雾霾天气；大气污染问题因此而得到前所未有的重视。自此之后，从中央到地方开始着手治理大气污染，并出台了很多严厉的治理手段。

（一）大气污染应急停限产措施的法律依据

我国的《大气污染防治法》出台于1987年，至今经过四次修订。最初，《大气污染防治法》并没有重污染天气的停工限产措施。最早对此加以规定是2000年的第二次修订中，第二十条规定："在大气受到严重污染，危害人体健康和安全的紧急情况下，当地人民政府应当及时向当地居民公告，采取强制性应急措施，包括责令有关排污单位停止排放污染物。"2015年第三次修订，以一章的篇幅专门规定了"重污染天气应对"，其中第九十六条规定："县级以上地方人民政府应当依据重污染天气的预警等级，及时启动应急预案，根据应急需要可以采取责令有关企业停产或者限产、限制部分机动车行驶、禁止燃放烟花爆竹、停止工地土石方作业和建筑物拆除施工、停止露天烧烤、停止幼儿园和学校组织的户外活动、组织开展人工影响天气作业等应急措施。"这条规定一直被沿用至今。

各地也都以《大气污染防治法》为依据制定相应的地方性法规。如北京规定，在大气受到严重污染，发生或者可能发生危害人体健康和安全的紧急情况

时，市人民政府应当按照规定程序，通过媒体向社会发布空气重污染的预警信息。市、区人民政府按照预警级别启动应急预案，实施相应的应急措施，包括：责令有关企业停产或者限产、限制部分机动车行驶等。

（二）大气污染应急停限产措施的实际实施

从中央到地方的一系列法规解决了重污染天气企业停产、限产的法律依据和职权问题，县级以上人民政府根据重污染天气预警级别启动的要求企业停产、限产的应急措施，一般认为是针对不特定行政相对人的规范性行为，不具备可诉性。但在具体举措的科学性上，还应当适度细化，不宜搞一刀切。

首先，采取应急措施应当兼顾法治理念。应对重污染天气中的临时"应急措施"现在已经基本成为常态措施，尤其在秋冬季节，动辄紧急叫停企业生产会对生产型企业产生较大影响，但因为法律规定缺失，导致企业因此遭受的损失难以获得补偿。希望政府部门在对此类污染治理政策进行总结、调整、再提升时兼顾"依法治国"理念，用合乎情理与法理的限产、停产补偿制度促使各责任主体自觉遵守污染防治政策，将对污染防治法律的遵守内化于其日常生产生活之中，用法律制度保障污染整治成果不反弹，进而让"绿水青山"理念成为我国长久、可持续的发展动力。

其次，采取应急措施应当更具科学性。比如有些设备需要24小时连续运行，紧急停止一次之后再启动带来的污染排放量，甚至大大高于持续低负荷运行；或者设备停产后的重启调试成本畸高、周期过长的情形也应当予以兼顾。

江苏推行了应急管控停限产豁免制度，对列入豁免名单的企业，免于执行秋冬季错峰生产计划或重污染天气应急中的停产限产等管控措施。

企业申请豁免有基本条件和行业特定条件，基本条件有四条：① 符合现行产业政策，生产工艺、技术、产品不属于《江苏省产业结构调整限制、淘汰和禁止目录（第一批）》。② 上一年度环保信用评价等级为绿色、蓝色。③ 按规定申领排污许可证，且能规范执行许可证日常管理要求。④ 大气污染物稳定达标排放，在线监测符合规范，数据真实有效。

除基本条件外，环境基础设施、钢铁冶炼、电解铝、水泥熟料制造、建材、石化、战略新兴产业和建设施工类企业申请停限产豁免还需满足特定的条件。

（三）企业拒不执行重污染天气应急措施的行政处罚和行政强制

对于企业拒不执行重污染天气应急措施的行为如何进行行政处罚或采取行政强制措施，2018年，生态环境部通过部长信箱对一则《拒不执行重污染天气应急响应措施法律适用的请示》进行了回复，可以视为环境保护主管部门对法律适用的意见。

1. 关于企业拒不执行重污染天气应急响应措施适用法律条款问题

《大气污染防治法》第121条规定："违反本法规定，拒不执行停止工地土石方作业或者建筑物拆除施工等重污染天气应急措施的，由县级以上地方人民政府确定的监督管理部门处一万元以上十万元以下的罚款。"环境保护部《复函》认为，此条款中的"等"字作等内理解，即只适用于"拒不执行停止工地土石方作业或者建筑物拆除施工"。违反第九十六条第一款规定的其他违法行为，可依据《中华人民共和国大气污染防治法》其他条款实施处罚。

2. 关于企业拒不执行重污染天气应急响应措施可依法对其采取行政强制措施

环境保护部《复函》认为，《中华人民共和国大气污染防治法》第三十条对企业违法排污行为执行强制性措施作了规定，即"企业事业单位和其他生产经营者违反法律法规规定排放大气污染物，造成或者可能造成严重大气污染，或者有关证据可能灭失或者被隐匿的，县级以上人民政府环境保护主管部门和其他负有大气环境保护监督管理职责的部门，可以对有关设施、设备、物品采取查封、扣押等行政强制措施"。县级以上地方人民政府启动重污染天气应急响应，责令有关企业停产或者限产，是依据《中华人民共和国大气污染防治法》第九十六条第一款实施。拒不执行应急措施，包括企业拒不执行停产或者限产应急措施，属于违反《中华人民共和国大气污染防治法》的行为，可按照《中华人民共和国大气污染防治法》第三十条规定实施查封、扣押。

城市规划和建设领域是一个地方政府最普通的工作，也是最繁琐的工作。尤其是在城市规划、建设的实施、执行环节，最具代表性的就是在促进城市发展、执行城市各项规划过程中涉及的征收补偿问题；它会成为各类社会问题显现的洼地，各方利益盘根错节，各种社会问题集中爆发。本章所论及的诸多问题，在国家层面仅有原则性规定，实操中碰到的各种"细枝末节"问题极度考验地方政府和基层官员的日常政务处理能力和智慧。书中提及的个别地方政策当借则借，当戒则戒。当然，也有一些问题未能得到自上而下的重视，如污染治理下的管制性征收的补偿问题。此类问题，希望地方政府本着"法治思维"和"执政为民"的基本理念于实践中摸索，为中央制定统一的政策、法律提供支撑，最终让好的城市治理经验制度化、法治化，从而保证城市治理能力的长久提升。

第五章

城市治理中的
强制执行

第一节　行政强制执行概述

城市治理中的房屋征收补偿决定、违法建筑拆除、河道清障、环境治理的强制执行，属于行政强制执行范畴。本章节着重论述城市治理中常见的房屋征收补偿决定、违法建筑拆除中的强制执行，但不限于此。

一、行政强制执行的概念、特征及法律权源

（一）行政强制执行的概念

行政法通说认为：行政强制执行是指公民、法人或其他组织拒不履行行政法上的义务，行政机关或人民法院依法采取强制措施，迫使其履行义务的具体行政行为。

（二）行政强制执行的特征

1. 依附性

行政强制执行的前提是存在一个已生效的具体行政行为，是对该行为确定的义务的执行，目的是保障行政决定的内容得到实现。这也决定了行政强制执行具有明显的依附性。

2. 执行条件

行政强制执行以行政相对方不履行行政法上的义务为前提。只有行政相对方负有法定义务又拒不履行，行政机关为了保证行政管理活动正常进行，才能采取一定的强制手段强迫对方履行义务。行政法上的义务既有法律、法规、规章中规定的义务，也有行政机关所作出的行政决定中所规定的义务，还有人民法院的行政判决、裁定中确定的由行政相对方履行的义务。

3. 执行主体

行政强制执行由法律规定的行政机关或者人民法院实施。根据法律、法规

的规定，行政强制执行的主体有两类：一类是由行政机关依照法律、法规的授权对行政相对方直接采取强制执行措施；另一类是由行政机关向人民法院提出强制执行申请，由人民法院执行。

4. 可执行对象范围

行政强制执行的对象范围广泛。既可以是物，也可以是行为，还可以是人。

（三）行政强制执行设定的法律权源

1. 行政强制执行权的来源

行政法治要求行政机关的一切权力都必须有明确的法律规定或授权，行政强制执行权作为一种较为严厉的行政权，也必须源于法律的规定或授权，法律没有规定应予强制执行的，即使相对人没有履行义务，行政机关也不得擅自强制执行。

2. 行政强制执行权的设定。

鉴于行政强制执行权可能造成对公民、法人或其他组织的合法权益侵害之虞，依法治要求必须对行政强制执行的设定权应当作出严格的规定。

根据《行政强制法》第九条之规定："行政强制措施由法律设定。尚未制定法律，且属于国务院行政管理职权事项的，行政法规可以设定除本法第九条第一项、第四项和应当由法律规定的行政强制措施以外的其他行政强制措施。尚未制定法律、行政法规，且属于地方性事务的，地方性法规可以设定本法第九条第二项、第三项的行政强制措施。法律、法规以外的其他规范性文件不得设定行政强制措施"。

《城市房屋拆迁管理条例》赋予了市、县人民政府有行政强制拆迁权，即属于行政法规的明确授权；而《国有土地上房屋征收与补偿条例》则明确废止了行政机关直接强制执行权。

二、行政强制执行的种类

（一）间接强制执行

间接强制执行是指行政强制执行主体通过间接手段迫使义务人履行其应当

履行的法定义务或者达到与履行义务相同状态的行政强制措施。

间接强制可以分为代执行和执行罚两种：

1. 代执行

代执行就是指行政强制执行机关或第三人代替义务人履行法定义务，并向义务人征收必要费用的强制执行措施。代执行必须具备一定的条件。

2. 执行罚

执行罚是指行政强制执行机关对拒不履行不作为义务或不可替代的作为义务的义务主体，科以金钱给付义务，以促使其履行义务的强制执行措施。

（二）直接强制执行

直接强制执行是指义务人拒不履行其应当履行的义务时，行政强制执行机关对其人身或财产施以强制力直接强制义务人履行义务，或者通过强制手段达到与义务人履行义务相同状态的一种强制执行措施。

由于直接强制执行直接施加于人身或财物，造成对公民人身自由、财产权侵害的可能性较大，因此，适用直接强制执行必须十分慎重，严格遵守法律、法规的规定。

三、行政强制执行的具体实施方式

行政强制执行行为作为一种要式的具体行政行为，实施的具体方式必须由法律、法规作出明确的规定。根据法律、法规的规定，行政强制执行的具体方式可以分为以下三类：

（一）对财产的行政强制执行方式

包括强制划拨、强制扣缴、强行退还、强行拆除。

（二）对人身的行政强制执行方式

包括强制拘留、强制传唤、强制履行、遣送出境。

（三）对行为的行政强制执行措施

即强制实施某种行为。这种情况目前还较为少见。

四、行政强制执行的程序

（一）总体原则

"双轨制"执行模式：我国行政强制执行设定权的划分最早由《行政诉讼法》确定。《行政诉讼法》第九十七条规定："公民、法人或者其他组织对行政行为在法定期限内不提起诉讼又不履行的，行政机关可以申请人民法院强制执行，或者依法强制执行"。这一规定确立了我国行政强制执行的"双轨制"体制，即行政机关执行和申请法院强制执行并行的模式。

（二）两个原则和两个例外

1. 无强制执行权的机关

原则：法律没有授权其强制执行权的行政机关，原则是只能申请人民法院强制执行。

例外：当事人在法定期限内不申请行政复议或者提起行政诉讼的，经催告仍不履行的，在实施行政管理过程中已经采取查封、扣押措施的，可以将查封、扣押的物品依法拍卖抵缴罚款。

2. 有强制执行权的机关

原则：一旦法律授予行政机关强制执行权，该机关只能自行执行，而不得放弃强制执行权，转而申请法院强制执行。

例外：法律明确授予行政机关强制执行权，但同时也规定行政机关可以申请法院强制执行的，则可以申请法院强制执行。

（三）一般程序（基本程序）

1. 催告

为了落实教育与强制相结合的立法目的，保障当事人享有和行使陈述权、申辩权，有必要行政强制行中设计催告程序。催告，是指行政机关在强制执行程启动后，向未履行义务的当事人发出的通知，催促当事人在一定期限内履行义务，并就不履行义务的后果作出警告。

2. 当事人的陈述和申辩

《行政强制法》第三十六条规定："当事人收到催告书后有权进行陈述和申

辩。行政机关应当充分听取当事人的意见，对当事人提出的事实、理由和证据，应当进行记录、复核。当事人提出的事实、理由或者证据成立的，行政机关应当采纳。"

3. 作出强制执行决定

法律对此有详细的规定。《行政强制法》第37条规定："经催告，当事人逾期仍不履行行政决定，且无正当理由的，行政机关可以作出强制执行决定。

强制执行决定应当以书面形式作出，并载明下列事项：第一，当事人的姓名或者名称、地址；第二，强制执行的理由和依据；第三，强制执行的方式和时间；第四，申请行政复议或者提起行政诉讼的途径和期限；第五，行政机关的名称，印章和日期。

在催告期间，对有证据证明有转移或者隐匿财物迹象的，行政机关可以作出立即强制执行决定。"

4. 中止执行

（1）条件。当事人履行行政决定确有困难或者暂无履行能力的；第三人对执行标的主张权利，确有理由的；执行可能造成难以弥补的损失，且中止执行不损害公共利益的；行政机关认为需要中止执行的其他情形。

（2）恢复执行和不再执行。中止执行的情形消失后，行政机关应当恢复执行。没有明显社会危害；当事人确无能力履行；中止执行满3年未恢复执行的，行政机关不再执行。

5. 终结执行

条件：公民死亡，无遗产可供执行，又无义务承受人的；法人或者其他组织终止，无财产可供执行，又无义务承受人的；执行标的灭失的；据以执行的行政决定被撤销的；行政机关认为需要终结执行的其他情形。

6. 执行回转

执行回转，是指行政机关已经采取强制手段，部分或全部实现当事人的义务后，所执行的行政决定被撤销、变更或者执行行为本身存在错误，为了纠正错误，行政机关重新采取措施，尽可能恢复到执行前的状态。执行回转是一种补救制度，其意义在于弥补因执行错误而给当事人造成的损失，保护当事人的合法权益，体现"有错必纠"原则，实现公平正义。

7. 执行和解

执行和解是我国行政强制执行制度的创新，是指在行政强制执行过程中，行政机关与当事人达成协议，就当事人履行义务的时间、方式作出约定，行政机关决定中止执行，暂时听由当事人自行依约履行义务。执行和解属于行政协议的一种。其意义在于缓解社会矛盾，减少社会冲突，符合构建和谐社会的要求。

8. 文明执法

文明执法是新时代的法治原则之一，基于此原则法律作出了禁止性规定。

（1）不得在夜间或法定节假日执行。但是，情况紧急的除外（夜间一般是指晚22点至凌晨6点的期间）。

（2）行政机关不得对居民生活采取停止供水、供电、供热、供燃气等方式迫使当事人履行相关行政决定。

（四）人民法院行政强制执行的程序

除上述一般程序的内容外，还包括以下特别内容：

1. 行政机关申请

行政机关申请人民法院强制执行，应当提交强制执行申请书、据以执行的行政法律文书、证明该具体行政行为合法的材料和被执行人财产状况及其他必须提交的材料。

2. 人民法院审查

人民法院对于合法性审查尚未终结即尚在行政复议或行政诉讼期限内，或已在行政复议或行政诉讼程序中（包括有复议决定或行政诉讼判决但尚未生效的案件）的具体行政行为，不予执行。但对于不及时执行可能给国家利益、公共利益或者他人合法权益造成不可弥补的损失的，人民法院可以先予执行。行政机关申请先予执行的，应当提供相应的财产担保。

3. 命令义务人限期履行

《行政诉讼法解释》第九十三条："需要采取强制执行措施的，由本院负责强制执行非诉行政行为的机构执行。"

（五）行政强制执行的救济

无救济则无法治，因此对于行政强制执行的法律救济十分重要，其需要把握的重点在于：

（1）行政强制执行中由行政机关申请法院执行部分，由于执行主体是司法机关，所以此种执行行为不适用行政复议和行政诉讼，但可以适用申诉或赔偿程序以作救济。房屋征收补偿决定的强制执行即属此类。

（2）对于行政机关自行强制执行行为，它符合具体行政行为的特征。根据《行政复议法》和《行政诉讼法》规定，相对人如果认为该具体行政行为侵犯其合法权益，是可以申请行政复议或以提起行政诉讼作为救济途径的。

《国有土地上房屋征收与补偿条例》最大的亮点之一在于取消了行政强拆，而以司法强拆代之。将征收补偿决定置于司法审查之下，符合现代法治要求。

第二节   征收补偿决定强制执行制度

《国有土地上房屋征收与补偿条例》即为规范国家征收私有不动产物权的一项法律制度。该条例授权市、县级人民政府，依法定事由（公共利益需要）、经法定程序与公平补偿方可为之。为保障法律法规的正确实施、为保障行政权力的有效运转、为保障社会秩序和公共利益，强制执行制度不可或缺。强制执行制度以强制为前提，对于公民、法人和其他组织实体权利的行使均具有重大影响。因此严格强制执行制度、将强制执行制度纳入法治化渠道对于构建法治国家显得尤为重要。

强制执行权事关公民人身自由、财产权利变动，依《宪法》与《立法法》，须由法律、行政法规予以规制。权力止于滥用，乃法治要义。因此，为维护公共利益需要，便于理解征收补偿决定行政强制执行相关概念，须将行政强制执行作以简介。

一、征收补偿决定强制执行特点

《国有土地上房屋征收与补偿条例》在强制执行方面较过去的拆迁制度有以下新的规定：

（一）取消了行政强制执行权

根据我国现行法律规定，目前我国只有少数行政机关具有行政强制执行权，多数行政机关不具有强制执行权。不具有行政强制权的行政机关作出具体行政行为，只能申请人民法院强制执行。

《城市房屋拆迁管理条例》第十七条规定："被拆迁人或者房屋承租人在裁决规定的搬迁期限内未搬迁的，由房屋所在地的市、县人民政府现成有关部门强制拆迁，或者由房屋拆迁管理部门依法申请人民法院强制拆迁"。

2011年实施的《国有土地上房屋征收与补偿条例》第二十八条规定，"被征收人在法定期限内不申请行政复议或者不提起行政诉讼，在征收补偿决定规定的期限内又不搬迁的，由作出房屋征收决定的市、县级人民政府依法申请人民法院强制执行"。新条例明确废止了市、县人民政府责成有关部门行政强拆的权力。

（二）原则上确立了不先予强制执行的规定

先予强制执行是指在复议或诉讼过程中，原具体行政行为合法性审查尚未终结，即强制执行原具体行政行为。按照行政法的一般理论，行政行为一经作出，即被推定具有公定力、确定力、拘束力和执行力。拆迁行政裁决，实质为拆迁管理部门根据行政法规的授权，针对平等主体（拆迁人与被拆迁人）之间民事争议（拆迁补偿安置），依争议方申请而作出的具有确定力与执行力的单方法律行为。拆迁行政裁决争议，既有行政法律关系，又有民事法律关系；既有行政争议，又有民事争议。

原《城市房屋拆迁管理条例》第十六条规定："拆迁人按照本条例规定已对被拆迁人给予货币补偿或者提供拆迁安置用房、周转用房的，诉讼期间不停止拆迁的执行"。对此，《国有土地上房屋征收与补偿条例》第二十八规定："被征收人在法定期限内不申请行政复议或者不提起行政诉讼，在征收补偿决定规定的期限内又不搬迁的，由作出房屋征收决定的市、县级人民政府依法申请人民法院强制执行"。

按照公权力法无授权即禁止的原则，新条例原则上确立了不先予执行制度。

二、征收补偿决定强制执行的申请

执行需要申请，是征收补偿决定执行的必备条件，对此法律有了一些新的规定。

（一）收补偿决定强制执行的申请主体

《国有土地上房屋征收与补偿条例》第二十八条规定："征收补偿决定作出之后，被征收人在法定期限内不申请行政复议或者不提起行政诉讼，在征收补偿决定规定的期限内又不搬迁的，由作出房屋征收决定的市、县级人民政府依法申请人民法院强制执行。"

据此，征收补偿决定强制执行的申请主体只能是作出房屋征收决定的市、县级人民政府。

（二）征收补偿决定强制执行的申请条件

作出房屋征收决定的市、县级人民政府，向人民法院申请强制执行。主要有以下三种情形：

（1）征收补偿决定经行政复议或行政诉讼后予以维持

征收补偿决定经行政复议决定维持或生效行政判决后予以维持时，被征收人仍不履行，作出征收决定的市、县人民政府向第一审人民法院申请执行。

申请期限自行政复议决定书、行政判决书生效之后，且从法律文书规定的履行期间最后一日或法律文书没有规定履行期限的自该法律文书送达被征收人起算，市、县级人民政府的申请执行期限为180日。

逾期申请的，除有正当理由外，人民法院不予受理。

（2）征收补偿决定在行政诉讼过程中，不再支持先予执行的

征收补偿决定作出之后，被征收人对于征收补偿决定不服，依法提起行政复议或行政诉讼时，因征收补偿决定的合法性审查尚未终结，此时人民法院不

予受理强制执行申请。

2000年的《行政诉讼法解释》第九十四条规定："在诉讼过程中，被告或具体行政行为确定的权利人申请人民法院执行被诉具体行政行为，人民法院不予受理；但不及时执行可能给国家利益、公共利益或者他人合法权益造成不可弥补的损失的，人民法院可以先予执行。后者申请强制执行的，应当提供相应的财产担保。"

因此，诉讼过程中，市、县级人民政府申请人民法院强制执行征收补偿决定的，人民法院不予执行，但2000年《行政诉讼解释》为先予执行预留了空间，根据《国有土地上房屋征收与补偿条例》之规定，征收决定须基于公共需要，一旦市、县级政府作出了征收决定与征收补偿决定，其以公共利益可能造成难以弥补的损失为由申请先予执行的可能性就会增大。

2010年5月15日，《国务院办公厅关于进一步严格征地拆迁管理工作切实维护群众合法权益的紧急通知》（国办发明电〔2010〕15号）确立的"程序不合法、补偿不到位、被拆迁人居住条件未得到保障以及未制定应急预案的，一律不得实施强制拆迁"原则，应当得到继续贯彻落实。

令人欣慰的是《最高人民法院关于适用〈中华人民共和国行政诉讼法〉的解释》即"法解〔2018〕01号"明确了有效裁判文书是申请执行的前提条件，删除了为先予执行预留的空间。根据《最高人民法院关于适用〈中华人民共和国行政诉讼法〉的解释》第一百五十二条对发生法律效力的行政判决书、行政裁定书、行政赔偿判决书和行政调解书，负有义务的一方当事人拒绝履行的，对方当事人可以依法申请人民法院强制执行。

人民法院判决行政机关履行行政赔偿、行政补偿或者其他行政给付义务，行政机关拒不履行的，对方当事人可以依法向法院申请强制执行。

（3）被征收人法定期限内未提起复议或诉讼又不履行时

被征收人在收到征收补偿决定后，在法定期限内不申请行政复议或者不提起行政诉讼，在征收补偿决定规定的期限内又不搬迁的，由作出房屋征收决定的市、县级人民政府申请人民法院强制执行。

此种情形适用非诉强制执行程序。《行政诉讼法解释》第一百五十六规定：

"没有强制执行权的行政机关申请人民法院强制执行其行政行为，应当自被执行人的法定起诉期限届满之日起三个月内提出。逾期申请的，除有正当理由外，人民法院不予受理。"申请人民法院强制执行是一种要式行为，申请人应当向人民法院递交有关书面材料。申请人民法院强制执行征收补偿决定，既要恪守《行政诉讼法》及其司法解释的规定，又要遵循《国有土地上房屋征收与补偿条例》之强制性规定。

《国有土地上房屋征收与补偿条例》第二十八条第二款规定："强制执行申请书应当附具补偿金额和专户存储账号、产权调换房屋和周转用房的地点和面积等材料。"

因此，市、县级人民政府向人民法院申请强制执行其征收补偿决定时，递交的书面材料应包括以下内容：

（1）强制执行申请书；

（2）征收补偿决定；

（3）证明征收补偿决定合法的相关证据材料；

（4）被征收人的财产状况；

（5）补偿金额和专户存储账号相关证据；

（6）产权调换房屋权属、地点、面积等相关证据；

（7）周转用房的权属、地点、面积等相关；

（8）其他证明必须强制执行的正当事由及证据。

三、征收补偿决定强制执行的管辖法院

征收补偿决定强制执行需要法院的批准，但不是任何法院都能批准，有权批准的管辖法院分为三种情形。

（一）经行政判决维持后一般由第一审法院人民法院管辖

《行政诉讼法解释》第一百五十四条规定："发生法律效力的行政判决书、行政裁定书、行政赔偿判决书、行政赔偿调解书，由第一审人民法院执行。第一审人民法院认为情况特殊需要由第二审人民法院执行的，可以报请第二审人

民法院执行；第二审人民法院可以决定由其执行，也可以决定由第一审人民法院执行”。

因此，确定征收补偿决定的强制执行管辖法院，须从确定第一审法院开始。

市、县级人民政府作出的征收决定与征收补偿决定，一般来说应由中级人民法院管辖行使行政案件管辖权。因此征收补偿决定的强制执行，应向中级人民法院提出。

（二）征收补偿决定非诉强制执行管辖法院确定

2017年发布的最高人民法院关于适用《中华人民共和国行政诉讼法》（下文称"2017《行政诉讼法解释》"）的解释第一百五十七条规定："行政机关申请人民法院强制执行其行政行为，由申请人所在地的基层人民法院受理；执行对象为不动产的，由不动产所在地的基层人民法院受理。基层人民法院认为执行确有困难的，可以报请上级人民法院执行；上级人民法院可以决定由其执行，也可以决定由下级人民法院执行。"

根据2017年《行政诉讼法解释》的规定，征收补偿决定的非诉强制执行原则上由基层人民法院管辖。如果由基层人民法院管辖征收补偿决定的非诉强制执行案件，可能造成以下悖论：

第一，执行管辖法院与诉讼管辖法院不同。征收补偿决定由市、县级人民政府作出，其诉讼管辖法院应由中级人民法院行使，即只有中级人民法院对于征收补偿决定的合法性有权审查。如果非诉强制执行由基层人民法院管辖，则基层人民法院依法不具有审查市、县级人民政府行政行为合法性的法定授权。

第二，基层人民法院管辖市、县级人民政府的强制执行，中华人民共和国成立以来，我国司法机关的领导体制虽几经变动，但司法设置基本上还是走行政区划的老路子，司法工作行政化现象明显，司法机关的人事权、财产权受制于当地政府。不论是经费、编制、人员还是办公场所，都有赖于地方政府的支持。在这种体制下，地方政府对司法的影响力毋庸赘言。在这种情况下，难免司法强拆重蹈行政强拆的覆辙。

综上，在现行司法制度难以根本变革情况之下，征收补偿决定的非诉强制执行有可能成为司法拆迁制度的"短板"与"矛盾制造源"。我们寄望司法制度有所演进的同时，呼吁被征收人及时行使法律救济权利。在征收决定、征收补偿决定行政行为送达之后，及时行使法律救济权利。因为经过诉讼的案件，征收补偿决定的执行管辖法院即为中级人民法院，而未经诉讼的案件，征收补偿决定的非诉执行法院却为基层人民法院。

四、征收补偿决定强制执行的合法性审查

征收补偿决定的强制执行，其最关键、最核心的环节在于人民法院对于征收补偿决定强制执行申请材料的合法性审查。司法机关能否切实维护和监督行政机关依法行使职权，均有赖于对于强制执行申请材料的合法性审查能否依法实施。

2017《行政诉讼法解释》第一百六十条明确规定："人民法院受理行政机关申请执行其行政行为的案件后，应当在七日内由行政审判庭对行政行为的合法性进行审查，并作出是否准予执行的裁定。

人民法院在作出裁定前发现行政行为明显违法并损害被执行人合法权益的，应当听取被执行人和行政机关的意见，并自受理之日起三十日内作出是否准予执行的裁定。

需要采取强制执行措施的，由本院负责强制执行非诉行政行为的机构执行。"

征收补偿决定合法性审查制度包括以下内容：

（一）审查主体为行政审判庭

2017年《行政诉讼法解释》第三条规定："各级人民法院行政审判庭审理行政案件和审查行政机关申请执行其行政行为的案件。专门人民法院、人民法庭不审理行政案件，也不审查和执行行政机关申请执行其行政行为的案件。铁路运输法院等专门人民法院审理行政案件，应当执行行政诉讼法第十八条第二款的规定。"

之所以规定由行政审判庭予以审查，是由于具体行政行为的合法性专业性

强、涉及面广、难度大，对于公民、法人或者其他组织的合法权益影响大，必须进行实体性审查。

（二）合法性审查的必要性

行政机关申请人民法院强制执行其具体行政行为的，人民法院应当对具体行政行为的合法性进行审查。其主要根据和理由是：

（1）法律、法规之所以没有赋予大多数行政机关以强制执行权，而规定可以申请人民法院强制执行权，其根本意义在于建议一种司法权与行政权的监督制约机制。尤其是行政强拆数量不多，但已造成的社会不良影响不容小视。北京大学法学院沈岿教授强调："在强制拆迁问题上，由法院来制约和监督政府，是应有的平衡。"

（2）有申请就应当有审查。申请的结果既可能被接受而准予执行，也可能不被接受而不予执行。如果申请只能执行，就不应当是申请而是交付执行。

（3）人民法院决定执行具体行政行为，表明该具体行政行为的合法性已经得到司法确认。如果无论具体行政行为是否合法都予以执行，显然不符合立法本意，也与人民法院的性质宗旨相悖离的。司法权能也将无从实现。

（4）从司法实践的角度看，具体行政行为违法或错误的情况还比较严重，法治政府建设还任重道远。如果不进行合法性审查而径以强制执行，其社会危害将难以估计。

（三）合法性审查标准

人民法院对于非诉具体行政行为的合法性审查主要从三个方面手：是否明显缺乏事实根据；是否明显缺乏法律依据；是否存在其他明显违法并损害被执行人合法权益情形。

2017年《行政诉讼法解释》第一百六十一条规定："被申请执行的行政行为有下列情形之一的，人民法院应当裁定不准予执行：

第一，实施主体不具有行政主体资格的；

第二，明显缺乏事实根据的；

第三，明显缺乏法律、法规依据的；

第四，其他明显违法并损害被执行人合法权益的情形。

行政机关对不准予执行的裁定有异议，在十五日内向上一级人民法院申请复议的，上一级人民法院应当在收到复议申请之日起三十日内作出裁定。"

对比行政诉讼的合法性审查，非诉强制执行的合法性审查标准较低：只要不存在明显违法，就可能会被裁定准予强制执行。而且这一过程，未设置听证程序，合法性审查效果如何难以保证。

为了避免公众担心的"政府一申请，法院就强拆"现象，人民法院在受理征收补偿决定的合法性审查方面必须把好司法审查关，有效防止非法强拆的发生。

五、征收补偿决定强制执行的实施

按照现行行政诉讼及其司法解释，人民法院作出准予强制执行的裁定后，移送到本院负责非诉具体行政行为执行机构执行。对此强制执行机关，学界建议另设强制执行机关，将强制执行的裁决权与执行权分开，以保障强制执行的公正性。

（一）重视强制执行程序的完善

1. 强制执行补偿决定程序中，法律规定仍有需要完善的地方

我国行政诉讼制度起步较晚，法律法规尚不健全。关于行政强制执行的程序，修改前的行政法并未明确规定。而根据《行政诉讼法解释》第九十七条之规定，人民法院审理行政案件，除依照行政诉讼法和本解释外，可以参照民事诉讼法的有关规定。修改后的《行政诉讼法》第一百零一条明确规定："人民法院审理行政案件，关于期间、送达、财产保全、开庭审理、调解、中止诉讼、终结诉讼、简易程序、执行等，以及人民检察院对行政案件受理、审理、裁判、执行的监督，本法没有规定的，适用《中华人民共和国民事诉讼法》（以下简称《民事诉讼法》）的相关规定。"

《民事诉讼法》第二百二十六条对强制迁出房屋或者强制退出土地的执行程序进行了简要规定予以规制。

《民事诉讼法》第二百五十条："强制迁出房屋或者强制退出土地，由院长

签发公告，责令被执行人在指定期间履行。被执行人逾期不履行的，由执行员强制执行。"

强制执行时，被执行人是公民的，应当通知被执行人或者他的成年家属到场；被执行人是法人或者其他组织的，应当通知其法定代表人或者主要负责人到场。拒不到场的，不影响执行。被执行人是公民的，其工作单位或者房屋、土地所在地的基层组织应当派人参加。执行员应当将强制执行情况记入笔录，由在场人签名或者盖章。

强制迁出房屋被搬出的财物，由人民法院派人运至指定处所，交给被执行人。被执行人是公民的，也可以交给他的成年家属。因接收而造成的损失，由被执行人承担。

2. 强制执行纠纷的起因

在实践中强制腾退所引发的争议最大，引发的矛盾最为突出。既有被征收人原因也有强制执行实施机关的原因，而被执行人抵触情绪大，可以归结为客观和主观两方面的原因。首先，房屋腾退执行案件的被执行人多为自然人，如房屋被腾退，被执行人及其家属就失去了唯一的住所，特别是在当前房价和物价不断上涨的情况下，被执行人对居住条件的不安全感根深蒂固，而市、县级人民政府制定的补偿决定，有时难以保障被执行人的居住条件；个别地方政府滥用强制手段，以"公共利益"为名，而没有依法保障被征收人的居住水平保险金，严重侵害了被拆征收的合法权益。

（二）完善征收补偿决定强制执行制度的若干思考

1. 亟需严令禁止法院介入征收活动

根据《宪法》与《人民法院组织法》，人民法院作为国家的审判机关，应依法对行政案件独立行使审判权，不受行政机关、社会团体和个人的干涉。人民法院依法应独立于行政机关，秉承中立、不偏不倚、依据法律与良知审查、监督和维护行政机关依法行使职权。

然而在实践中，至今仍有一些基层法院活跃在征地拆迁一线，人民法院介入征收拆迁业务，严重损害了司法公正、人民法院公信力。

2004年3月17日《最高人民法院关于进一步加强行政审判工作的通知》（法

〔2004〕33号）强调："务必时刻注意维护行政审判的中立性和独立性，遇有当地要求与有关部门'合署办公''联合执法'等现象，要积极向有关方面做好说服工作"。

《国有土地上房屋征收与补偿条例》实施之后，司法强制执行成为强制执行的唯一方式。如果不能严格禁止人民法院介入征收活动，司法公正、人民法院的公信力将无以保证！

2. 亟需坚持人民法院行政案件管辖强制性规定

最高人民法院在出台《行政诉讼法解释》时坦言：在现行司法体制之下，对于县级以上人民政府作为被告的案件，基层人民法院在受理、审理、执行中，往往对来自行政机关的干预和障碍难以排除和克服，影响了司法的公正性，不利于保证办案的质量和效率。

鉴于我国的司法制度设计为两审终审，现实的考量为在制度上完善行政案件管辖强制性规定。修订后的《行政诉讼法》规定，被告为县级以上人民政府的，由中级人民法院管辖第一审行政案件，但实践中仍有中级人民法院将该类第一审行政案件移交给其辖区内基层人民法院管辖的现象，应该予以纠正。

3. 亟需严格先予执行的条件与程序

作出征收决定的市、县级人民政府在诉讼期间申请人民法院强制执行的拆迁行政案件，人民法院一般不予执行。人民法院在行使司法审查权过程中，对市、县级人民政府作出的征收补偿决定必须同时具备以下四个条件，方可裁定先予执行。

第一，必须从严审查"不及时执行可能给国家利益、公共利益或者他人合法权益造成不可弥补的损失"的实质要件，且要求申请执行人提供相应的财产担保。司法解释规定的"不可弥补的损失"应当理解为涉及重大国家利益、公共利益或者他人合法权益，不及时执行无法挽回或者无法恢复的特殊情况。这是申请先予执行的前提条件。

必须从制度上强化征收补偿决定先予执行的司法救济程序性规定。尤其是先予执行的必要性和紧迫性判断，应引入无利害第三方的评判。

第二，经市、县人民政府作出征收补偿决定，且被征收人在限期拆除期限届满后仍不自觉履行搬迁义务，被征收人对该征收补偿决定不服已在法定期限内提起行政诉讼。这是申请先予执行的程序条件。

第三，市、县级人民政府递交先予执行的申请书；先予执行申请书应包括：先予执行的正当理由和依据，征收补偿决定确定的补偿标准确能保障被征收人现有生活水平不降低以及补偿金额和专户存储账号、产权调换房屋和周转用房的地点和面积等材料。

第四，征收决定、征收补偿方案以及征收补偿决定经过人民法院行政审判庭组成合议庭进行合法性审查，并确认其合法有效，这是先予执行的实质要件。人民法院应对征收决定、征收补偿方案以及征收补偿决定的合法性进行审查。尤其是着重以下几点：第一，征收决定作出程序是否合法，有无社会风险评估；第二，征收补偿方案是否听取公众意见、是否切实可行，能否保障被征收人的合法权益不受损害；第三，征收补偿决定是否合法有效、是否切实可行，能否保障被征收人的现有生活水平不降低。

人民法院在审查市、县级人民政府申请执行征收补偿决定的非诉行政执行案件中，既要严格、全面贯彻执行诉讼期间不予执行原则，又要把握好诉讼期间先予执行的度，在依法保护被征收人合法权益的同时，兼顾重大国家利益、公共利益或者他人合法权益得以实施。

4. 亟需严格强制执行制度，强化保障被征收人合法权益

无论行政强拆，还是司法强拆，为防止暴力对抗事件，强制执行制度亟待进一步文明、完善。

第三节　违法建筑行政强制执行程序

《行政强制法》的公布实施，对保障和监督行政机关严格依法履行职责，提

高行政管理效率，维护公共利益和社会秩序，保护公民、法人和其他组织的合法权益具有重要意义。这是继《行政处罚法》《行政复议法》《行政许可法》等之后又一部规范政府行为的重要法律，对于我们在城市治理中依法处理违法建筑的处理意义十分重大。

违法建筑的强制拆除必须事前拟定工作预案，进行社会稳定风险评估，在确认不会发生或者虽有风险但可以控制的情况下方可按照工作预案实施。

一、关于行政强制执行的争议

目前我国违法建筑的处理存在问题主要有两个方面：一是"滥"，对于违法建筑的调查、认定中作出限期拆除的决定过滥，侵害了公民、法人或者其他组织的合法权益；二是"软"，行政机关的强制手段不足，对有些违法建设行为不能有效制止，特别是不能及时制止。这两个问题都集中表现在执行中，其原因依旧是认识没有统一，存在较大的争议。强制拆除违法建筑中能否全面正确地理解《行政强制法》的法定涵义，关系到城市治理中执法部门执法行为的合法性问题，在最高法院司法解释出台前，所存在较大的争议将难以统一。执行应以再次催告为前提。

强制执行决定中强制执行的时间应当设定为当事人收到行政强制执行决定之日起三个月（法律无特别规定）后，在强制执行之前行政机关应发布公告，再次催告当事人在强制执行的时间之前行政机关应发布公告，再次催告当事人在强制执行的时间之前自行拆除违法建筑物、构筑物、设施，当事人仍不自行拆除的，行政机关依法强制拆除。

对于目前学界与实务界有四种不同的观点：

第一种观点认为在行政机关送达行政强制执行决定书之日起的三个月内，当事人如果申请行政复议或者提起行政诉讼，行政机关除应当根据《中华人民共和国行政诉讼法》第四十四条和《中华人民共和国行政复议法》第二十一条规定的停止执行的情形外，可以直接执行强制拆除违法建筑物、构筑物、设施。

　　第二种观点与第一种观点主要不同之处在于认为在公告之后正式强制拆除前还应当对当事人进行催告，给当事人更多自行拆除违法建筑物、构筑物、设施的机会。这一观点也是许多专家、立法参与者撰写的一些关于《中华人民共和国行政强制法》解释、释义类书籍中提出的观点。

　　第三种观点与第一种观点主要不同之处在于认为当事人在行政机关送达行政强制执行决定书之日起三个月内，如果申请行政复议或者提起行政诉讼，行政机关应当在行政复议机关作出维持行政复议决定和人民法院作出维持判决之后，才可以依法强制拆除。

　　第四种观点与第一种观点主要不同之处在于认为行政机关应当将行政强制执行决定作为公告的内容，合二为一，在公告中限当事人自行拆除的期限就是公告（行政强制执行决定）发布之日起三个月（法律无特别规定）内，当事人逾期不申请行政复议或者提起行政诉讼，又不拆除的，行政机关依法强制拆除违法建筑物、构筑物、设施。

　　许多专家对于上述四种观点认为，按照《中华人民共和国行政强制法》第四章第一节"行政机关强制执行程序一般规定"的条款内容，如果按照第一种观点实施强制拆除程序，存在的问题是行政强制执行决定书中应当载明申请行政复议或者提起行政诉讼的途径和期限，以及强制执行的方式和时间，而发布的公告内容应当与行政强制执行决定书的内容无太大差异，但公告中是否要再告知当事人申请行政复议或者提起行政诉讼的途径和期限呢？如果告知，期限上会与行政强制执行决定书中的期限出现不一致，那么会与《中华人民共和国行政强制法》第四十四条中的"当事人在法定期限内不申请行政复议或者提起行政诉讼"的规定将产生分歧。如果不告知，公告内容又不符合法定要求。

　　如果按照第二种观点实施强制拆除程序，除存在上述问题外，先后两次催告，加上公告，一共三次催告，看似人性化，但却于法无据，使行政强制执行的程序变得冗长、繁复，实属没有必要。

　　如果按照第三种观点实施强制拆除程序，存在的突出问题是看似确保了行政强制拆除行为的合法性，但却与《中华人民共和国行政诉讼法》和《中华人民共和国行政复议法》的原则性规定不符，即无法定例外情形，行政强制行为在行政诉讼、行政复议期间不停止执行，而且由于行政诉讼实行"两审终审"制，诉讼期较长，如果所有行政强制拆除行为都等到终审之后实施，无疑将严重影响行政效能。

如果按照第四种观点实施强制拆除程序，认为既能够按照《中华人民共和国行政强制法》中"行政机关强制执行程序一般规定"的要求，履行了先催告后决定再执行的程序，又符合《中华人民共和国行政强制法》第四十四条的特别规定发布了公告，同时限当事人自行拆除的期限也合理合法，告知当事人的行政复议、行政诉讼期限十分清楚无疑议，可操作性强，便于准确地实施行政强制拆除行为。

二、强制拆除前的执行程序

综合上述四种观点，我们认为按照正确的一般规定是行政机关依法作出行政决定后，当事人在行政机关决定的合法期限内既不履行义务又不依法申请行政复议或诉讼的，具有行政强制执行权的行政机关依照法律规定强制执行或申请人民法院执行和准予执行。

（一）依法送达行政处别决定时同时书面告之

行政机关作出强制执行决定前，应当事先催告当事人履行义务。但催告应当以书面形式作出，并阐明下列事项：

履行义务的期限、履行义务的方式、涉及金钱给付的，应当有明确的金额给付方式、当事人依法享有的陈述权和申辩权。

当事人收到催告书后有权进行陈述和申辩。行政机关应当充分听取当事人的意见，对当事人提出的事实、理由和证据，应当进行记录、复核。当事人提出的事实、理由或者证据成立的，行政机关应当采纳。

需要提醒行政相对人特别注意的是在收到限期拆除的决定书后，如有异议应当及时在法定期限内提起行政复议或诉讼。否则如不主动履行处罚决定，将引起行政强制执行决定的作出而难以逆转。

（二）依法送达强制执行决定并公告强制拆除的期限

经催告，当事人逾期仍不履行行政决定，且无正当理由的，行政机关可以作出强制执行决定，强制执行决定应当以书面形式作出，并载明当事人的姓名或者名称、地址；强制执行的理由和依据；强制执行的方式和时间；申请行政复议或者提起行政诉讼的途径和行政机关的名称、印章和日期等决定。

催告书、行政强制执行决定书应当直接送达当事人。当事人拒绝接收或者无法直接送达当事人的，应当依照《中华人民共和国民事诉讼法》的有关规定送达，而防止送达无效。

（三）公告后再次书面催告

如强制拆除的期限届满，相对人未行政复议和诉讼，则行政机关在再次书面催告后可以依法强制拆除。

三、强拆中的程序

（一）强制拆除的程序

对违法建筑强制拆除的工作，一般按下列程序执行：

（1）强制执行前，行政主管部门可向被拆迁人发出书面告诫，促使其自动履行搬迁义务，经告诫仍不履行义务的，发出强制执行决定书。

（2）向当事人送达并宣读强制执行决定，告知当事人权利和法律救济方法。

（3）检验执行标的，填制执行物品清单，拆除违法建筑；强制执行时，执行人员应向拆迁人出示执行公务的证件；对被拆房屋进行拍照或摄像，对搬迁财物登记造册，并作好笔录。

（4）依法强制执行完毕后，执行人应制作强制执行报告，如实记录当事人违章事实，强制执行的主体、标的、依据、时间、地点、结果等。

（5）由执行人、被执行人、见证人在执行笔录上签名。必要时邀请公证机关到场公证。

（二）强制执行的注意事项

（1）在强制执行的过程中，一定要按"人房分离"的原则，作好预案和各种准备，防止意外事件的发生。

（2）对被执行人要始终坚持做疏导工作。

（3）对于强拆现场要封闭管理，防止意外。

四、强拆的特殊规定

任何工作都不是一成不变的，强拆更是如此。

（一）中止执行的规定

在强拆进行中，有下列情形之一的，中止执行：

（1）当事人履行行政决定确有困难或者暂无履行能力的；

（2）第三人对执行标的主张权利，确有理由的；

（3）执行可能引起人身伤害事件的，如当事人以暴力、自残、自杀方式抵制执行的；

（4）执行可能造成难以弥补的损失，且中止执行不损害公共利益的；

对此，要特别强调：执行中，被执行人情绪激动，可能发生人身伤害的，如无十分把握可以防止伤害后果发生的，均应暂停执行。对已发生的人身伤害后果，要积极抢救并依法做好善后工作。

（5）行政机关认为需要中止执行的其他情形。

中止执行的情形消失后，行政机关应当恢复执行。但对没有明显社会危害，当事人确无能力履行，中止执行满三年未恢复执行的，行政机关不再执行。

（二）终结执行的规定

有下列情形之一的，终结执行：

（1）执行标的灭失的。

（2）据以执行的行政决定被撤销的。

（3）行政机关认为需要终结执行的其他情形。

（三）执行回转的规定

在执行中或者执行完毕后，据以执行的行政决定被撤销、变更，或者执行错误的，应当恢复原状或者退还财物；不能恢复原状或者退还财物的，依法给予赔偿。建筑物的执行回转方式主要有原地重建、恢复原状和产权调换或货币补偿。

（四）执行和解

实施行政强制执行，行政机关可以在不损害公共利益和他人合法权益的情况下，与当事人达成执行协议。执行协议可以约定分阶段履行；当事人采取补救措施的，可以减免加处的罚款或者滞纳金，对于建筑物也可以终止执行。

执行协议应当履行。当事人不履行执行协议的，行政机关应当恢复强制执行。

（五）执行禁止的规定

行政机关不得在夜间或者法定节假日实施行政强制执行。但是，情况紧急的除外。

行政机关不得对居民生活采取停止供水、供电、供热、供燃气等方式迫使当事人履行相关行政决定。

在此，需要反复强调的是任何建筑物都是人类劳动的成果，切莫轻易拆除之。

我国行政法规中对于违法建筑不予补偿的规定应作狭义的理解。这里的"违法建筑"应当是指依照法律规定必须无偿拆除的那一部分违法建筑。

五、正确理解最高法院的相关司法解释

近年来，由于强拆中引起冲突事情较多。为规范法院行为，最高法院多次作出了相关司法解释。正确理解最高人民法院的这些相关司法解释，有利于减少矛盾激化。

六、正确理解人民法院预防和处理执行突发事件的若干规定

《最高人民法院关于人民法院预防和处理执行突发事件的若干规定（试行）》指出，为预防和减少执行突发事件的发生，控制、减轻和消除执行突发事件引起的社会危害，规范执行突发事件应急处理工作，保护执行人员及其他人员的人身财产安全，维护社会稳定，根据《中华人民共和国民事诉讼法》《中华人民共和国突发事件应对法》等有关法律规定结合执行工作实际，制定本规定。

第一条　本规定所称执行突发事件，是指在执行工作中突然发生，造成或可能危及执行人员及其他人员人身财产安全，严重干扰执行工作秩序，需要采取应急处理，并予以应对的群体上访、当事人自残、群众围堵执行现场、以暴力或暴力相威胁抗拒执行等事件。

该条规定界定了突发事件的概念，同时也指明了本规定的适用范围。

第二条　按照危害程度、影响范围等因素，执行突发事件分为特别重大、重大、较大和一般四级。

特别重大的执行突发事件是指严重影响社会稳定、造成人员死亡或3人以上伤残的事件。

除特别重大执行突发事件外，分级标准由各高级人民法院根据辖区实际自行制定。

该条规定对于突发事件的分级原则作了明确，并授权各高级人民法院根据辖区实际自行制定除特别重大执行突发事件外的三级突发事件的具体分级标准。

第三条　高级人民法院应当加强对辖区法院执行突发事件应急处理工作的指导。

执行突发事件的应急处理工作由执行法院或办理法院负责。各级人民法院应当成立由院领导负责的应急处理工作机构，并建立相关工作机制。

异地执行发生突发事件时，发生地法院必须协助执行法院做好现场应急处理工作。

该条规定了人民法院内部对于执行突发事件应急处理工作的分工，明确了

责任。

第四条　执行突发事件应对工作实行预防为主、预防与应急处理相结合的原则。执行突发事件应急处理坚持人身安全至上、社会稳定为重的原则。

该条规定了执行突发事件应对工作的原则，强调了人身安全至上，这是一个突破性的规定。

第五条　各级人民法院应当制定执行突发事件应急处理预案。执行应急处理预案包括组织与指挥、处理原则与程序、预防和化解、应急处理措施、事后调查与报告、装备及人员保障等内容。

该条规定了执行突发事件应急处理预案的制定及其内容。

第六条　执行突发事件实行事前、事中和事后全程报告制度。执行人员应当及时将有关情况报告本院执行应急处理工作机构。

异地执行发生突发事件的，发生地法院应当及时将有关情况报告当地党委、政府。

该条规定了执行突发事件应急处理的事前、事中和事后全程报告制度。

第七条　各级人民法院应当定期对执行应急处理人员和执行人员进行执行突发事件应急处理有关知识培训。

该条规定了要组织执行突发事件应急处理有关知识培训。

第八条　执行人员办理案件时，应当认真研究全案执行策略，讲究执行艺术和执行方法，积极做好执行和解工作，从源头上预防执行突发事件的发生。

第九条　执行人员应当强化程序公正意识，严格按照法定执行程序采取强制执行措施，规范执行行为，防止激化矛盾引发执行突发事件。

第十条　执行人员必须严格遵守执行工作纪律有关规定，廉洁自律，防止诱发执行突发事件。

第十一条　执行人员应当认真做好强制执行准备工作，制定有针对性的执行方案。执行人员在采取强制措施前，应当全面收集并研究被执行人的相关信息，结合执行现场的社会情况，对发生执行突发事件的可能性进行分析，并研究相关应急化解措施。

第十二条 执行人员在执行过程中，发现有执行突发事件苗头，应当及时向执行突发事件应急处理工作机构报告，执行法院必须启动应急处理预案，采取有效措施全力化解执行突发事件危机。

第十三条 异地执行时，执行人员请求当地法院协助的，当地法院必须安排专人负责和协调，并做好应急准备。

第八至第十三条，着重规定人民法院在执行中的注意事项和原则要求，突出了以人为本的原则。

第十四条 发生下列情形，必须启动执行突发事件应急处理预案：

（一）涉执上访人员在15人以上的；

（二）涉执上访人员有无理取闹、缠诉领导、冲击机关等严重影响国家机关办公秩序行为的；

（三）涉执上访人员有自残行为的；

（四）当事人及相关人员携带易燃、易爆物品及管制刀具凶器上访的；

（五）当事人及相关人员聚众围堵，可能导致执行现场失控的；

（六）当事人及相关人员在执行现场使用暴力或以暴力相威胁抗拒执行的；

（七）其他严重影响社会稳定或危害执行人员安全的。

该条规定了在执行突发事件中启动应急处理预案的条件。

第十五条 执行突发事件发生后，执行人员应当立即报告执行突发事件应急处理工作机构。应急处理工作机构负责人应当迅速启动应急处理机制，采取有效措施防止事态恶性发展。同时协调公安机关及时出警控制现场，并将有关情况报告党委、政府。

该条规定了在执行中突发事件发生后，应当立即报告和采取有效措施防止事态恶性发展。

第十六条 执行突发事件造成人伤亡或财产损失的，执行应急处理人员应当及时协调公安、卫生、消防等部门组织力量进行抢救，全力减轻损害和减少损失。

该条规定了在执行突发事件发生后要全力减轻损害和减少损失。

第十七条 对继续采取执行措施可能导致现场失控、激发暴力事件、危及人身安全的，执行人员应当立即停止执行措施，及时撤离执行现场。

该条规定了在执行突发事件发生后立即停止执行的条件。

第十八条　异地执行发生执行突发事件的，执行人员应当在第一时间将有关情况通报发生地法院，发生地法院应当积极协助组织开展应急处理工作。发生地法院必须立即派员赶赴现场，同时报告当地党委和政府，协调公安等有关部门出警控制现场，采取有效措施进行控制，防止事态恶化。

该条规定了在异地执行发生执行突发事件的处理。

第十九条　执行突发事件发生后，执行法院必须就该事件进行专项调查，形成书面报告材料，在5个工作日内逐级上报至高级人民法院。对特别重大执行突发事件，高级人民法院应当立即组织调查，并在3个工作日内书面报告最高人民法院。

第二十条　执行突发事件调查报告应包括以下内容：

（一）事件发生的时间、地点和经过；

（二）事件后果及人员伤亡、财产损失；

（三）与事件相关的案件；

（四）有关法院采取的预防和处理措施；

（五）事件原因分析及经验、教训总结；

（六）事件责任认定及处理；

（七）其他需要报告的事项。

第十九条至二十条主要规定了执行突发事件发生后的报告制度。

第二十一条　执行突发事件系由执行人员过错引发，或执行应急处理不当加重事件后果，或事后瞒报、谎报、缓报的，必须按照有关纪律处分办法追究相关人员责任。

本条是规定要追究相关人员责任，但缺点是对执行突发事件的后果追究相关人员责任没有详细的规定，操作性受限。

第二十二条　对当事人及相关人员在执行突发事件中违法犯罪行为，有关法院应当协调公安、检察和纪检监察等有关部门，依法依纪予以严肃查处。

该条款对于对当事人及相关人员在执行突发事件中违法犯暴行为的追究本

是个有亮点的条款，但似乎语焉不详而意义受限。

　　第二十三条　本规定自2009年10月1日起施行。

　　施行至今近3年，各地法院执行的力度不一。尤其是由执行人员过错引发执行突发事件，或执行应急处理不当加重事件后果的追究走过场居多。但是，这个解释的出台，的确使一些法院减轻了执法的压力，减少了冲突的发生。

七、正确理解关于强制执行房屋征收补偿决定案件司法解释

　　2012年4月9日，最高人民法院发布了《关于办理申请人民法院强制执行国有土地上房屋征收补偿决定案件若干问题的规定》，社会反应不一。

　　最高人民法院《关于办理申请人民法院强制执行国有土地上房屋征收补偿决定案件若干问题的规定》（以下简称规定）于2012年2月27日最高人民法院审判委员会第1543次会议通过，于同年4月9日公开，次日施行。从法律效力上，该规定属于司法解释，不是立法，但是对审判工作中具体应用法律所作的具有普遍司法效力的解释。各级人民法院必须遵照执行。

　　2011年1月，国务院颁布《国有土地上房屋征收与补偿条例》的一年多来，法院在房屋征收强制执行过程中，纠纷不断，冲突事件时有发生，严重影响社会和谐以及人民法院与人民群众的关系。为此，《规定》的制定目的十分明确，是为了依法正确办理市、县级人民政府申请人民法院强制执行国有土地上房屋征收补偿决定（以下简称征收补偿决定）案件，维护公共利益，保障被征收房屋所有权人的合法权益。其制定依据《中华人民共和国行政诉讼法》《中华人民共和国行政强制法》《国有土地上房屋征收与补偿条例》（以下简称《条例》）等有关法律、行政法规规定以及审判工作的实际情况。

　　该《规定》从案件受理、审查、执行和新旧规定衔接等程序和实体方面，对人民法院办理非诉行政执行案件作出了具体规范。《规定》着眼于提高操作性、指导性，希望有利于从制度上理顺房屋征收与补偿工作秩序，防范强制执行过程中发生违法和侵犯被征收人合法权益的事件。

　　第一条　申请人民法院强制执行征收补偿决定案件，由房屋所在地基层人

民法院管辖，高级人民法院可以根据本地实际情况决定管辖法院。

该规定在县级人民政府作出房屋征收补偿决定后，将申请人民法院强制执行的管辖权下放到房屋所在地基层人民法院即县级法院，目的是便于执行工作的同时减轻中、高级法院和最高法院的负担。但此规定与过去的行政案件管辖产生了矛盾，如果各地高级人民法院根据本地实际情况，决定执行案件管辖法院为中级人民法院，可能更为合理和合法。

第二条　申请机关向人民法院申请强制执行，除提供《条例》第二十八条规定的强制执行申请书及附具材料外，还应当提供下列材料：

（一）征收补偿决定及相关证据和所依据的规范性文件；

（二）征收补偿决定送达凭证、催告情况及房屋被征收人、直接利害关系人的意见；

（三）社会稳定风险评估材料；

（四）申请强制执行的房屋状况；

（五）被执行人的姓名或者名称、住址及与强制执行相关的财产状况等具体情况；

（六）法律、行政法规规定应当提交的其他材料。

强制执行申请书应当由申请机关负责人签名，加盖申请机关印章，并注明日期。

强制执行的申请应当自被执行人的法定起诉期限届满之日起三个月内提出；逾期申请的，除有正当理由外，人民法院不予受理。

该规定对于政府申请强制执行的材料要求列举了八个方面，而不限于《条例》第二十八条规定的强制执行申请书及附具补偿金额和专户存储账号、产权调换房屋和周转用房的地点和面积等材料的范围，有助于法院程序性审查政府申请是否合法和作出是否准予执行的裁定，被征收人及其代理人也可在后面的程序中对政府所提交的材料认真研究，提出自己的意见。

上述规定中"被执行人的法定起诉期限届满之日起三个月内提出；逾期申请的，除有正当理由外，人民法院不予受理"是个亮点。"法定起诉期限"是指补偿决定送达的一定期限，一般为应当在知道作出具体行政行为之日起三个月内提出。但是行政机关作出决定时，未告知公民、法人或者其他组织诉权或者起诉期限的，起诉期限从公民、法人或者其他组织知道或者应当知道诉权或者起诉期限之日起计算，但从知道或者应当知道具体行政行为内容之日起最长不得超过2年。

第三条　人民法院认为强制执行的申请符合形式要件且材料齐全的，应当在接到申请后五日内立案受理，并通知申请机关；不符合形式要件或者材料不全的应当限期补正，并在最终补正的材料提供后五日内立案受理；不符合形式要件或者逾期无正当理由不补正材料的，裁定不予受理。

申请机关对不予受理的裁定有异议的，可以自收到裁定之日起十五日内向上一级人民法院申请复议，上一级人民法院应当自收到复议申请之日起十五日内作出裁定。

上述规定中的"符合形式要件且材料齐全"就是我们在实务中听说的程序性的审查。被征收人在程序性审查时显然尚未介入，但可以在后面的阶段发现问题，判断法院是否执行了程序性审查义务。

第四条　人民法院应当自立案之日起三十日内作出是否准予执行的裁定；有特殊情况需要延长审查期限的，由高级人民法院批准。

上述规定中的"自立案之日起三十日内作出是否准予执行的裁定"是指法院审理的期限，而过去对强拆申请没有审理的期限。

第五条　人民法院在审查期间，可以根据需要调取相关证据、询问当事人、组织听证或者进行现场调查。

应当说，强拆执行的裁定如何做出，过去没有专门的规定。此次，也是一个灵活的规定，但是按照下面的规定，认真地听取被征收人的意见是必要的。

第六条　征收补偿决定存在下列情形之一的，人民法院应当裁定不准予执行：

（一）明显缺乏事实根据；

（二）明显缺乏法律、法规依据；

（三）明显不符合公平补偿原则，严重损害被执行人合法权益，或者使被执行人基本生活、生产经营条件没有保障；

（四）明显违反行政目的，严重损害公共利益；

（五）严重违反法定程序或者正当程序；

（六）超越职权；

（七）法律、法规、规章等规定的其他不宜强制执行的情形。

上述七种不准予执行的情形应当说是明确的，所以一经公开就得到社会的好评。在此需要强调指出的是，由于裁定相对于行政审判还主要是法院的行为，当事人的参与有限。人民法院裁定不准予执行的，应当说明理由，并在五日内将裁定送达申请机关。

如果是对补偿决定提出行政复议或诉讼，上面的不准予执行的情形之一都是应当撤销决定的。

第七条 申请机关对不准予执行的裁定有异议的，可以自收到裁定之日起十五日内向上一级人民法院申请复议，上一级人民法院应当自收到复议申请之日起三十日内作出裁定。

对这条规定争议是，申请机关对不准予执行的裁定有异议的，其复议程序是刚性的存在二审。而对于被征收人如果对准予执行的规定有异议的，没有二审程序，显得有失公允。

第八条 人民法院裁定准予执行的，应当在五日内将裁定送达申请机关和被执行人，并可以根据实际情况建议申请机关依法采取必要措施，保障征收与补偿活动顺利实施。

第九条 人民法院裁定准予执行的，一般由作出征收补偿决定的市、县级人民政府组织实施，也可以由人民法院执行。

该条规定是将《条例》施行一年多司法执行争议的实际情况摆上了明处，虽然由过去的做法沿用下来，但由于规定人民法院作出裁定准予执行才能执行的程序，比《条例》施行前的行政机关强制拆迁还是有所进步的。

第十条 《条例》施行前已依法取得房屋拆迁许可证的项目，人民法院裁定准予执行房屋拆迁裁决的，参照本规定第九条精神办理。

该条规定明确了《条例》第三十五条规定的"本条例自公布之日起施行。

2001年6月18日国务院公布的《城市房屋拆迁管理条例》同时废止。本条例施行前已依法取得房屋拆迁许可证的项目，继续沿用原有的规定办理，但政府不得责成有关部门强制拆迁"的内容。将"沿用原有的规定办理"作了司法诠释。

第十一条　最高人民法院以前所作的司法解释与本规定不一致的，按本规定执行。

城市治理中行政决定的强制执行是一种强硬但又可以柔软的手段，其过程可以是合法的，也可能是违法的。我们始终要牢记"全心全意为人民服务"的宗旨，在执行中依法且文明的操作，以尽可能地防止矛盾激化。

第六章

城市治理中的
规划纠纷处理

第一节　我国现行规划制度的概述

对城市的治理离不开法律，而规划法律制度又恰恰是城市治理法律体系中处于龙头位置的部分，所以规划是城市治理中预防和化解社会矛盾的重要依据。根据现行的相关法律规定，涉及城市治理的规划主要分为如下几个种类：国民经济和社会发展规划、城乡规划、土地利用规划、主体功能区规划以及国家近年推出的空间规划等，这些规划基本都是分行政级别的，如国家级别、省级别、地市级别、区县级别。一般来说，下一级别的规划都是依据上一级别来编制，下一级别规划将上一级别规划进一步具体化，层层细化之后，这些不同功能的规划就成为其所在区域或所在城市治理的依据。

一、国民经济和社会发展规划制度

国民经济和社会发展规划，是指国家对国民经济和社会发展各项内容所进行的分阶段具体安排，它是国家加强和改善宏观调控的重要手段，也是政府履行经济调节、市场监管、社会管理和公共服务职责的重要依据。按规划的时间长短来分，一般分为长期、中期、短期，长期规划比如我国"第二个五年计划"编制前的所提出的15年远景计划（草案）、"第五个五年计划"期间的国民经济十年规划纲要（1976—1985年）、《中华人民共和国国民经济和社会发展十年规划和第八个五年计划纲要》中的十年规划等，中期规划一般是指的五年计划（规划）为主，而短期的比如年度计划。从正式称谓上来说，年度计划称为"国民经济和社会发展计划"，而"五年规划"被称为"国民经济与社会发展规划"。以五年计划（规划）为例，国民经济和社会发展规划最早叫作国民经济计划，1982年国民经济计划改为国民经济和社会发展计划，从"十一五"起，改名为国民经济与社会发展规划，这是法治上的一个进步，是计划经济向社会主义市场经济发展的产物。从层级上来说，国民经济和社会发展规划自上而下分为全国、省（区、市）、市县三个层级。虽然国民经济和社会发展规划不是法律，但是其由对应的人民代表大会审查批准，是一定区域内具有总纲领性质的发展规划，它包括国民经济发展计划、科学技术和社会发展等诸多计划。从城市治理的层面来看，它是编制城乡规划、土地利用总体规划的根据，在国有土地上房屋征收活动中，市县人民政府做出的房屋征收决定，确需征收房屋的各项建设活动，应当符合国民经济和社会发展规划，其中保障性安居工程建设、旧城区改建，还应当纳入市、县级国民经济和社会发展年度计划。以上这些，可以看出国民经济和社会发展规划的重要性。

二、土地利用总体规划制度

土地利用总体规划是在一定区域内，根据土地的自然特点、经济条件和国民经济、社会发展用地需求的长期预测，对土地的开发、利用、治理、保护在空间上、时间上所做的总体安排和布局，是对各主要用地部门的用地规模提出控制性指标，划分土地利用区域，确定实施规划的方针政策和措施。土地利用规划是国家实行土地用途管制的基础，是编制地区和专项土地利用规划以及审批土地的依据。土地利用总体规划对于控制土地利用的方向、提高土地利用强度、合理布局产业和明确区域分工具有重要意义。

2019年8月26日，第十三届全国人民代表大会常务委员会第十二次会议通过了《关于修改〈中华人民共和国土地管理法〉〈中华人民共和国城市房地产管理法〉的决定》，该修改决定在第三章土地利用总体规划章节中，增加了国土空间规划的概念，并明确经依法批准的国土空间规划是各类开发、保护、建设活动的基本依据，而且已经编制国土空间规划的，不再编制土地利用总体规划和城乡规划。

三、城乡规划制度

中国的城市规划始于1952年召开的第一次全国城市建设座谈会，这个会议上首次提出"城市规划"的一体。1984年1月5日，国务院发布《城市规划条例》，这是新中国成立后正式颁布的第一个城市规划条例，标志着城市规划开始走上了法制道路。1989年12月26日《中华人民共和国城市规划法》发布，并于1990年4月1日施行，随着《中华人民共和国城市规划法》（以下简称《城市规划法》）的实施，《城市规划条例》被废止，《城市规划法》是城市规划专业领域的第一部基本法律，标志着我国的城市规划步入一个新的法制管理轨道，1993年6月国务院发布了《村庄和集镇规划建设管理条例》（现行仍有效）。之后，在《城市规划法》和《村庄和集镇规划建设管理条例》实施经验的基础上。2007年10月28日，《中华人民共和国城乡规划法》发布，并于2008年1月1日起施行，同时《中华人民共和国城市规划法》被废止，城乡规划法包括了城镇体系规划、城市规划、镇规划、乡规划和村庄规划在内的全部城乡规划，将这些所有的规划纳入了一个统一的法律管理，目的是"协调城乡空间布局，改善人居环境，促进城乡经济社会全面协调可持续发展"，至此，我国打破了建立在城乡二元结构上的规划管理制度，进入了城乡一体规划的新时代。

四、主体功能区规划制度

2011年6月8日，国务院正式发布《全国主体功能区规划》（以下简称《规划》），《规划》包括规划背景、指导思想与规划目标、国家层面主体功能区、能源与资源、保障措施、规划实施等6篇，共13章，《规划》收录了国家重点生态功能区名录、国家禁止开发区域名录和20幅图等3个附件。《规划》范围为全国陆地国土空间以及内水和领海（不包括港澳台地区），推进实现主体功能区主要目标的时间是2020年，规划任务是更长远的，实施中将根据形势变化和评估结果适时调整修订。该规划的性质和制定的目的就决定了它的编制层级是较高的，它的编制只有两个层级，即全国和省级。该规划已经提出了"国土空间"的概念，但对当时存在的各种其他规划还没有提出"多规合一"的概念。

五、规划制度的新生：以空间规划体系为目标的"多规合一"制度

因为前述这些涉及城市治理的各类规划自成体系，在内容上存在重叠，部分规划之间可能还存有矛盾冲突，在衔接上不可避免地存在着各种各样的问题。

2014年3月16日，新华社发布了中共中央、国务院印发的《国家新型城镇化规划（2014—2020年）》（以下简称《规划》），《规划》在第十七章"提高城市规划建设水平"中要求：加强城市规划与经济社会发展、主体功能区建设、国土资源利用、生态环境保护、基础设施建设等规划的相互衔接。推动有条件地区的经济社会发展总体规划、城市规划、土地利用规划等"多规合一"。并再次强调：保持城市规划权威性、严肃性和连续性，坚持一本规划一张蓝图持之以恒加以落实，防止换一届领导改一次规划。

2019年5月23日《中共中央国务院关于建立国土空间规划体系并监督实施的若干意见》（以下简称《意见》）发布，《意见》制定了主要目标：到2020年，基本建立国土空间规划体系，逐步建立"多规合一"的规划编制审批体系、实施监督体系、法规政策体系和技术标准体系；基本完成市县以上各级国土空间总体规划编制，初步形成全国国土空间开发保护"一张图"；到2025年，将进一步健全《国土空间规划法》规政策和技术标准体系，全面实施监测预警和绩效考核；到2035年，将全面提升国土空间治理体系和治理能力现代化水平。《意见》将国土空间规划分为总体规划、详细规划和相关专项规划，将国土空间规划分为四级：全国、省级、市县、乡镇。以"多规合一"为基础，统筹规划、建设、管理三大环节，推动"多审合一"、"多证合一"。从《意见》中可以明确，这是我国规划制度的一次系统性、整体性、重构性的重大改革，明确了"多规合一"的国土空间规划体系的地位和作用，具有重大和深远的意义。

六、规划制度小结

就在本书撰写的当下，改革仍然在进行，关于规划以及规划方面的立法工作，仍在日新月异地发展，可以看到，前述这些各种规划最终将会合并在一起，

即最终会合并到空间规划这一个规划当中，届时，空间规划制度将发展成为一种什么状态，对其执行又是一种什么状态，当下是无法预料的，但空间规划体系的建成和多规合一完毕需要一定的时间，这也决定了在相当长的一段时间内，这些规划还会继续发挥作用，指导并统领着相关行政行为，影响着城市治理，从而不可避免地产生相关纠纷，化解矛盾并解决这些纠纷，将进一步提升城市治理能力和水平，接下来，我们将着重阐述规划所产生的矛盾纠纷及处理。

第二节　规划相关纠纷及处理

从前述的各种规划过去的发展及未来的展望来看，我们可以看到，规划的种类是多种多样的，这些规划都会在城市治理领域投影，从而影响着城市治理和行政主体的行政行为，也影响着行政相对人和对应的行政纠纷。因规划所引发的纠纷多种多样，规划的纠纷分为两大类，一类是针对规划本身及其审批行为不服而引发的纠纷，二是针对规划执行（及变更）而派生出的行政行为不服而引发的纠纷（主要是土地利用总体规划和城乡规划部分）。以下对这两类纠纷分别作出梳理：

一、对规划本身及其审批行为不服而引发的纠纷及处理

如果这些规划侵犯了公民、法人或其他组织合法权益，那么针对这些规划本身（及对规划的审批行为）是否可以申请行政复议或者提起行政诉讼呢？《中华人民共和国行政复议法》第六条规定了行政复议的范围，该条总共十一项，但均是指行政机关实施的具体行政行为侵犯公民、法人或其他组织合法权益的情况。《中华人民共和国行政诉讼法》第十三条规定："人民法院不受理公民、法人或者其他组织对下列事项提起的诉讼：（一）国防、外交等国家行为；

（二）行政法规、规章或者行政机关制定、发布的具有普遍约束力的决定、命令；（三）行政机关对行政机关工作人员的奖惩、任免等决定；（四）法律规定由行政机关最终裁决的行政行为。"《最高人民法院关于适用〈中华人民共和国行政诉讼法〉的解释》第二条第二款又特别明确了："行政诉讼法第十三条第二项规定的'具有普遍约束力的决定、命令'，是指行政机关针对不特定对象发布的能反复适用的规范性文件。"所以判断这些规划本身是否可诉（复议），就需要从这些规划本身的性质着手分析。下面主要对国民经济和社会发展规划、土地利用总体规划及城乡规划进行分析。

（一）对国民经济和社会发展规划本身及其审批行为不服而引发的纠纷

国民经济和社会发展总体规划是由法定级别的人民政府组织编制，但该规划的审批主体是同级人民代表大会，使规划生效的机关是人大，所以对于总体规划，本书更倾向于认为是一种由党的政策转化而来的国家或地方性具有法律性质的政策，虽然地市、县级人大没有制定地方性法规的权力，但其作为地方国家权力机关，具有决定当地各项重大事务，这种权力也以通过对总体规划审查批准表现了出来，所以总体规划从性质上来说就不是一种行政行为，故而从根本上就无法对其申请行政复议或提起行政诉讼的可能；而区域规划的审批主体是同级人民政府，专项规划的审批主体是同级人民政府及其授权部门，所以区域规划、专项规划更像是一种行政机关制定的可以反复适用的规范性文件，是对不特定对象所作出的一般性调整，具有抽象行政行为的特征，故不能对其申请行政复议或行政诉讼。如果社会组织或个人对规划有意见，可以按照相关的规定向有关部门反映，由相关部门依照依法依规对规划进行调整和修订。

（二）对于土地利用总体规划本身及其审批行为不服而引发的纠纷

土地利用总体规划的编制机关是各级人民政府，其中省级、省级人民政府所在地的市、人口在一百万以上的城市以及国务院指定的城市土地利用总体规划，由国务院批准，其他的土地利用总体规划，逐级上报省、自治区、直辖市人民政府批准；其中乡（镇）土地利用总体规划可以由省级人民政府授权的设区的市、自治州人民政府批准，也就是说土地利用总体规划的批准机关是法定级别的人民政府，关于土地利用总体规划是否可诉，最高人民法院曾经有过判例，即陈爱时、叶德存诉被浙江省平阳县人民政府土地利用规划案，2015年12月28日，陈爱时、叶德存提起行政诉讼，要求确认平阳县人民政府1998年10月编制平阳县鳌江镇（1997—2010年）土地利用总体规划的行为违法，同时请求撤销该土地利用总体规划。之后浙江省温州市中级人民法院于曾作出行政裁定，以案件不属于行政诉讼受案范围为由，驳回陈爱时、叶德存的起诉，陈爱时、叶德存不服提起上诉，浙江省高级人民法院作出驳回上诉，维持一审裁定，后陈爱时仍不服，向最高人民法院申请再审，最高人民法院于2017年3月29日作出（2017）最高法行申19号行政裁定，裁定驳回了再审申请人的再审申请，其理由为："根据《中华人民共和国行政诉讼法》第十三条第（二）项规定公民、法人或者其他组织对行政法规、规章或者行政机关制定、发布的具有普遍约束力的决定、命令提起行政诉讼的，人民法院不予受理。《最高人民法院关于执行〈中华人民共和国行政诉讼法〉若干问题的解释》第三条规定，'具有普遍约束力的决定、命令，是指行政机关针对不特定对象发布的能反复适用的行政规范性文件。'本案被诉行政行为是平阳县人民政府作出的平阳县鳌江镇（1997—2010年）土地利用总体规划。《中华人民共和国土地管理法》第十七条第一款规定：'各级人民政府应当依据国民经济和社会发展规划、国土整治和资源环境保护的要求、土地供给能力以及各项建设对土地的需要，组织编制土地利用总体规划。'土地利用总体规划是对今后一段时间内土地利用的总安排，主要内容包括：确定土地利用的目标和方向，土地利用结构和布局，对各主要用地部门的用地规模提出控制性指标，划分土地利用区域，确定实施规划的方针政策和措施。土地利用总体规划图是以定性、定量、定位的方式体现土地利用总体规划方案。平阳县人民政府作出的平阳县鳌江镇（1997—2010年）土地利用总体规划，是一种宏观的、指导性的长期规划，是该区域土地用途管制的依据，针对的是该区域内的不特定对象，且可以反复适用，属行政机关制定的具有普遍约束力的行政规范性文件。陈爱时、叶德存以平阳县人民政府土地利用总体规划及据此绘制的图件违法为由提起诉讼，不属于行政诉讼的受案范围。"因此，如果公民、法人或其他社会组织认为土地利用总体规划侵犯自己的权益，对土地利用总体规划本身是不可诉（或申请行政复议）的。

前述案件是针对土地利用总体规划本身所提起诉讼，亦有针对上级人民政府对下级人民政府编制的土地利用总体规划的审批行为起诉，最高人民法院的（2018）最高法行申1225号案（田荣辉等五人诉西安市人民政府土地利用总体规划批复一案）就是此种情况，田荣辉等五人认为自己合法的土地权益被西安市政府作出的市政发〔2012〕116号《西安市人民政府关于长安区韦曲等25个街办土地利用总体规划的批复》所侵犯，故成其诉。最高法在该案中的意见是：判断批复是否可诉，应从批复的形式和内容两方面判断，在形式方面，涉案批复是针对的长安区政府呈报土地利用总体规划的请示所作出原则同意回复意见，该行为的对象是长安区政府，批复的效力仅对长安区政府编制正式的土地利用总体规划产生内部效力，不会对田荣辉等五人产生影响权利义务关系的外部法律效力；在内容方面，所批复的对象（即规划），是一种宏观的、指导性的长期规划，是该区域土地用途管制的依据，针对的是该区域内的不特定对象，且可以反复适用，性质上类同于行政机关制定的具有普遍约束力的规范性文件，不具有可诉性。同理，以涉案总体规划为主要内容的被诉批复，同样不具有可诉性，不属于行政诉讼的受案范围。

（三）对城乡规划本身及其审批行为不服而引发的纠纷

城乡规划所分的种类较多，包括城镇体系规划、城市规划、镇规划、乡规划和村庄规划。城市规划、镇规划又分为总体规划和详细规划，详细规划又分为控制性详细规划和修建性详细规划。其中城镇体系规划和城市（镇）规划中的总体规划根据行政级别的不同，有不同的报批程序，但基本都是报上一级人民政府批准。如前述的土地利用总体规划及批复的案件基本相同，可以看到，城镇体系规划、城市（镇）总体规划（包括乡、村庄规划）都具有宏观、长期、指导的性质，针对的都是区域内的不特定对象，可以在长期时间内反复适用，这就决定了这些规划及批复是不可诉（复议）的。

需要特别指出的是城市规划、镇规划中的详细规划，即控制性详细规划和修建性详细规划及批复是否可诉问题，最高人民法院（2017）最高法行申4731号案（艾年俊诉黄石市政府规划行政批准案，针对控制性详细规划而诉），以及重庆市高级人民法院（2017）渝行终283号案（李家武诉重庆市彭水苗族土家族自治县人民政府行政批复案，针对修建性详细规划而诉）给出了意见，对于艾年俊诉黄石市政府规划行政批准案，最高法的对控制性详细规划及批复是否可诉的观点主要是：① 被诉的批复，是对控制性详细规划的审批行为，再审申请人不能重建受损房屋，并非该审批行为所产生的直接法律效果，而是后续的具体规划措施，即城乡规划主管部门不予颁发建设工程规划许可证的具体行政行为所致（事实上，再审申请人也已针对不予颁发建设工程规划许可证先行另案起诉）；② 规划和规划批复之所以不可诉，在于它和行政规范性文件一样，都具有"普遍约束"性，而不在于它必须是行政规范性文件本身。对于家武诉重庆市彭水苗族土家族自治县人民政府行政批复案，法院主要观点是：① 李家武房屋不在建设项目用地红线范围内，房屋受损属实，但原因不明，没有证据证明其房屋受损是因彭水县政府批准同意重庆彭水郁山古镇修建性详细规划方案设计造成的；② 彭水县政府批准同意重庆彭水郁山古镇修建性详细规划方案设计的行为并不直接对李家武的房屋设定权利、加负义务，不会对李家武的权利义务产生实际影响。故被诉行政行为与李家武没有利害关系，李家武没有原告主体资格。

（四）小结

综上可以看到，在目前的司法实践中，对规划本身及其审批的行为，均认为是不可诉的，尽管这些规划及其审批本身不可诉，但是在城市治理过程中，比如对国有土地上房屋的征收，这些规划是判断该行政行为合法与否的重要依据，根据《国有土地上房屋征收与补偿条例》第九条规定："依照本条例第八条规定，确需征收房屋的各项建设活动，应当符合国民经济和社会发展规划、土地利用总体规划、城乡规划和专项规划。保障性安居工程建设、旧城区改建，应当纳入市、县级国民经济和社会发展年度计划。制定国民经济和社会发展规划、土地利用总体规划、城乡规划和专项规划，应当广泛征求社会公众意见，经过科学论证。"再如，城市治理过程中，应申请人的申请会对某些建设项目颁发或不予颁发建设项目规划许可证，或颁发许可证后又修改城乡规划，给被许可人合法权益造成损失，或者对违反土地利用规划、城乡规划的行为进行行政处罚等，这些就涉及因为是否符合规划或执行规划而派生出来的一系列行政行为，这些行政行为一般均会对行政相对人的实际权利义务构成直接影响，符合并属于行政复议和行政诉讼受理的条件和范围。

二、土地利用总体规划执法相关纠纷及处理

随着城乡二元体制不断地被打破，城乡一体化进程不断往前推进，城市与乡村的界限由原来的"泾渭分明"变得模糊起来，城市规模也在不断扩大。所以对于违反土地利用总体规划的一些行为以及对这些行为的处理，不得不成为城市治理一个重点关注的方面。

对违反土地利用总体规划行为的处罚主要的法律依据是《中华人民共和国土地管理法》及《中华人民共和国土地管理法实施条例》，执法主体主要是自然资源主管部门，2019年8月26日第十三届全国人民代表大会常务委员会第十二次会议通过了《关于修改〈中华人民共和国土地管理法〉〈中华人民共和国城市房地产管理法〉的决定》。本书撰写时，与《中华人民共和国土地管理法》相配套的《中华人民共和国土地管理法实施条例》尚未修改，如未单独说明，以下对两部法律文件所引法条分别指的是如下修正或修订版本：《中华人民共和国土地管理法》（2019修正，以下简称《土地管理法》）《中华人民共和国土地管理法实施条例》（2014修订，以下简称《实施条例》）。

（一）涉土地利用总体规划执法中的几个主要纠纷种类

1. 非法转让土地，农用地改建设用地的

《土地管理法》第七十四条规定："买卖或者以其他形式非法转让土地的，由县级以上人民政府自然资源主管部门没收违法所得；对违反土地利用总体规划擅自将农用地改为建设用地的，限期拆除在非法转让的土地上新建的建筑物和其他设施，恢复土地原状，对符合土地利用总体规划的，没收在非法转让的土地上新建的建筑物和其他设施；可以并处罚款；对直接负责的主管人员和其他直接责任人员，依法给予处分；构成犯罪的，依法追究刑事责任。"

2. 未批准或骗取批准非法占地，农用地改建设用地的

《土地管理法》第七十七条规定："未经批准或者采取欺骗手段骗取批准，

非法占用土地的，由县级以上人民政府自然资源主管部门责令退还非法占用的土地，对违反土地利用总体规划擅自将农用地改为建设用地的，限期拆除在非法占用的土地上新建的建筑物和其他设施，恢复土地原状，对符合土地利用总体规划的，没收在非法占用的土地上新建的建筑物和其他设施，可以并处罚款；对非法占用土地单位的直接负责的主管人员和其他直接责任人员，依法给予处分；构成犯罪的，依法追究刑事责任。超过批准的数量占用土地，多占的土地以非法占用土地论处。"

3. 在土地利用总体规划确定的禁止开垦区内进行开垦的

《实施条例》第三十四条规定："违反本条例第十七条的规定，在土地利用总体规划确定的禁止开垦区内进行开垦的，由县级以上人民政府土地行政主管部门责令限期改正；逾期不改正的，依照《土地管理法》第七十六条的规定处罚。"

此条文中的"《土地管理法》第七十六条"，指的就是前述（2）中新法的七十七条，即关于未批准或骗取批准非法占地农用地改建设用地的处罚条款。

4. 临时使用土地修建永久性建筑的

《土地管理法》第五十七条规定："建设项目施工和地质勘查需要临时使用国有土地或者农民集体所有的土地的，由县级以上人民政府自然资源主管部门批准。其中，在城市规划区内的临时用地，在报批前，应当先经有关城市规划行政主管部门同意。土地使用者应当根据土地权属，与有关自然资源主管部门或者农村集体经济组织、村民委员会签订临时使用土地合同，并按照合同的约定支付临时使用土地补偿费。临时使用土地的使用者应当按照临时使用土地合同约定的用途使用土地，并不得修建永久性建筑物。临时使用土地期限一般不超过二年。"

《实施条例》第三十五条规定："在临时使用的土地上修建永久性建筑物、构筑物的，由县级以上人民政府土地行政主管部门责令限期拆除；逾期不拆除的，由作出处罚决定的机关依法申请人民法院强制执行。"

5. 对土地利用总体规划制定前已建的不符合规划用途的建筑物、构筑物进行重建、扩建的

《土地管理法》第六十五条规定："在土地利用总体规划制定前已建的不符合土地利用总体规划确定的用途的建筑物、构筑物，不得重建、扩建。"

《实施条例》第三十六条规定："对在土地利用总体规划制定前已建的不符合土地利用总体规划确定的用途的建筑物、构筑物重建、扩建的，由县级以上人民政府土地行政主管部门责令限期拆除；逾期不拆除的，由作出处罚决定的机关依法申请人民法院强制执行。"

6. 收回拒不交地、期满不归还及不按批准用地使用国有土地的

《土地管理法》第八十一规定："依法收回国有土地使用权当事人拒不交出土地的，临时使用土地期满拒不归还的，或者不按照批准的用途使用国有土地的，由县级以上人民政府自然资源主管部门责令交还土地，处以罚款。"

7. 征地过程中不交出土地的

《实施条例》第四十五条规定："违反土地管理法律、法规规定，阻挠国家建设征收土地的，由县级以上人民政府土地行政主管部门责令交出土地；拒不交出土地的，申请人民法院强制执行。"

（二）对违反土地利用总体规划行为执法的法定程序

根据《中华人民共和国行政处罚法》《国土资源行政处罚办法》及其他相关法律规定，程序主要包括立案、调查、审理、决定、执行五个方面：

1. 立案

主管部门发现自然人、法人或者其他组织行为涉嫌违法的，应当及时核查。对正在实施的违法行为，应当依法及时下达《责令停止违法行为通知书》予以制止。对于有明确的行为人、有违反法律法规的事实、应当追究法律责任、属于本部门管辖、违法行为没有超过追诉时效的，应当予以立案。

2. 调查

立案后，主管部门应当指定案件承办人员，并及时组织调查取证。调查取证时，案件调查人员应当不少于二人，并应当向被调查人出示执法证件。符合回避情形的，还应当回避。依法取得并能够证明案件事实情况的书证、物证、视听资料、计算机数据、证人证言、当事人陈述、询问笔录、现场勘测笔录、鉴定结论、认定结论等，作为国土资源行政处罚的证据，在调查过程中，调查

人员还应当注意，对这些证据的收集应当符合法定要求。案件调查终结的，案件承办人员还应当应当提交调查报告。

3. 审理

国土资源主管部门在审理案件调查报告时，应当就下列事项进行审理：① 事实是否清楚、证据是否确凿；② 定性是否准确；③ 适用法律是否正确；④ 程序是否合法；⑤ 拟定的处理意见是否适当。经审理发现调查报告存在问题的，还可以要求调查人员重新调查或者补充调查。

4. 决定

审理结束后，对于违法事实清楚、证据确凿、依据正确、调查审理符合法定程序的，作出行政处罚决定；对于违法情节轻微、依法可以不给予行政处罚的，不予行政处罚；对于违法事实不成立的，不得给予行政处罚。给予行政处罚的，应当制作《行政处罚告知书》，按照法律规定的方式，送达当事人。当事人有权进行陈述和申辩。陈述和申辩应当在收到《行政处罚告知书》后三个工作日内提出。口头形式提出的，案件承办人员应当制作笔录，符合听证条件的，要告知听证，并依照申请进行听证，当事人未在规定时间内陈述、申辩或者要求听证的，以及陈述、申辩或者听证中提出的事实、理由或者证据不成立的，国土资源主管部门应当依法制作《行政处罚决定书》，并按照法律规定的方式，送达当事人。

5. 执行

当事人在法定期限内不申请行政复议或者提起行政诉讼，又不履行的，需要强制执行的，主管部门可以自期限届满之日起三个月内向有管辖权的人民法院申请强制执行。申请人民法院强制执行前，主管部门应当催告当事人履行义务，向人民法院申请强制执行的，还需要向人民法院提交《强制执行申请书》，《行政处罚决定书》及作出决定的事实、理由和依据，当事人的意见及催告情况，申请强制执行标的情况，及法律法规规定的其他材料。

需要特别指出的是，《土地管理法》第八十三条规定："依照本法规定，责令限期拆除在非法占用的土地上新建的建筑物和其他设施的，建设单位或者个人必须立即停止施工，自行拆除；对继续施工的，作出处罚决定的机关有权制止。建设单位或者个人对责令限期拆除的行政处罚决定不服的，可以在接到责令限期拆除决定之日起十五日内，向人民法院起诉；期满不起诉又不自行拆除的，由作出处罚决定的机关依法申请人民法院强制执行，费用由违法者承担。"换言之，对于"责令限期拆除"的行政处罚不服的，需要在接到责令限期拆除决定之日起十五日内向人民法院起诉，此处"十五日"的起诉期限属于《中华人民共和国行政诉讼法》第四十六条第一款所规定的六个月起诉期限的"法律另有规定的除外"之法定除外情形，行政相对人如果对责令限期拆除的行政处罚不服的，一定要在法定起诉期限内起诉。

三、城乡规划执法相关纠纷及处理

2008年1月1日，《中华人民共和国城市规划法》废止，《中华人民共和国城乡规划法》实施。这十多年以来，因为城乡规划的实施引起的社会矛盾大幅度增加，我们必须对此有足够的重视，展开对此的理论与实务研究。这十二年中，笔者所属律师事务所代理的因城乡规划实施导致公民、法人财产损失的案件取得了较好的维权效果，最大标的额达到人民币4亿元，基本上实现了维护当事人合法权益与化解矛盾的相统一。

十余年以来的实践证明，《城乡规划法》的出台的确为政府加强城乡建设管理发挥重要的作用，但是在城市治理领域也引起了诸多纠纷。从目前情况来看，规划实施引起的纠纷主要在规划变更和执法阶段。

（一）规划变更引起的纠纷化解

政府管理城乡建设和环境保护的工具中，最重要的是城乡规划。然而，有的时候规划赶不上变化，而城乡规划变更往往导致相关当事人利益受到损害，怎么办呢？对此，笔者认为：规划变更不能让老百姓买单！依据现行《城乡规划法》，要想规划变更不让老百姓买单，要化解这方面的社会矛盾，重要的是三个层次的问题。

1. 规划要有稳定性

城乡规划，包括城镇体系规划、城市规划、镇规划、乡规划和村庄规划和社区规划。城市规划、镇规划分为总体规划和详细规划。详细规划分为控制性详细规划和修建性详细规划。虽然《中华人民共和国城乡规划法》第七条规定："经依法批准的城乡规划，是城乡建设和规划管理的依据，未经法定程序不得修改"但是，城乡规划的稳定性问题一直是件头疼的事。不说分区规划与详规，总体规划也难稳定。君不见，各地的城乡总体规划有几个能从一而终？换了一个书记、市长便要修订一次是常态。如何让城乡规划硬起来？不仅仅是规划管理人员要努力，更重要的是决策者树立良好的法治意识。

核心的问题是不忘初心，坚持规划立法与实施都应是为了加强城乡规划管理，协调城乡空间布局，改善人居环境，促进城乡经济社会全面协调可持续发展。

2. 修改规划要依法依程序进行

在《中华人民共和国城乡规划法》第四章即第四十六至四十九条设立了城乡规划的修改程序。其中，分别规定了各类规划修改的条件并规定应以不同方法征求公众意见。

（1）体系规划修改程序

第四十六条规定：省域城镇体系规划、城市总体规划、镇总体规划的组织编制机关，应当组织有关部门和专家定期对规划实施情况进行评估，并采取论证会、听证会或者其他方式征求公众意见。组织编制机关应当向本级人民代表大会常务委员会、镇人民代表大会和原审批机关提出评估报告并附具征求意见的情况。

第四十七条规定：有下列情形之一的，组织编制机关方可按照规定的权限和程序修改省域城镇体系规划、城市总体规划、镇总体规划：

（一）上级人民政府制定的城乡规划发生变更，提出修改规划要求的；

（二）行政区划调整确需修改规划的；

（三）因国务院批准重大建设工程确需修改规划的；

（四）经评估确需修改规划的；

（五）城乡规划的审批机关认为应当修改规划的其他情形。

修改省域城镇体系规划、城市总体规划、镇总体规划前，组织编制机关应当对原规划的实施情况进行总结，并向原审批机关报告；修改涉及城市总体规划、镇总体规划强制性内容的，应当先向原审批机关提出专题报告，经同意后，方可编制修改方案。

修改后的省域城镇体系规划、城市总体规划、镇总体规划，应当依照本法第十三条、第十四条、第十五条和第十六条规定的审批程序报批。

（2）控制性详规的修改

第四十八条规定：修改控制性详细规划的，组织编制机关应当对修改的必要性进行论证，征求规划地段内利害关系人的意见，并向原审批机关提出专题报告，经原审批机关同意后，方可编制修改方案。修改后的控制性详细规划，应当依照本法第十九条、第二十条规定的审批程序报批。控制性详细规划修改涉及城市总体规划、镇总体规划的强制性内容的，应当先修改总体规划。

修改乡规划、村庄规划的，应当依照本法第二十二条规定的审批程序报批。

（3）建设规划的修改

第四十九条规定：城市、县、镇人民政府修改建设规划的，应当将修改后的建设规划报总体规划审批机关备案。

3. 政府修订城乡规划要买单

城乡规划的修订大多数是合法行政行为，但对造成的不良后果妥善善后是当事政府的义务。

（1）法律依据

《城乡规划法》第五十条规定：在选址意见书、建设用地规划许可证、建设工程规划许可证或者乡村建设规划许可证发放后，因依法修改城乡规划给被许可人合法权益造成损失的，应当依法给予补偿。

经依法审定的修建性详细规划、建设工程设计方案的总平面图，行政机关不得随意修改；确需修改的，城乡规划主管部门应当采取听证会等形式，听取利害关系人的意见；因修改给利害关系人合法权益造成损失的，应当依法给予补偿。

（2）古田案的操作实务

现实中，许多受到伤害的权利人不了解法律的上述规定，多半是自认倒霉。有的权利人虽了解上述规定但不懂得如何依法维权。尤其是房屋征收纠纷中，权利人及其代理人不善于运用上述法律规定维护合法权益而吃亏较多。更重要的是一些政府机关不严格依法行政，该主动补偿的却千方百计要赖，不仅仅是影响了政府的正面形象，更可能因此制造社会矛盾。笔者所属律师事务所代理的古田赔偿案二审调解结案，金额近4亿元，是一个成功的案例。

（二）规划执法中的矛盾化解

规划执法是行政主管部门依据城乡规划法和行政处罚法、行政强制法对违反城乡规划的行为调查、认定、处理的活动。

1. 城乡规划执法纠纷多发区

根据《城乡规划法》的规定，结合实践，在以下八个领域或方面较多存在着执法的纠纷：

（1）旧城区改建；

（2）风景名胜区的依法保护；

（3）城市地下空间的开发利用；

（4）建设工程规划许可；

（5）乡村建设规划许可；

（6）变更规划许可；

（7）临时建设；

（8）竣工验收。

2. 规划执法要依法进行

近一些年来，由于规划执法引起的行政纠纷以及刑事案件不少，主要是暴露了执法上的两个极端，一个是执法不严，另一个是过度执法。对此，需要在四个方面予以纠正。

（1）调查

对于违反规划的建设行为，行政主管部门有权依据行政处罚法的规定认真进行调查。在征收当中，行政机关应该按照征收条例的规定调查、认定、处理。

（2）认定

正确认定的前提是主体适当和依法认定，不能扩大化。违法建设行为，是指未取得建设工程规划许可证或者未按照建设工程规划许可证的规定进行建设的行为。

（3）处理

对于违法行为的处理，应当按照住房城乡建设部《关于规范城乡规划行政处罚裁量权的指导意见》（建法〔2012〕99号）的规定进行规范操作。对违法建设行为实施行政处罚时，应当区分尚可采取改正措施消除对规划实施影响的情形和无法采取改正措施消除对规划实施影响的情形。对违法建设行为进行行政处罚，应当在违反城乡规划事实存续期间和违法行为得到纠正之日起两年内实施。

① 属于尚可采取改正措施消除对规划实施影响的情形及处理：

情形：第一种是，取得建设工程规划许可证，但未按照建设工程规划许可证的规定进行建设，在限期内采取局部拆除等整改措施，能够使建设工程符合建设工程规划许可证要求的。第二种是，未取得建设工程规划许可证即开工建设，但已取得城乡规划主管部门的建设工程设计方案审查文件，且建设内容符合或采取局部拆除等整改措施后能移符合审查文件要求的。

上述规定以外的违法建设行为，均为无法采取改正措施消除对规划实施影响的情形。

对尚可采取改正措施消除对规划实施影响的情形，按以下规定处理：以书面形式责令停止建设；不停止建设的，依法查封施工现场；以书面形式责令限期改正；对尚未取得建设工程规划许可证即开工建设的，同时责令其及时取得建设工程规划许可证；对按期改正违法建设部分的，处建设工程造价5％的罚款；对逾期不改正的，依法采取强制拆除等措施，并处建设工程造价10％的罚款。

违法行为轻微并及时自行纠正，没有造成危害后果的，不予行政处罚。处罚机关按照规定处以罚款，应当在违法建设行为改正后实施，不得仅处罚款而不监督改正。

② 对无法采取改正措施消除对规划实施影响的情形，按以下规定处理：

以书面形式责令停止建设；不停止建设的，依法查封施工现场；对存在违反城乡规划事实的建筑物、构筑物单体，依法下发限期拆除决定书；对按期拆除的，不予罚款；对逾期不拆除的，依法强制拆除，并处建设工程造价10％的罚款；

对不能拆除的，没收实物或者违法收入，可以并处建设工程造价10％以下的罚款。不能拆除的情形，是指拆除违法建设可能影响相邻建筑安全、损害无过错利害关系人合法权益或者对公共利益造成重大损害的情形。

上面所称没收实物，是指没收新建、扩建、改建的存在违反城乡规划事实的建筑物、构筑物单体。所称违法收入，按照新建、扩建、改建的存在违反城乡规划事实的建筑物、构筑物单体出售所得价款计算；出售所得价款明显低于同类房地产市场价格的，处罚机关应当委托有资质的房地产评估机构评估确定。

对违法建设行为处以罚款，应当以新建、扩建、改建的存在违反城乡规划事实的建筑物、构筑物单体造价作为罚款基数。

已经完成竣工的处罚机关按照第八条规定处以罚款，应当在依法强制拆除或者没收实物或者没收违法收入后实施，不得仅处罚款而不强制拆除或者没收。

（4）执行

城乡规划主管部门作出责令停止建设或者限期拆除的决定后，当事人不停止建设或者逾期不拆除的，建设工程所在地县级以上地方人民政府可以责成有关部门采取查封施工现场、强制拆除等措施。

执行需要特别重视的问题：

① 行政机关不得在夜间或者法定节假日实施行政强制执行。但是，情况紧急的除外。② 行政机关不得对居民生活采取停止供水、供电、供热、供燃气等方式迫使当事人履行相关行政决定。③ 对违法的建筑物、构筑物、设施等需要强制拆除的，应当由行政机关予以公告，限期当事人自行拆除。当事人在法定期限内不申请行政复议或者提起行政诉讼，又不拆除的，行政机关可以依法强制拆除。

综上所述，城市治理中涉及规划而引起的社会矛盾近年来呈上升趋势，究其原因，一是规划的制定与调整缺乏科学性，没有严格依照法定程序进行；二是规划执行中手段生硬，未能维护相对人的合法权益。这两种现象都是与党中央全面依法治国、提高城市治理能力的要求相违背的。为此，我们必须教育相关的公务员及从业人员，只有以人民为中心来依法行政才能实现严格的规划管理与社会和谐的统一，使我们的城市更加宜居。

第七章

城市治理中的信息公开

2008年5月1日，《中华人民共和国政府信息公开条例》（以下简称《政府信息公开条例》）的颁布实施，是中国政府民主政治进行改革的重大历史事件，有着深远的历史意义。2019年4月3日，中华人民共和国国务院发布国务院令第711号，公布修订后的《政府信息公开条例》，并自2019年5月15日起施行。政府信息公开是中国政府民主政治理念和行政管理理念的重大变革，是一场深刻的思想政治革命。《政府信息公开条例》的颁布实施否定了长期以来城市治理中存在"民可使由之，不可使知之"的做法，为公民、法人实现知情权的有效途径，也是基层政府与有关组织预防和化解社会矛盾的有力武器。但是，从《政府信息公开条例》实施至今的情况来看，还有很多地方不尽如人意，比如，目前政府信息公开程度较低，更多地偏重于保密；信息公开的方式较少；公开的程序方面缺乏保障和救济措施。《政府信息公开条例》的实施存在一些不足之处。本章将结合新修订的《政府信息公开条例》，从城市治理中信息公开制度的施行的角度谈开，为读者应对城市治理中产生的有关信息公开的纠纷时考。

第一节　政府信息公开概述

一、政府信息的概念

所谓政府信息，是指行政机关在履行行政管理职能过程中制作或者获取的，以一定形式记录、保存的信息。

二、政府信息公开的范围

明确了何为政府信息之后，接下来要了解的就是需要公开的政府信息都是哪些？哪些政府信息属于公开的范围？政府信息公开的范围包括两种，一种是行政机关依职权主动公开的，另一种是公民、法人和其他组织向行政机关申请公开的。《政府信息公开条例》第十九条到第二十一条详细地列举了行政机关依职权应主动公开的事项。《政府信息公开条例》第二十七条解释了依申请公开事项的范围。

《政府信息公开条例》主动公开范围条款：

第十九条 对涉及公众利益调整、需要公众广泛知晓或者需要公众参与决策的政府信息，行政机关应当主动公开。

第二十条 行政机关应当依照本条例第十九条的规定，主动公开本行政机关的下列政府信息：

（一）行政法规、规章和规范性文件；

（二）机关职能、机构设置、办公地址、办公时间、联系方式、负责人姓名；

（三）国民经济和社会发展规划、专项规划、区域规划及相关政策；

（四）国民经济和社会发展统计信息；

（五）办理行政许可和其他对外管理服务事项的依据、条件、程序以及办理结果；

（六）实施行政处罚、行政强制的依据、条件、程序以及本行政机关认为具有一定社会影响的行政处罚决定；

（七）财政预算、决算信息；

（八）行政事业性收费项目及其依据、标准；

（九）政府集中采购项目的目录、标准及实施情况；

（十）重大建设项目的批准和实施情况；

（十一）扶贫、教育、医疗、社会保障、促进就业等方面的政策、措施及其实施情况；

（十二）突发公共事件的应急预案、预警信息及应对情况；

（十三）环境保护、公共卫生、安全生产、食品药品、产品质量的监督检查情况；

（十四）公务员招考的职位、名额、报考条件等事项以及录用结果；

（十五）法律、法规、规章和国家有关规定应当主动公开的其他政府信息。

第二十一条　除本条例第二十条规定的政府信息外，设区的市级、县级人民政府及其部门还应当根据本地方的具体情况，主动公开涉及市政建设、公共服务、公益事业、土地征收、房屋征收、治安管理、社会救助等方面的政府信息；乡（镇）人民政府还应当根据本地方的具体情况，主动公开贯彻落实农业农村政策、农田水利工程建设运营、农村土地承包经营权流转、宅基地使用情况审核、土地征收、房屋征收、筹资筹劳、社会救助等方面的政府信息。

本次修订在主动公开的范围方面，重点强化了行政机关应主动公开机关职能、机构设置、办公地址、办公时间、联系方式、负责人姓名。办理行政许可和其他对外管理服务事项的依据、条件、程序以及办理结果。实施行政处罚、行政强制的依据、条件、程序以及本行政机关认为具有一定社会影响的行政处罚决定。公务员招考的职位、名额、报考条件等事项以及录用结果。重新整合了原来的第十一条，主要内容体现在新修订的二十二条里面，即除本条例第二十条规定的政府信息外，设区的市级、县级人民政府及其部门还应当根据本地方的具体情况，主动公开涉及市政建设、公共服务、公益事业、土地征收、房屋征收、治安管理、社会救助等方面的政府信息；乡（镇）人民政府还应当根据本地方的具体情况，主动公开贯彻落实农业农村政策、农田水利工程建设运营、农村土地承包经营权流转、宅基地使用情况审核、土地征收、房屋征收、筹资筹劳、社会救助等方面的政府信息。

《政府信息公开条例》依申请公开范围条款：

第二十七条　除行政机关主动公开的政府信息外，公民、法人或者其他组织可以向地方各级人民政府、对外以自己名义履行行政管理职能的县级以上人民政府部门（含本条例第十条第二款规定的派出机构、内设机构）申请获取相关政府信息。

2008年5月实施，2019年修订的《政府信息公开条例》仅属国务院制定的行政法规，从法律规范的位阶来说其效力低于《保守国家秘密法》（以下简称

《保密法》），如果与《保密法》存在不一致则应当首先适用《保密法》的规定。在定密过多过滥的情况下，政府信息公开必然受到影响。这就迫切需要在当前《保密法》实施过程中妥善处理好信息保密与政府信息公开的关系，在国家利益、公民知情权保障和政府信息透明之间寻找"交集"，最大限度地作到政府信息公开的透明度，进而提升政府公信力。

1. 国家秘密的概念

1989年5月1日起实施，后于2010年经修订的《中华人民共和国保守国家秘密法》（以下简称《保密法》）第二条明确规定，所谓的国家秘密是关系国家的安全和利益，依照法定程序确定，在一定时间内只限一定范围的人员知悉的事项。

2. 国家秘密的范围和密级

（1）国家秘密的范围。

《保密法》第九条　下列涉及国家安全和利益的事项，泄露后可能损害国家在政治、经济、国防、外交等领域的安全和利益的，应当确定为国家秘密：

（一）国家事务重大决策中的秘密事项；

（二）国防建设和武装力量活动中的秘密事项；

（三）外交和外事活动中的秘密事项以及对外承担保密义务的秘密事项；

（四）国民经济和社会发展中的秘密事项；

（五）科学技术中的秘密事项；

（六）维护国家安全活动和追查刑事犯罪中的秘密事项；

（七）经国家保密行政管理部门确定的其他秘密事项。

政党的秘密事项中符合前款规定的，属于国家秘密。

（2）国家秘密的密级。

《保密法》第九条还将国家秘密的密级分为"绝密""机密""秘密"三级。

"绝密"是最重要的国家秘密，泄露会使国家的安全和利益遭受特别严重的损害；"机密"是重要的国家秘密，泄露会使国家的安全和利益遭受严重的损害；"秘密"是一般的国家秘密，泄露会使国家的安全和利益遭受损害。

（3）《国务院办公厅关于施行〈中华人民共和国政府信息公开条例〉若干问

题的意见》(以下简称《国务院意见》)(国办发〔2008〕36号)第三点中关于发布政府信息的保密审查问题:

行政机关在制作政府信息时,要明确该政府信息是否应当公开;对于不能确定是否可以公开的,要报有关业务主管部门(单位)或者同级保密工作部门确定。

行政机关要严格依照《保密法》及其实施办法等相关规定,对拟公开的政府信息进行保密审查。凡属国家秘密或者公开后可能危及国家安全、公共安全、经济安全和社会稳定的政府信息,不得公开。

对主要内容需要公众广泛知晓或参与,但其中部分内容涉及国家秘密的政府信息,应经法定程序解密并删除涉密内容后,予以公开。

已经移交档案馆及档案工作机构的政府信息的管理,依照有关档案管理的法律、行政法规和国家有关规定执行。

目前城市治理中信息公开工作十分重要的是处理好保密与信息公开的关系,增加政府信息公开的透明度,充分保障公民的知情权。党的十七大报告中也明确提出,要"提高政府工作的透明度和公信力,让权力在阳光下运行,保障人民的知情权、参与权、表达权、监督权"。笔者认为无论是《政府信息公开条例》还是十七大报告,行政机关只有把人民群众利益放在工作的第一位,那"为人民服务"才真正落到了实处。2019年国务院政府工作报告也提到了"政务公开",要坚持依法全面履职。深入贯彻全面依法治国基本方略,严格遵守宪法法律,把政府活动全面纳入法治轨道。各级政府要依法接受同级人大及其常委会的监督,自觉接受人民政协的民主监督,主动接受社会和舆论监督,让权力在阳光下运行。政府干的,都应是人民盼的。要坚持科学、民主、依法决策,认真听取人大代表、政协委员意见,听取民主党派、工商联、无党派人士和各人民团体意见,听取社会公众和企业意见,使各项政策符合基本国情和客观实际,更接地气、更合民意。全面推进政务公开。支持工会、共青团、妇联等群团组织更好发挥作用。全面落实行政执法责任制和问责制,对一切违法违规的行为都要坚决查处,对一切执法不公正、不文明的现象都要坚决整治,对所有行政不作为的人员都要坚决追责。只有政务主动公开了,才能接受更好的监督,权力才能在阳光下运行，法治才能全面进步。

第二节 公开政府信息的部门

一、关于政府信息公开管理体制问题

各级人民政府应当加强对政府信息公开工作的组织领导。国务院办公厅是全国政府信息公开工作的主管部门，负责推进、指导、协调、监督全国的政府信息公开工作。县级以上地方人民政府办公厅（室）是本行政区域的政府信息公开工作主管部门，负责推进、指导、协调、监督本行政区域的政府信息公开工作。实行垂直领导的部门的办公厅（室）主管本系统的政府信息公开工作。各级人民政府及县级以上人民政府部门应当建立健全本行政机关的政府信息公开工作制度，并指定机构（以下统称政府信息公开工作机构）负责本行政机关政府信息公开的日常工作。

《国务院意见》第一点中指出：

县级以上人民政府各部门（单位）要在本级人民政府信息公开工作主管部门的统一指导、协调、监督下开展政府信息公开工作。

实行垂直领导的部门（单位）要在其上级业务主管部门（单位）的领导下，在所在地地方人民政府统一指导、协调下开展政府信息公开工作。实行双重领导的部门（单位）要在所在地地方人民政府的领导下开展政府信息公开工作，同时接受上级业务主管部门（单位）的指导。

二、政府信息公开工作机构的具体职责

（1）办理本行政机关的政府信息公开事宜。

（2）维护和更新本行政机关公开的政府信息。

（3）组织编制本行政机关的政府信息公开指南、政府信息公开目录和政府信息公开工作年度报告。

（4）组织开展对拟公开政府信息的审查。

（5）本行政机关规定的与政府信息公开有关的其他职能。

需要重视的是行政机关公开政府信息，应当坚持以公开为常态、不公开为例外，遵循公正、公平、合法、便民的原则。在履行其及时准确公开政府信息职责的同时，也要及时发现影响或可能影响社会稳定、扰乱社会和经济管理秩序的虚假或者不完整信息，并发布准确的政府信息予以澄清。各级人民政府应当积极推进政府信息公开工作，逐步增加政府信息公开的内容。加强政府信息资源的规范化、标准化、信息公开管理，加强互联网政府信息公开平台建设，推进政府信息公开平台与政府政务服务平台融合，提高政府信息公开在线办理水平。

第三节　城市治理中需要公开的政府信息

城市治理中涉及政府城市工作的方方面面，而近些年来矛盾的焦点主要集中在不动产征收领域，信息公开引起的争议主要也集中在这一领域。

一、《国有土地上房屋征收与补偿条例》的相关内容

《国有土地上房屋征收与补偿条例》较已废止的《城市房屋拆迁管理条例》在政府信息公开方面有一定的进步。《城市房屋拆迁管理条例》涉及的政府信息公开仅有房屋拆迁管理部门在发放房屋拆迁许可证的同时，应当将房屋拆迁许可证中载明的拆迁人、拆迁范围、拆迁期限等事项，以房屋拆迁公告的形式予

以公布。同时房屋拆迁管理部门和拆迁人应当及时向被拆迁人做好宣传、解释工作。在《国有土地上房屋征收与补偿条例》中我们可以看到新增了如下需要公开的内容：

（一）在征收补偿方案方面

市、县级人民政府除了将征收补偿方案公布以外，征收公众意见外，还应当将征求意见情况和根据公众意见修改的情况及时公布。该补偿方案的公布以及征求意见后的公布，有利于被征收人行使在征收过程中的知情权以及参与权，有利于被征收人在征收过程中财产权益的保护和依法采取法律救济措施。

（二）在征收决定方面

市、县人民政府作出房屋征收决定后应当及时公告，并且在公告中载明征收补偿方案和行政复议、行政诉讼权利等事项，以方便被征收人行使救济手段。在这一点中《国有土地上房屋征收与补偿条例》明确了被征收人的复议及诉讼权利，较《城市房屋拆迁管理条例》也是一大进步。在《行政诉讼法》修改之前，由于法院采取的是"立案审查制"，在《国有土地上房屋征收与补偿条例》明确了市县级人民政府应当及时公告房屋征收决定，并明确公告载明行政复议、行政诉讼等事项，这样就使被征收人行使救济手段更有保障。

（三）在房屋的调查结果方面

房屋征收部门应当对房屋征收范围内房屋的权属、区位、用途、建设面积等情况组织调查登记，调查结果应当在房屋征收范围内向被征收人公布。调查结果的公布有利人被征收人核实自身情况，同时行使参与权、监督权。

（四）在补偿决定方面

《国有土地上房屋征收与补偿条例》规定房屋征收范围内公告补偿决定保证了被征收人的知情权和行使复议、诉讼的权利，使得信息公开制度在这一领域得到有效的落实。

（五）在征收补偿情况方面

房屋征收部门将分户补偿情况在房屋征收范围内向被征收人公布，这有利于保障被征收人的知情权。同时也有利于监督权的实现，监督权的实现使征收补偿更加公平、公正、公开、透明。

二、《中华人民共和国土地管理法》的相关内容

2019年8月26日，全国人大常委会表决通过了《土地管理法》（修正案）并于2020年1月1日起实施。新的《土地管理法》对于信息公开制度在土地管理工作的落实作出了一些新的规定。

1. 乡（镇）土地利用总体规划信息公开内容

该法第十九条明确规定，对于乡（镇）土地利用总体规划应当划分土地利用区，根据土地使用条件，确定每一块土地的用途，并予以公告。同时相应的《土地管理法实施条例》第十一条对经依法批准后的乡（镇）土地利用总体规划应当公告的主体以及内容作出了规定，该项信息公开内容实施公告主体为乡（镇）人民政府，公告的内容包括规划目标、规划期限、规划范围、地块用途、批准机关和批准日期。

2. 征收土地方案、征地补偿安置方案信息公开内容

《土地管理法》第四十七条中规定："国家征收土地的，依照法定程序批准后，由县级以上地方人民政府予以公告并组织实施。县级以上地方人民政府拟申请征收土地的，应当开展拟征收土地现状调查和社会稳定风险评估，并将征收范围、土地现状、征收目的、补偿标准、安置方式和社会保障等在拟征收土地所在的乡（镇）和村、村民小组范围内公告至少三十日，听取被征地的农村集体经济组织及其成员、村民委员会和其他利害关系人的意见。"

《土地管理法实施条例》第二十五条中规定："征用土地方案经依法批准后，由被征用土地所在地的市、县人民政府组织实施，并将批准征地机关、批准文号、征用土地的用途、范围、面积以及征地补偿标准、农业人员安置办法和办理征地补偿的期限等，在被征用土地所在地的乡（镇）村予以公告。市、县人民政府土地行政主管部门根据经批准的征用土地方案，会同有关部门拟订征地补偿、安置方案，在被征用土地所在地的乡（镇）村予以公告，听取被征用土地的农村集体经济组织和农民的意见。征地补偿、安置方案报市、县人民政府

批准后，由市、县人民政府土地行政主管部门组织实施。对补偿标准有争议的，由县级以上地方人民政府协调；协调不成的，由批准征用土地的人民政府裁决。征地补偿、安置争议不影响征用土地方案的实施。"

因《国有土地上房屋征收和补偿条例》（以下简称《条例》）第十三条第三款明确规定房屋被依法征收的，国有土地使用权同时收回。那么《条例》中所述的市、县人民政府在作出房屋征收决定后的公告是与《中华人民共和国土地管理法》的上述条款相呼应的。

3. 征收土地的补偿费用的收支状况信息公开内容

《土地管理法》第四十九条明确规定："被征地的农村集体经济组织应当将征收土地的补偿费用的收支状况向本集体经济组织的成员公布，接受监督。"

针对上述公开内容，《征用土地公告办法》中第十二条第二款明示了相关的监督部门，即市、县人民政府土地行政主管部门有权督促有关农村集体经济组织将征地补偿、安置费用收支状况向本集体经济组织成员予以公布，以便被征地农村集体经济组织、农村村民或者其他权利人查询和监督。

三、《征用土地公告办法》的相关内容

《征用土地公告办法》第三条以及第四条规定了对征用农民集体所有土地的，征用土地方案和征地补偿、安置方案应当在被征用土地所在地的村、组内以书面形式公告。在第五条明确了征用土地公告应当包括的内容：① 征地批准机关、批准文号、批准时间和批准用途；② 被征用土地的所有权人、位置、地类和面积；③ 征地补偿标准和农业人员安置途径；④ 办理征地补偿登记的期限、地点。在第八条明确了征地补偿安置、方案公告应当包括下列内容：① 本集体经济组织被征用土地的位置、地类、面积，地上附着物和青苗的种类、数量，需要安置的农业人口的数量；② 土地补偿费的标准、数额、支付对象和支付方式；③ 安置补助费的标准、数额、支付对象和支付方式；④ 地上附着物和青苗的补偿标准和支付方式；⑤ 农业人员的具体安置途径；⑥ 其他有关征地补偿、安置的具体措施。

第四节 政府信息公开的方式

政府信息公开的方式有两种，一种行政机关采取主动公开，另一种是依申请公开。

一、主动公开方式

《国务院意见》中指出，各级行政机关特别是国务院各部门（单位）各省（区、市）人民政府及其部门（单位）要建立健全政府信息主动公开机制，增强工作的主动性和实效性。要充分利用政府网站、政府公报等各种便于公众知晓的方式，及时公开政府信息，并逐步完善政府信息公开目录及网上查询功能，为公众提供优质服务。

《政府信息公开条例》第十九条、第二十条以及第二十一条明确规定的事项都是行政机关应主动公开的政府信息。

例如：原国土资源部在《国土资源部政府信息公开指南》中提出，国土资源部根据法律的规定和本行政机关的职权，在政府信息形成以后，向社会公开以下几类政府信息：

（1）领导介绍、机构设置、部门主要职能、联系方式等组织机构情况。

（2）国土资源管理有关法律、法规、规章和其他规范性文件。

（3）国土资源部编制的规划计划。

（4）主要业务流程和办事程序。包括行政审批、行政许可、行政执法等各项业务工作的办事依据、程序、时限及相关办理结果。

（5）执法监察种类、依据、程序以及处理结果等。

（6）公务员招录等人事管理情况。

（7）投诉、举报、信访途径。

（8）其他需要公开的信息。

二、依申请公开方式

公民、法人或其他组织可依《政府信息公开条例》第二十七条之规定申请行政机关公开相关政府信息。

如果行政机关未依《政府信息公开条例》的上述规定主动公开相关政府信息，那么公民、法人或者其他组织也可依《政府信息公开条例》第二十七条申请行政机关公开其应主动公开的政府信息。

（一）《国务院意见》中关于依申请公开政府信息问题

国务院各部门（单位）和地方各级人民政府及其部门（单位）要切实做好依申请公开政府信息的工作。要采取多种方式，方便公民、法人和其他组织申请公开政府信息。特别是设区的市级人民政府及其部门（单位）县级人民政府及其部门（单位）乡（镇）人民政府，直接面向基层群众，要充分利用现有的行政服务大厅、行政服务中心等行政服务场所，或者设立专门的接待窗口和场所，为人民群众提供便利，确保政府信息公开申请得到及时、妥善处理。省（区、市）人民政府、国务院各部门（单位）在做好本行政机关依申请公开政府信息工作的同时，要加强对下级政府和部门（单位）的指导。国务院办公厅不直接受理公民、法人和其他组织提出的政府信息公开申请。

行政机关要按照《条例》规定的时限及时答复申请公开政府信息的当事人。同时，对于可以公开的政府信息，能够在答复时提供具体内容的，要同时提供；不能同时提供的，要确定并告知申请人提供的期限。在《条例》正式施行后，如一段时间内出现大量申请公开政府信息的情况，行政机关难以按照条例规定期限答复的，要及时向申请人说明并尽快答复。

对于同一申请人向同一行政机关就同一内容反复提出公开申请的，行政机关可以不重复答复。

行政机关对申请人申请公开与本人生产、生活、科研等特殊需要无关的政府信息，可以不予提供；对申请人申请的政府信息，如公开可能危及国家安全、公共安全、经济安全和社会稳定，按规定不予提供，可告知申请人不属于政府信息公开的范围。

（二）申请公开政府信息的方式

一般情况下，申请公开政府信息需要填写《政府信息公开申请表》（以下简称《申请表》），申请表可在政务大厅领取，也可在各部门户网站下载。申请表的具体取得方式依当地行政机关的客观条件而定。申请公开主要有以下三种方式：

（1）现场申请。申请人可以到各机关受理机构申请获取信息，并填写《申请表》。书写有困难的可以口头申请。

（2）书面申请。申请人填写《申请表》后，可以通过传真、信函方式提出申请，通过信函方式申请的，应在信封左下角注明"信息公开申请"字样。

（3）网上申请。申请人可在各机关网站上填写电子版《申请表》，通过电子邮件方式发送至受理机构的电子邮箱。也有的地方是专门为信息公开开辟一个网页，可以以留言的方式申请，行政机关收到申请后在申请事项栏下面直接回复。这样有利于申请人查询信息，更有利于申请人在行政机关不及时公开时取证。

第五节　公开政府信息的意义

之所以制定《政府信息公开条例》公开政府信息，是为了保障公民、法人和其他组织依法获取政府信息，提高政府工作的透明度，促进依法行政，充分发挥政府信息对人民群众生产、生活和经济社会活动的服务作用，进而保障公民的知情权、参与权、监督权。在征收过程中公开政府信息更是意义重大。

一、政府信息公开有利于人民群众知情权的实现

知情权是人权的一项重要内容，是国家公民的一项重要的政治权利，也是现代民主政治的根本要求。人民群众实现参与权和监督权是以知情权为前提的，只有更好地做到政府信息公开，人民群众的参与权和监督权才能实现的更好。

二、政府信息公开有利于缓解社会矛盾，减少因城市治理引发的悲剧

笔者前不久代理的北京市某地区因修建高速公路征地而引发的群体性案件，就是因为政府信息公开不到位而引发的。《土地管理法》以及《土地管理法实施办法》明文规定的应主动公开的政府信息在当地没有认真贯彻实施，行政机关工作人员没有对征地以及补偿进行宣传，故而造成了此次群体性案件产生。

近五年来，有关信息公开引起的行政纠纷呈爆炸式喷发，法院方面压力很大。我们认为如果城市治理的工作实施前，行政机关做好政府信息公开工作，让人民群众知悉并了解相应的政策和政府的善后措施，那样，因城市治理而引发的悲剧可以有效地避免。

三、政府信息公开有利于节约诉讼成本，减少诉累

在征收过程中及时公开政府信息还有一个更重大的意义那就是节约诉讼成本，减少诉累。本应依《政府信息公开条例》主动公开的征地批文及补偿标准不仅没有公开，不仅增加了当事人申请公开、申请复议的时间，也增加了行政机关的工作量，本来可以在基层解决的问题，却因某些利益团体的不配合而复议至上级。这不仅不利于社会矛盾的调和，不利于社会和谐，更是社会资源及政府资源的一种严重浪费。

第六节　行政机关政府信息公开行为的救济

　　《政府信息公开条例》规定了对于信息公开争议可以申请行政复议和提起行政诉讼的救济途径，但《保密法》第十三条规定"对是否属于国家秘密和属于何种密级有争议的，由国家保密工作部门或者省、自治区、直辖市的保密工作部门确定"。并没有规定复议和诉讼程序，这样按《政府信息公开条例》的救济规定，当申请人遇见政府部门以国家秘密为由而拒绝公开信息时，申请复议或提起诉讼的救济途径在事实上就很难进行。

一、行政复议

　　针对行政机关的不予公开行为，申请人可以对该行为提起行政复议。我国的行政复议，是指行政机关根据上级行政机关对下级行政机关的监督权，在当事人的申请和参加下，按照行政复议程序对具体行政行为进行合法性和适当性审查，并作出裁决解决行政侵权争议的活动。行政复议是为公民、法人和其他组织提供法律救济的行政监督制度。

　　我国现行的复议制度是作为行政诉讼配套制度于1990年建立的。1990年12月24日国务院发布了《行政复议条例》，1994年10月9日，国务院发布了关于修正该条例的决定。1999年4月，第九届全国人大常委会第九次会议颁布了《行政复议法》，使行政复议脱离行政诉讼配套制度框架，建立起独立的国家行政复议制度。

二、行政诉讼

　　针对行政机关的不予公开行为，申请人亦可以对该行为提起行政诉讼。根据《行政诉讼法》第二条的规定，我国的行政诉讼是指公民、法人或者其他组织认为行政机关和行政机关工作人员的具体行政行为侵犯其合法权益，依照行政诉讼法和有关法律、法规向人民法院提起诉讼，由人民法院进行审理并作出裁决的诉讼制度。自2015年5月1日起，人民法院对于行政诉讼落实了登记制，因信息公开争议引起案件出现了分化。信息公开做得好的地方，矛盾在减少。反之，则在增加，成为政府败诉的主要类型。

三、《政府信息公开条例》中的监督和保障

本次修订对原条例的第三十条进行了增删，成文为第四十七条，该条规定，政府信息公开工作主管部门应当加强对政府信息公开工作的日常指导和监督检查，对行政机关未按照要求开展政府信息公开工作的，予以督促整改或者通报批评；需要对负有责任的领导人员和直接责任人员追究责任的，依法向有权机关提出处理建议。公民、法人或者其他组织认为行政机关未按照要求主动公开政府信息或者对政府信息公开申请不依法答复处理的，可以向政府信息公开工作主管部门提出。政府信息公开工作主管部门查证属实的，应当予以督促整改或者通报批评。

四、《国务院意见》中关于监督保障问题

国务院各部门（单位）和地方各级人民政府要抓紧制订完善政府信息公开工作考核办法，明确考核的原则、内容、标准、程序和方式。要建立社会评议制度，把政府信息公开工作纳入社会评议政风、行风的范围，并根据评议结果完善制度、改进工作。

国务院各部门（单位）和地方各级人民政府及其部门（单位）要建立健全分层级受理举报的制度，及时研究解决政府信息公开工作中反映出来的问题。公民、法人或者其他组织认为行政机关不依法履行政府信息公开义务的，可向本级监察机关、政府信息公开工作主管部门举报；对本级监察机关和政府信息

公开工作主管部门的处理不满意的，可向上一级业务主管部门、监察机关或者政府信息公开工作主管部门举报。

第七节　对政府信息公开实施中的建议

一、行政机关领导及工作人员要转变观念

在《政府信息公开条例》实施后的这些年里，行政机关领导以及工作人员的观念有了很大的转变，逐步在向全心全意为人民服务的方向努力。2019年5月15日，修订后的《中华人民共和国政府信息公开条例》正式施行。此次修改的最大亮点是明确"坚持公开为常态，不公开为例外，明确政府信息公开的范围，不断扩大主动公开"，更是为进一步提高政府工作的透明度，建设法治政府提供了制度依据，奠定了法治基础。

中国社会科学院学部委员、法学研究所研究员、原所长李林说："政府的管理活动和行政事务向人民公开，实质上就是向'主人'公开，对人民负责实质上就是对'主人'负责，受人民监督实质上就是受'主人'监督。在法理上，政务公开是手段而不是目的，是过程而不是结果，是政府责任而不是权力。加强法治政府建设，推进严格执法，必须全面推进政务公开。"

"政务公开有利于约束政府行为，彰显人民监督；有利于扩大有序政治参与，是现阶段人民当家做主的一种形式；有利于增强政府的公信力。"中国社会科学院政治学研究所党委书记、研究员，中国政治学会副会长房宁说。

全面推进政务公开，让权力在阳光下运行，对于发展社会主义民主政治，提升国家治理能力，增强政府公信力、执行力，保障人民群众知情权、参与权、表达权、监督权具有重要意义。

二、对现有法律法规进行修订，完善政府信息公开制度体系

观念的转变最终要落实为相应的制度体系。我国现有在已有一些关于政府信息公开的规定，散见于少数法律、法规、规章和政策条文中，尚未形成一个系统的制度体系。关于征收中政府信息公开的规定更是少之又少。针对政府信息公开，就目前现有的《政府信息公开条例》而言，在互联网普及率持续上升的时代，《政府信息公开条例》已经不能满足广大人民群众知情权的需要，迫切需要有一部完整的政府信息公开方面的法律来完善现在的政府信息公开体制。然而这样一部法律以及整个政府信息公开制度体系的建立又是通过多部门法律、法规定相互衔接配合，共同构成的。

首先要制定配套的《政府信息公开条例》实施细则，目前针对《条例》的实施仅有上文提到的《国务院意见》，而没有配套的实施细则以供解读《政府信息公开条例》。通过制定实施细则，政府信息公开体系更加完善，途径也更加多样化。

如今，市场正在建立，改革开放和与国际接轨、经济全球化的观念已深入人心，保密法在定密、解密、泄密处罚、救济机制等一些重要制度的设置上已远远落后于实际的需要，我们需要对保密信息的范围重新界定，区分国家秘密与非国家秘密，为不同种类的秘密信息设定适当的密级，同时使降密、解密工作经常化、法定化。《保密法》的修改还应当围绕着在保守国家秘密、保障国家安全和保障公民知情权，促进政府信息公开之间不断地进行平衡，进一步为公民的知情权保驾护航。这样既保障公民了解政府信息，又避免国家机密、个人隐私等信息的不适当公开所造成的不应有的损失，从而推动政府信息公开进程。

在修改《保密法》后，相关的《档案法》也需要修改，北京大学教授姜明安提出，应当推动《档案法》的配套修改。《档案法》规定，国家档案馆保管的档案，一般应当自形成之日起满30年向社会开放。经济、科技、技术、文化等类档案向社会开放的期限，可以少于30年。这意味着，10年即可解密的秘密在档案馆有可能需要30年才能被解密。

还有就是其他在政府信息公开过程中与政府信息相关联的法律、法规，比

如政府会议公开方面、新闻立法方面、商业秘密方面需要配套完善，构建政府信息公开制度体系不是一蹴而就的事情，需要有计划、有步骤地实施这个系统工程。

三、加强救济

申请人面对政府信息不予公开的告知，除了上文所述的行政复议、行政诉讼之外，还有一点就是面对行政机关以涉密为由不予公开时，申请人在行政复议及行政诉讼中很难维权，能实现《国务院意见》中的举报更是难上加难。故此，在等待《保密法》等相关法律逐步完善，政府信息公开制度体系建立的过程中，为保护申请人的知情权，笔者认为可以考虑成立专门的审查委员会，在委员会的组成人员中增加人民群众的比例，对信息公开与否采取一票表决制。引入更多的司法救济途径和问责机制，从而有效解决在政府信息公开实施过程中所遇到的问题，并切实实现人民群众的知情权、监督权。

第八节　最高人民法院公布全国法院政府信息公开案例中涉城市治理类案例

案例1：余穗珠诉海南省三亚市国土环境资源局案

（一）基本案情

余穗珠在紧临三亚金冕混凝土有限公司海棠湾混凝土搅拌站旁种有30亩龙眼果树。为掌握搅拌站产生的烟尘对周围龙眼树开花结果的环境影响情况，于2013年6月8日请求三亚市国土环境资源局（以下简称三亚国土局）公开搅拌站相关环境资料，包括：三土环资察函〔2011〕50号《关于建设项目环评审批文件执法监察查验情况的函》、三土环资察函〔2011〕23号《关于行政许可事项执法监察查验情况的函》、三土环资监〔2011〕422号《关于三亚金冕混凝土有限公司海棠湾混凝土搅拌站项目环评影响报告表的批复》、《三亚金冕混凝土有限公司海棠湾混凝土搅拌站项目环评影响报告表》。7月4日，三亚国土局作出《政府信息部分公开告知书》，同意公开422号文，但认为23号、50号文系该局内部事务形成的信息，不宜公开；《项目环评影响报告表》是企业文件资料，不属政府信息，也不予公开。原告提起行政诉讼，请求判令三亚国土局全部予以公开。

（二）裁判结果

海南省三亚市城郊人民法院经审理认为，原告请求公开之信息包括了政府环境信息和企业环境信息。对此，应遵循的原则是：不存在法律法规规定不予公开的情形并确系申请人自身之生产、生活和科研特殊需要的，一般应予公开。本案原告申请公开的相关文件资料，是被告在履行职责过程中制作或者获取的，以一定形式记录、保存的信息，当然属于政府信息。被告未能证明申请公开之信息存在法定不予公开的情形而答复不予公开，属于适用法律法规错误。据此，判决撤销被告《政府信息部分公开告知书》中关于不予公开部分的第二项答复内容，限其依法按程序进行审查后重新作出答复。

一审判决后，余穗珠不服，提出上诉，二审期间主动撤回上诉。

（三）典型意义

本案的典型意义表现在三个方面：第一，对外获取的信息也是政府信息。本案涉及两类信息，一是行政机关获取的企业环境信息；二是行政机关制作的具有内部特征的信息。关于前者，根据《政府信息公开条例》的规定，政府信息不仅包括行政机关制作的信息，同样包括行政机关从公民、法人或者其他组织获取的信息。因此，本案中行政机关在履行职责过程中获取的企业环境信息同样属于政府信息。关于后者，本案行政机关决定不予公开的23号函和50号函，虽然文件形式表现为内部报告，但实质仍是行政管理职能的延伸，不属于内部管理信息。第二，例外法定。政府信息不公开是例外，例外情形应由法律法规明确规定。本案判决强调，凡属于政府信息，如不存在法定不予公开的事由，均应予以公开。被告未能证明申请公开的信息存在法定不予公开的情形，简单以政府内部信息和企业环境信息为由答复不予公开，属于适用法律错误。第三，行政机关先行判断。考虑到行政机关获取的企业环境信息可能存在涉及第三方商业秘密的情形，应当首先由行政机关在行政程序中作出判断，法院并未越俎代庖直接判决公开，而是责令行政机关重新作出是否公开的答复，体现了对行政机关首次判断权的尊重。

案例2：王宗利诉天津市和平区房地产管理局案

（一）基本案情

2011年10月10日，王宗利向天津市和平区人民政府信息公开办公室（以下简称和平区信息公开办）提出申请，要求公开和平区金融街公司与和平区土地整理中心签订的委托拆迁协议和支付给土地整理中心的相关费用的信息。2011年10月11日，和平区信息公开办将王宗利的申请转给和平区房地产管理局（以下简称和平区房管局），由和平区房管局负责答复王宗利。2011年10月，和平区房管局给金融街公司发出《第三方意见征询书》，要求金融街公司予以答复。2011年10月24日，和平区房管局作出《涉及第三方权益告知书》，告知王宗利申请查询的内容涉及商业秘密，权利人未在规定期限内答复，不予公开。王宗利提起行政诉讼，请求撤销该告知书，判决被告依法在15日内提供其所申请的政府信息。

（二）裁判结果

天津市和平区人民法院经审理认为，和平区房管局审查王宗利的政府信息公开申请后，只给金融街公司发了一份第三方意见征询书，没有对王宗利申请公开的政府信息是否涉及商业秘密进行调查核实。在诉讼中，和平区房管局也未提供王宗利所申请政府信息涉及商业秘密的任何证据，使法院无法判断王宗利申请公开的政府信息是否涉及第三人的商业秘密。因此，和平区房管局作出的《涉及第三方权益告知书》证据不足，属明显不当。判决撤销被诉《涉及第三方权益告知书》，并要求和平区房管局在判决生效后30日内，重新作出政府信息公开答复。

一审宣判后，当事人均未上诉，一审判决发生法律效力。

（三）典型意义

本案的焦点集中在涉及商业秘密的政府信息的公开问题以及征求第三方意见程序的适用。在政府信息公开实践中，行政机关经常会以申请的政府信息涉及商业秘密为理由不予公开，但有时会出现滥用。商业秘密的概念具有严格内涵，依据《反不正当竞争法》的规定，商业秘密是指不为公众知悉、能为权利人带来经济利益、具有实用性并经权利人采取保密措施的技术信息和经营信息。行政机关应当依此标准进行审查，而不应单纯以第三方是否同意公开作出决定。人民法院在合法性审查中，应当根据行政机关的举证作出是否构成商业秘密的判断。本案和平区房管局在行政程序中，未进行调查核实就直接主观认定申请公开的信息涉及商业秘密，在诉讼程序中，也没有向法院提供相关政府信息涉及商业秘密的证据和依据，导致法院无从对被诉告知书认定"涉及商业秘密"的事实证据进行审查，也就无法对该认定结论是否正确作出判断。基于此，最终判决行政机关败诉符合立法本意。该案例对于规范人民法院在政府信息公开行政案件中如何审查判断涉及商业秘密的政府信息具有典型示范意义。

案例3：杨政权诉山东省肥城市房产管理局案

（一）基本案情

2013年3月，杨政权向山东省肥城市房产管理局等单位申请廉租住房，因其家庭人均居住面积不符合条件，未能获得批准。后杨政权申请公开经适房、廉租房的分配信息并公开所有享受该住房住户的审查资料信息（包括户籍、家庭人均收入和家庭人均居住面积等）。肥城市房产管理局于2013年4月15日向杨政权出具了《关于申请公开经适房、廉租住房分配信息的书面答复》，答复了2008年以来经适房、廉租房、公租房建设、分配情况，并告知，其中三批保障性住房人信息已经在肥城政务信息网、肥城市房管局网站进行了公示。杨政权提起诉讼，要求一并公开所有享受保障性住房人员的审查材料信息。

（二）裁判结果

泰安高新技术产业开发区人民法院经审理认为，杨政权要求公开的政府信息包含享受保障性住房人的户籍、家庭人均收入、家庭人均住房面积等内容，此类信息涉及公民的个人隐私，不应予以公开，判决驳回杨政权的诉讼请求。

杨政权不服，提起上诉。泰安市中级人民法院经审理认为，《廉租住房保障办法》《经济适用住房管理办法》均确立了保障性住房分配的公示制度，《肥城市民政局、房产管理局关于经济适用住房、廉租住房和公共租赁住房申报的联合公告》亦规定，"社区（单位），对每位申请保障性住房人的家庭收入和实际生活状况进行调查核实并张榜公示，接受群众监督，时间不少于5日"。申请人据此申请保障性住房，应视为已经同意公开其前述个人信息。与此相关的政府信息的公开应适用《政府信息公开条例》第十四条第四款"经权利人同意公开的涉及个人隐私的政府信息可以予以公开"的规定。另，申请人申报的户籍、家庭人均收入、家庭人均住房面积等情况均是其能否享受保障性住房的基本条件，其必然要向主管部门提供符合相应条件的个人信息，以接受审核。当涉及公众利益的知情权和监督权与保障性住房申请人一定范围内的个人隐私相冲突时，应首先考量保障性住房的公共属性，使获得这一公共资源的公民让渡部分个人信息，既符合比例原则，又利于社会的监督和住房保障制度的良性发展。被告的答复未达到全面、具体的法定要求，因此判决撤销一审判决和被诉答复，责令被告自本判决发生法律效力之日起15个工作日内对杨政权的申请重新作出书面答复。

（三）典型意义

本案的焦点问题是享受保障性住房人的申请材料信息是否属于个人隐私而依法免于公开。该问题实质上涉及保障公众知情权与保护公民隐私权两者发生冲突时的处理规则。保障性住房制度是政府为解决低收入家庭的住房问题而运用公共资源实施的一项社会福利制度，直接涉及公共资源和公共利益。在房屋供需存有较大缺口的现状下，某个申请人获得保障性住房，会直接减少可供应房屋的数量，对在其后欲获得保障性住房的轮候申请人而言，意味着机会利益的减损。为发挥制度效用、依法保障公平，利害关系方的知情权与监督权应该受到充分尊重，其公开相关政府信息的请求应当得到支持。因此，在保障性住房的分配过程中，当享受保障性住房人的隐私权直接与竞争权人的知情权、监督权发生冲突时，应根据比例原则，以享受保障性住房人让渡部分个人信息的方式优先保护较大利益的知情权、监督权，相关政府信息的公开不应也不必以权利人的同意为前提。本案二审判决确立的个人隐私与涉及公共利益的知情权相冲突时的处理原则，符合法律规定，具有标杆意义。

案例4：姚新金、刘天水诉福建省永泰县国土资源局案

（一）基本案情

2013年3月20日，姚新金、刘天水通过特快专递，要求福建省永泰县国土资源局书面公开二申请人房屋所在区域地块拟建设项目的"一书四方案"，即建设用地项目呈报说明书、农用地转用方案、补充耕地方案、征收方案、供地方案。2013年5月28日，永泰县国土资源局作出《关于刘天水、姚新金申请信息公开的答复》，称："你们所申请公开的第3项（拟建设项目的'一书四方案'），不属于公开的范畴。"并按申请表确定的通信地址将《答复》邮寄给申请人。2013年7月8日，姚新金、刘天水以永泰县国土资源局未就政府公开申请作出答复为由，提起行政诉讼。永泰县国土资源局答辩称："一书四方案"系被告制作的内部管理信息，处在审查中的过程性信息，不属于《政府信息公开条例》所指应公开的政府信息，被告没有公开的义务。

（二）裁判结果

永泰县人民法院经审理认为，"一书四方案"系永泰县国土局在向上级有关部门报批过程中的材料，不属于信息公开的范围。虽然《答复》没有说明不予公开的理由，存在一定的瑕疵，但不足以否定具体行政行为的合法性。姚新金、刘天水要求被告公开"一书四方案"于法无据，判决驳回其诉讼请求。

姚新金、刘天水不服，提出上诉。福州市中级人民法院经审理认为，根据《土地管理法实施条例》第二十三条第一款第（二）项规定，永泰县国土资源局是"一书四方案"的制作机关，福建省人民政府作出征地批复后，有关"一书四方案"已经通过批准并予以实施，不再属于过程性信息及内部材料，被上诉人不予公开没有法律依据。判决撤销一审判决，责令永泰县国土资源局限期向姚新金、刘天水公开"一书四方案"。

（三）典型意义

　　本案的焦点集中在过程性信息如何公开。《政府信息公开条例》确定的公开的例外仅限于国家秘密、商业秘密、个人隐私。《国务院办公厅关于做好政府信息依申请公开工作的意见》第二条第二款又规定："……行政机关在日常工作中制作或者获取的内部管理信息以及处于讨论、研究或者审查中的过程性信息，一般不属于《条例》所指应公开的政府信息。"过程性信息一般是指行政决定作出前行政机关内部或行政机关之间形成的研究、讨论、请示、汇报等信息，此类信息一律公开或过早公开，可能会妨害决策过程的完整性，妨害行政事务的有效处理。但过程性信息不应是绝对的例外，当决策、决定完成后，此前处于调查、讨论、处理中的信息即不再是过程性信息，如果公开的需要大于不公开的需要，就应当公开。本案福建省人民政府作出征地批复后，当事人申请的"一书四方案"即已处于确定的实施阶段，行政机关以该信息属于过程性信息、内部材料为由不予公开，对当事人行使知情权构成不当阻却。二审法院责令被告期限公开，为人民法院如何处理过程信息的公开问题确立了典范。

第八章

党建引领下的
社区治理

随着中国城镇化的快速发展，城市空间形态与社会结构发生深刻变革，呈现出人口高集聚性、要素高流动性、管理高风险性的特点，城市化的急剧发展必将导致社会治理面临诸多风险压力和严峻挑战。

党的十九大报告将加强社区治理体系建设作为新时代社会治理和社区治理的战略任务提高到一个新的历史高度，提出"要打造共建共治共享的社会治理格局"，要求"加强社区治理体系建设，推动社会治理重心向基层下移"，并把"现代社会治理格局基本形成，社会充满活力又和谐有序"作为2035年基本实现现代化的重要目标，构筑并展现城乡社区治理的新体系与新蓝图。

基层治理是新时代国家治理的重要课题。社会稳定的基石要从最基础做起。抓住了社区治理，就抓住了城市治理的基础和根本。

社区具备提供公共服务、协调社会关系、促进社会融合、应对社会风险的重要功能。从治理的角度看，这些矛盾和冲突为作为基层单元的社区治理提供了空间和契机。

社区作为基层治理的基本单元以及居民生活的共同体，是构建全民共建共享社会治理格局的重中之重。社区的治理能力与治理水平，直接影响着城市治理和全面深化改革目标的实现程度。

2019—2020年，北京市陆续出台《北京市街道办事处条例》《北京市生活垃圾管理条例》《北京市物业管理条例》《北京市文明行为促进条例》实施大会。

"四个条例"的颁布实施是贯彻落实习近平总书记对北京重要讲话精神、深入推进精治共治法治的重大举措，是构建更加有效首都超大城市治理体系的重大创新，是破解治理实践难题的有力抓手，是对法治思维和法治能力水平的重要检验。其本质是以立法固化改革创新的成果，而随着统筹推进四大条例工作的逐步开展，一场以党建引领为中心；一手践行群众路线，用12345为畅通群众反映问题主要渠道；一手以"街乡吹哨，部门报到"通过赋权、下沉、增效为解决问题基本方式的社会基层治理改革大幕已经拉开。

第一节　党建引领社区治理的现状

现如今，我国改革持续深入推进，社区党建在引领创新性治理方面发挥着越来越多的作用，党的十九大报告围绕"加强和创新社会治理"作出一系列重要部署，提出一系列重要举措。特别强调"推动社会治理重心向基层下移，把基层党组织建设成为领导基层治理的坚强战斗堡垒"，推动新时代社会治理不仅具有重要性，而且具有紧迫性，其关键在党，落脚点在基层。本文在梳理党建引领及多元主体参与社区治理概念的基础上，探究党建在引领社区治理中的作用，对党建引领社区治理乃至城市治理进行深入分析。

一、相关概念界定

（一）党建

党建是指党的建设。党的建设包括：思想建设、组织建设、作风建设、制度建设、反腐倡廉建设、纯洁性建设等，具有鲜明的党性和实践性，指导党在不同时代、不同情况下的工作与活动。

思想建设、组织建设、作风建设三大范畴是我们党在长期党的建设实践中形成的。改革开放以来，我们党高度重视制度建设，十六大进一步强调将制度建设贯穿党的建设各项工作之中。到十七大，又鲜明提出反腐倡廉建设这个范畴，十八大时增写了加强党的纯洁性建设，从而将党的建设的总体布局完善为思想建设、组织建设、作风建设、制度建设、反腐倡廉建设、纯洁性建设的"六位一体"，使党的建设的内容和范畴更加符合马克思主义执政党的特点。

（二）党建引领

党建引领是中国特色社会主义社会治理事业的鲜明特征和最大优势。新时代我国基层治理迎来了智能化、精细化发展的新阶段，"党的领导"是其核心和关键。党建引领，就是要统一思想认识，让基层党组织成为凝聚党员群众的"主心骨"；党建引领，就是要示范带动，让党员干部成为促推社会发展的"领头羊"；党建引领，就是要动员群众，让各界力量成为参与公共治理的"主力军"，以新思路、新机制、新手段谋划和推进基层党建工作，推动基层党建工作与中心工作、日常工作有机融合，让党旗始终在基层阵地高高飘扬。

（三）社区治理

社区治理是指政府、社区组织、居民及辖区单位、营利组织、非营利组织等基于市场原则、公共利益和社区认同，协调合作，有效供给社区公共物品，满足社区需求，优化社区秩序的过程与机制。

另外，社区治理是治理理论在社区领域的实际运用，它是指对社区范围内公共事务所进行的治理。社区治理是社区范围内的多个政府、非政府组织机构，依据正式的法律、法规以及非正式社区规范、公约、约定等，通过协商谈判、协调互动、协同行动等对涉及社区共同利益的公共事务进行有效管理，从而增强社区凝聚力，增进社区成员社会福利，推进社区发展进步的过程。

从上述社区治理的界定来看，社区治理主要包括以下含义：

第一是社区治理的主体多元化，尽管政府在社区治理过程中依然会发挥决定性的影响作用，但是社区治理的主体不再是单一的政府。在政府之外，还有其他治理主体，例如企业、非政府组织、私人机构甚至于个人，它们通过同政府机构以及彼此之间建立起多种多样的协作关系，通过相互之间的协商与合作，来共同决定和处理社区公共事务，使得过去政府的社区管理趋向于社区治理。

第二是社区治理的目标过程化，社区治理除了明确的任务目标之外，过程目标更是其所注重的因素。社区治理要解决社区存在的问题，完成特定的、具体的经济社会发展任务。此外，社区治理还要培育社区治理的基本要素，包括调动社区居民参与公共事务，培育改善社区组织体系，建立正式、非正式的社区制度规范，建构社区不同行为主体互动机制等。这些社区治理的过程目标只有在社区治理的长期过程中才能逐渐培育起来。

第三是社区治理的内容扩大化。社区治理的内容涉及社区成员社会生活的多个方面，事关社区成员的切身利益。它包括社区服务与社区照顾；社区安全与综合治理；社区公共卫生与疾病预防；社区环境及物业管理；社区文化和精神文明建设；社区社会保障与社区福利等。要做到社区公共事务的治理就必须最大限度地整合社区内外资源，构建社区治理机制，调动社区居民参与，达成社区事务的良好治理。最后是社区治理是多维度、上下互动的过程，社区治理区别于政府行政管理，其权力运行方式并不总是单一的、自上而下的。社区治理并不是通过发号施令、制定执行政策等来达到管理目标，它通过协商合作、协同互动、协作共建等来建立对共同目标的认同，进而依靠人民内心的接纳和认同来采取共同行动，联合起来对社区公共事务进行良好的治理。多维度、上下互动的过程使得社区治理源于人们的同意和认可，而不是外界的强制和压力。

从基层社区的角度来看，社区治理的功能主要有如下几种：

第一是社区治理有助于社区经济的发展。社区所需经费的主要来源是政府的拨款，但由于政府财力有限，注入社区的经费往往不足开支，超支的部分要依靠社区经济的发展和社区单位的支持来解决。社区经济的发展可以创造就业机会，拓展就业渠道，减少不安定因素。而要发展社区经济，就离不开社区管理机构的领导、支持、协调和服务，离不开社区治理所创造的良好社区环境，离不开社区资源的充分利用，否则社区经济的发展将寸步难行。

第二是社区治理有助于社区文化的繁荣，社区治理有利于调动政府、民间组织和社区民众对于社区文化的参与，从而推动社区的认同感和归属感。由此可见，社区治理在繁荣社区文化方面发挥着重要作用。第三是社区治理有助于社区环境的美化，社区环境需要政府、企业、民间组织、社区民众共同参与，社区治理为多个主体参与其中奠定了基础。

第三是社区治理有助于社区治安状况的改善。社区治理有助于消除不稳定的因素，预防违法犯罪现象。譬如，社区管理机构可以通过社区内部组织来动员群众成立治安联防户，实行群防群治，努力做到街道里弄、农贸市场都有治安巡逻队员和联防队员，各居民委员会都有义务巡逻队，各居民楼都有义务安全员，驻街各单位都有保安人员和安全联络员，从而有效地开展治安防范工作。

二、背景介绍

（一）政策背景

中共中央办公厅印发的《关于加强和改进城市基层党的建设工作的意见》明确指出，推进社区党建、单位党建、行业党建互联互动，确保社区党组织有资源、有能力为群众服务，推进城市基层党建工作得到创新发展。同时，根据北京市委、市政府印发的《关于党建引领街乡管理体制机制创新实现"街乡吹哨、部门报到"的实施方案》的有关精神，各社区应认真落实新时代党的建设总要求和新时代党的组织路线，结合社区实际，充分发挥社区党组织的领导作用，充分运用好社区党建工作协调委员会平台，有机联结业委会、物业服务企业、辖区单位等各领域党组织，借助专家团的智囊作用，构建组织共建、资源共享、机制衔接、功能优化的党建工作格局。

社区是党和政府联系、服务居民群众的"最后一公里"。改革开放以来，社区成为人们居住、生活的主要场所，社区居民的构成以及居民对生活的需求都日益多元化。新形势下，如何做好群众工作和加强基层政权建设，是社区党建的重要内容。近年来，社区党建在组织建设层面得到了重视，党的组织在社区层面实现全覆盖。

（二）社区发展背景

与此同时，社区本身也在发生着种种变化。一方面，各种新兴社会组织不断发展；另一方面，在传统单位小区的形态之外，还出现了大量商品房小区、安置房小区、保障房小区等居住空间。这些新的组织和居住形态，既对社区党建提出了新的挑战，又为党组织发挥作用提供了新的空间与资源。实践证明，凡是社区党建做得好的地方，社区的共建共治共享效果就会较好。

在加强城市基层党建的背景下，要积极探索社区党建新路子，推进社区共建共治共享。首先，应明确社区党建"政治建设"与"社会建设"双重功能，在推动政治建设的同时，需要直面社区社会力量不足的现实，通过搭建共建平台、培育志愿组织、发动和组织群众有序参与社区治理等形式，引导和培育社会建设。其次，提升组织力，既要完善社区党组织的功能和体制，在横向上加强区域化党建，又要在纵向上健全组织体系，通过党组织规范化、标准化建设，保障社区党建和服务的空间、资源，发挥党组织、党员的模范带头作用，引导社区自治良性运行。提升社区党建的服务力，保证社区党建不落空，就必须将党建与群众关切关联起来，抓住社区居民最关心的事情，破解社区治理的难点问题，通过联系群众、发动群众、服务群众，化解矛盾纠纷，提升社区服务。如此，才能让党建的根基扎根于群众之中，不断增强党组织的凝聚力和向心力。

近年来，各社区积极探索党建＋社会治理创新模式，从社区实践出发，发挥多元主体力量，打造共建、共治、共享的社区治理新模式。同时我们也要看到，因为认识和条件上的不足，全国各地的社区党建尚有一些有待提高的空间。例如，一些地方的社区党建浮在面上，难以深入社区群众的生活；一些地方的社区党建停留在口号层面，既缺乏组织载体，又缺乏场地和经费支持；一些地方的社区党组织职能缺乏清晰的边界，对于如何发挥领导而非"替代"作用缺乏认识和规定，党组织参与具体事务过多，面面俱到、不堪重负；再如，新建的商品房小区内的党建工作难以开展，小区"隐形党员""口袋党员"多，老旧小区的老年党员偏多、青年党员少，组织活动缺乏吸引力，也就难以发挥组织功能。

三、典例探究

（一）以某社区党建项目为例

以某地区党建项目为研究对象进行分析，该项目以社区党组织为核心，联合居委会、业委会、物业服务企业、辖区单位等各领域党组织以及在职党员，通过"一机制一平台"，合众人之心、合众人之力，共筑和谐宜居美丽家园。"一机制一平台"：一机制即社区党组织领导，居委会、业委会、物业服务公司、辖区单位等各领域党组织共同参与的党建工作机制；一平台即建立线上线下沟通交流平台。

该项目的实施路径如下：

（1）搭建以社区党组织领导为核心的"1＋4＋1"组织架构。由社区党组织领导，整合业主委员会、物业服务企业、居委会、辖区单位等多方力量，借助专家团的专业优势，即以党建引领为核心，充分发挥党建协调委员会作用以多元主体参与为特色，专家团做专业支持的"1＋4＋1"组织架构模式："1"代表以社区党组织为核心，"4"代表四方主体力量，即业委会、物业服务企业、居委会、辖区单位。为提升党组织合力，成立业委会党小组、物业服务企业党小组和辖区单位联合党支部或党小组，保证各方力量在思想上向党组织靠近，在行动上向党员看齐。为提升业委会专业水平，由街道工委或社区党组织以政府购买服务的形式聘请1名专职社工，担任业委会助理。"1"代表专家团，作为协同治理的智囊库，由社会治理专家、物业治理专家、律师、媒体评论员、第三方社会组织等组成，依托自身优势，为社区治理建言献策，添砖加瓦。"1"：党建引领——社区党组织，社区党组织依托社区党建工作协调委员会，引领单位、行业及各领域党组织，使各方力量合成一股力、拧成一股绳，对本社区范围内区域化党建工作、社区治理、便民服务、志愿服务等问题，同频共振、同向发力。"4"：落实执行——居委会、物、业、辖区单位，居委会，作为基层群众性自治组织，立足居民立场，对参与社区治理、社区服务的主体单位开展的日常工作进行监督，避免出现不作为、违规违法等行为；以居民需求为导向，依托"心愿箱"，进行梳理分类，列好"需求、项目、资源"三项清单，精准对接，提高工作效率；业委会，听业主诉求、行业主权益、履业主义务，建立规范化、系统化的《业委会工作制度》。物业服务企业，公开服务级别、公开服务内容、公开服务标准，制定《物业管理制度》和《物业服务评估机制》，提升服务质量。辖区单位，立足自身特点、寻找服务契合点，与社区达成共赢，建立常态化社区服务。"1"：专业指导——专家团，由社会治理专家、物业治理专家、媒体评论员、律师、第三方社会组织等组成，针对社区治理中的重点、难点，提供专业性法律、政策、社会经验等方面的指导。

（2）建立"线上线下"的联动平台。线上，开发微信公众号，实时了解居民的需求、宣传工作开展进度和效果等，加强彼此之间的沟通联系。线下成立社区工作坊，打造集办公、活动、成果展示功能为一体的场所，构建一个包括红色教育、和谐共建、专业提升、社区茶馆四个模块的活动体系。

　　（3）打造特色品牌活动。为进一步强化和谐邻里关系、培养居民志愿服务精神、提升居民自治意识和能力，共筑共享和谐家园，社区结合自己实际，探索社区特色活动品牌，如：① 我们的社区多主体融合计划——"社区一家亲"。为加强社区居民之间沟通交流，增进彼此融合，构建和谐邻里，使生人社会变为熟人社区，提升居民参与社区志愿服务的意识，打造社区文明实践队伍，特举办社区一家亲活动。例如：开展"社区邻里节"活动，以娱乐文体活动、亲子活动、小手牵大手、义卖、助老服务等为活动主题，定期开展文体活动和志愿服务，以志愿服务为抓手，培养志愿服务队伍，打造社区文明实践基地。开展"相约四季"社区品牌活动，依据春夏秋冬的四季特色，举办不同主题的外部拓展活动，比如春季踏青、秋季赏枫叶，并将照片放在楼门或者社区工作坊进行展示。② 建设物业服务提升载体——"社区物业角"。物业治理问题一直是社区治理当中的重点、难点，为加强业委会和物业服务企业之间的沟通交流，引导彼此换位思考、建立彼此信任关系，特开设"社区物业角"，包括信息公开栏、工作监测栏、效果评估栏，作为物业融合的新举措。信息公开栏——业委会，业委会人员身份公开、责任田公开、工作内容公开。物业服务企业，服务级别公开、服务内容公开、服务标准公开，"物业体验日"，业委会成员扎根于物业工作人员的日常工作当中，例如，与保洁员一起，了解保洁员的工作内容、工作强度；"物业开放日"，物业公司将消防、电梯维修、水电气供应系统等工作内容定期开放展示，促使业主加深对物业公司的了解。工作监测栏——实时汇报物业治理活动开展的进度，力求得到更多业主的理解和支持。效果评估栏——依据物业服务评估机制，采用月度自评（物业自查表）、季度他评、年度总评的形式，对物业服务企业的服务质量进行评估，选入红黑榜，同时评出最美物业人，增强物业服务人员的工作认同感和价值感。③ 打造我们的城市客厅——"社区茶馆"。依据社区"心愿箱"中，围绕党建、文化、环境、自治、安全、民生等关键词，社区党组织明确议事主题，按照"一事一议"的原则，一月一主题，开展"社区茶馆"基层议事协商活动。社区党组织主持整个流程推进，邀请利益相关方对问题展开讨论，第三方社会组织负责组织开展，每场活动引导各方就问题的解决办法达成基本共识，制定行动计划，在社区进行公示，无异议后即通过，相关落地实施。对于不能达成共识的议题，上报党建工作协调委员会，由委员会组织开展议事协商会议，保证问题及时有效地解决。

（二）畅通解决问题的渠道12345

当前，市民诉求相当多元，人民群众对美好生活的向往，体现在衣食住行等生活的各个方面。要满足多元的利益诉求，化解各种历史遗留下来的矛盾，需要政府部门、党员干部有着敢于担当、敢于碰硬的责任意识。遇见问题是绕着道儿走，还是冲上去，是新时期党员干部能否做好群众服务工作的关键所在。北京市推行的"接诉即办"机制，破解了当前普遍存在的"热线不热"的问题。从12345热线接诉到给相关责任部门派单，跟踪办理进展，再到考核办理结果，回访群众满意率，形成了一个闭环，并建立了严格的监督考核机制。这使得市民反映的大事小情，都能得到切实的过问，不会打水漂儿。

"接诉即办"建立起的制度体系、评价体系，一方面督促、激励各级政府和基层干部直面群众诉求，回归全心全意为人民服务的初心和使命；另一方面，引导党员干部深入基层，走入一线，真诚倾听群众呼声，切实解决人民群众最关心、最直接、最现实的问题，通过一点一滴的扎实工作推进高质量发展。近年来，依托12345政府服务热线，全市形成了一个高效便捷的为民服务平台，诉求渠道畅通了，民声民意能够上达了，问题也能及时发现及时解决了，真正架起了党和政府贴近群众、服务群众的桥梁。

12345政府服务热线平台的整合优化有利于畅通群众诉求渠道，形成快速灵敏的问题处置机制，是提高政府工作效能、打造服务型政府的重要举措。各级各部门要按照平台运行管理办法的要求，认清自身职责，严格遵守各项流程，确保12345政府服务热线工作行为规范，运转协调，处理及时，着力将12345政府服务热线平台打造成"政府形象代言人""服务民生直通车"。

四、党建引领基层治理的现存问题

我国基层社会治理积累了一定的经验，取得了一定的成效，尤其在精细化治理方面有所精进和表现。但随着经济社会发展的快速变化和信息科技的日新月异，基层社会治理也面临许多新形势和新问题。这里既有基层治理的理念意识、体系格局方面的问题，又有机制环境、技术条件、行动规范等方面的问题。

当前，人们对于党的十九大提出的推进社会治理社会化、法治化、智能化、专业化等要求，在理念意识上还不强不深，思想认识还存在偏差。尤其部分基层党员干部还缺乏自觉意识，认识还不到位，尚处于传统陈旧的管理惯性之中，把人民群众当成管制对象而非参与主体。同时，他们还缺乏大数据、云计算、物联网等高新科技理念意识，无法跟上科学技术和信息社会发展新步伐。

党的十九大要求构建共建共治共享的社会治理格局。但必须看到，在相当一部分地区，基层社会治理还是"政府包揽"模式占主导，基本还处于政府"独唱"或"独角戏"状态，"领唱"角色发挥不够，"合唱"模式还不多见，"重政府包揽、轻多方互动"的"弱参与"现象还普遍存在，多元主体互动共建共治共享的格局尚未形成。

当前，我国基层社会治理机制还存在诸多问题。如群众权益表达机制不健全，渠道不畅通，公众参与基层公共政策和社会事务决策程度较低，各类矛盾纠纷调处机制彼此互动衔接不够等。其他如基层治理风险评估机制、信访机制、心理干预机制、权益保障机制等，要么尚未健全，要么显得僵化陈旧，尤其智能化、精细化运行机制亟需建立和完善。

第二节　党建引领社区治理的发展

一、党建＋社区治理的重要性和必然性

（一）党建引领社区治理是适应新时代发展的必然要求

进入新时代，基层治理形势发生了深刻变化，面临更大的挑战，迫切需要发挥党建的龙头引领作用。第一，社会组织、经济业态更加多样化，需要党建

引领。群众的组织形式由过去的"单位人"变为现在的"社会人",治理的重心向基层社会转移。新阶层、新群体不断涌现,传统领域与新兴业态交织。不同的业态治理方式存在较大差异,"一元化"治理容易出现"党建真空"和"治理盲区",已经无法适应现实需要。这就需要进一步发挥党的核心引领作用,汇聚和整合各方力量,促进齐抓共治。第二,利益格局、矛盾纠纷更加多样化,需要党建统筹协调。当前,经济社会处于深刻转型与变革期,城市化进程加快推进,征地拆迁、环境整治纠纷等引发的矛盾纠纷增多。经济不断面临新的下行压力,P2P投资等经济纠纷、企业劳资纠纷增多。同时,一些领域的矛盾更加容易激化,医患关系、房地产纠纷等呈现高发趋势,风险隐患和不稳定因素进一步增多,容易引发群体性事件。这都需要进一步发挥党的统筹作用,促进各方利益协调和矛盾化解。第三,价值需求、诉求方式更加多样化,需要党建体现主导。群众对住房、教育、医疗、就业、养老等美好生活的需求不断提高,更加注重品质化、精细化、个性化服务。群众反映问题渠道更加多元,通过网上反映问题趋势越来越明显,舆情发酵扩散更快。群众维权意识不断提高,但法治意识和理性维权有待加强。这一切,都需要进一步发挥党的主导作用,满足多元价值需求,促进社会更加文明法治。党建+社区治理有利于进一步强化党组织组织力,通过在社区范围内开展系列主题活动,加强党组织之间、居民之间、党群之间的沟通交流,进一步提升社区党组织在社区治理中的组织力和引领力。党建+社区治理有利于进一步健全社区治理架构,社区党组织领导,业委会、物业服务企业、居委会、辖区单位等相关方共同参与,互联互动,建立常态化议事协商机制,解决社区治理中的重点难点。党建+社区治理有利于进一步营造社区和谐氛围,以社区居民需求为导向,为社区居民提供娱乐活动设施,组织开展各项服务,促进社区邻里和谐,同时引导各方力量积极参与社区治理,提升居民自治意识,打造干净、美丽、安全、宜居环境,营造社区和谐氛围。

（二）党建引领社区治理是遵循规律和规则的创新型发展

我国《宪法》规定"一切权利属于人民",人民是社会治理的主体。中国共产党的执政地位决定了党是领导人民进行社会治理的核心力量。中国共产党领导全体人民按规律、规则共同治理社会，既顺应世界治理的趋势，符合社会治理的规律，又体现新时代的改革精神和中国的治理特色。北京市"街乡吹哨、部门报到"改革实践，把遵循党的执政规律与社会治理规律结合起来，探索党领导人民依法治理基层社会的路径和方法，围绕谁来治理、如何治理等问题形成了新格局和新模式，为党领导基层治理的理论创新提供了重要的思想启迪。党领导基层治理的基本思路是既坚持党对基层治理的全面领导，又注重让人民群众广泛参与。"街乡吹哨、部门报到"改革实践的全过程，始终坚持党对基层治理的全面领导。这是改革实践的指导思想和根本原则，也是贯穿改革实践的一条主线。在这里，社会治理的主体是人民群众，党是社会治理主体的领导核心和主导力量。概括地说，就是党领民治。党在更大范围、更宽领域、更深层次上让人民群众广泛参与社会治理。党领导基层治理不是大包大揽，而是要激发社会治理活力，防止出现"政府干、群众看，政府很努力、群众不认同"的现象。人民的事情由党和人民协商办理，坚持人民当家做主；党组织建立基层治理响应机制，坚持民有所呼我有所应；基层治理评判权交给群众，坚持以人民群众满意为出发点和落脚点。总而言之，党领导基层治理的根本目的是维护人民的根本利益。它体现的是基层治理的根本价值取向。

党领导基层治理的实现路径是党组织全面领导下各主体共同参与治理。透过"街乡吹哨、部门报到"改革实践可以看出，党组织在基层治理中总揽全局、统一部署、协调各方，吹的是总哨。政府部门依法处理社会事务和具体问题，吹的是依法办事的哨；社会组织依据规章进行自我服务和管理，吹的是民主自治的哨；社区居民有序参与社会服务和治理，吹的是公民广泛参与治理的哨。以上这些主体都有参与基层治理的权力，共同点是在党的领导下依法依规参与治理活动。党组织发挥政治优势、组织优势把不同主体的治理活动整合到一起，把各种治理资源配置到一起，把各种治理功能聚集到一起，形成"一核多元"、系统完备、科学规范、运行高效的基层治理体系。这既符合首都基层治理的实际，也符合共同治理社会的规则。

党领导基层治理重心下移，聚焦点在街道乡镇。在城乡治理结构中，街乡党组织直接面对人民群众，是基层一线治理工作的执行者。治理任务的落实、治理工程的实施要靠街乡党组织；基层存在的突出问题、群众反映的各类问题，也都要靠街乡党组织出面处理。随着治理现代化步伐的加快，街乡在基层治理中的地位和作用进一步凸显。一些地方基层治理出现"中梗阻"现象，瓶颈往往在街乡。打通基层治理"最后一公里"，推动治理重点下移，攻坚战就在街乡。北京市基层治理改革锋芒直指街乡，把街乡改革作为基层治理创新的重点和突破口。这对深化基层治理改革无疑具有参考借鉴意义。

党领导基层治理的关键在完善体制机制。北京市改革实践突出问题导向，抓住基层治理中的深层次矛盾，遵循系统治理的原则，倒逼体制机制改革，着力解决基层治理的难题和群众呼声强烈的难事。针对街乡权责不清、资源不足和条块分割、机制僵化、治理力量分散、联动效应不高等问题，为强化街乡党组织在基层治理中的领导核心作用，以"下沉、赋权、增效"为抓手，推动治理力量和资源下沉，授予街乡党委、政府协同多部门统筹解决问题的建议权、综合调度权等权力。与此同时，根据城区治理特点，按照"精简、统一、效能"原则，有序推动街乡"大部制"改革，调整街道党政内设机构，优化工作流程，通过强能增效，为群众提供更便捷、更优质的公共服务。实现了基层权力给基层，保证基层事情基层办、基层事情有人办。针对基层执法难题，以执法平台建设为抓手，建立"三协同综合执法链"等机制，确保执法部门规范执法，用足用够用尽执法职权，解决了不想、不敢、不会执法等问题。鉴于基层治理现代化是一项长期而艰巨的任务，信息技术革命为基层治理现代化提供了新的手段，以"多网融合"为抓手，推动制度创新和技术创新结合，努力实现社会治理精细化。这些新举措不仅取得了良好的效果，也创造了党领导基层治理的新经验。

（三）党建引领社区治理是实现党对基层治理领导的根本保证

党的领导和党的建设是紧密联系、相互促进的。能否实现党对基层治理的全面领导，要看各级党组织的领导力，特别要看基层党组织的凝聚力和战斗力。党组织的领导力是党组织建设的综合反映。党组织领导力的强和弱取决于党组织建设的好和坏。新时代党要提高领导基层治理的能力和绩效，对加强党的建设提出了更高的要求。因此，党要领导好基层治理，必须加强基层党组织建设，把党的基层组织建成坚强的战斗堡垒。

北京市的实践表明，加强党组织建设必须适应基层治理的需要，全面对接基层治理。首先，要树立党建引领基层治理的理念，用党建统领基层治理，在基层治理实践中强化党的建设。在党的建设中，要树立大党建理念，用系统思维整合政治资源，把各领域党建要素凝聚到基层治理之中，形成一贯到底、强劲有力的"领导主轴"和上下联动的街乡社区党建网络。其次，要使党的组织有效融入基层治理，把支部建在社区，建在重大活动、重要工程项目实施第一线，做到纵向到底、横向到边全覆盖；把党建工作重点放在基层治理上，从基层治理的实际出发，强化思想建设、制度建设、作风建设，增强党的政治领导力、思想引领力、群众组织力、社会号召力，改变党的建设虚化、弱化、边缘化的状态。最后，要加强基层党员干部队伍建设，不断提升党组织和党员干部破解基层治理难题的能力，确保基层党组织把握好基层治理的方向，担负起领导基层治理的使命和责任。

二、党建引领基层治理的转变

党建引领基层治理是适应新时代发展的必然要求。完善基层治理体系应由"单打独斗"向"整体推进"转变；由"自上而下"向"上下互动"转变；由"传统落后"向"文明法治"转变。为此，必须坚持党对一切工作的领导，处理好党的领导与社会共治的关系；必须坚持以人民为中心的理念，处理好组织群众与服务群众的关系；必须坚持以法治为保障，处理好法治社会与人情社会的关系。党建引领基层治理，重点推动"三个转变"。面对新形势、新挑战、新任务，基层治理必须始终坚持以党建为引领，以人民为中心，紧紧围绕党的十九大提出的"共建、共治、共享"理念，推动基层治理体系、治理方式、治理环境实现"三个转变"。

（一）着眼于党建聚合力，推动基层治理体系由"单打独斗"向"整体推进"转变

乡镇、街道和村、社区是社会矛盾的直接面对者，但由于权限有限，破解

矛盾的能力明显不足。必须通过治理重心下移、组织联建等方式，进一步强化基层党组织的统筹力和组织力，形成合力共治的基层治理格局。

（1）积极探索"小网格""大党建"，逐步实现街道社区吹哨、部门报到。在街道层面，通过整合"综治工作、市场监管、综合执法、便民服务"四个平台，派驻市场监管、综合执法、卫生健康、司法、自然资源、生态环保等部门进驻街道（镇），下放考核权和干部调动一票否决权，赋予基层最大管理权、话语权和指挥权，有效破解属地街道（镇）"看得见、管不了"和部门"管得了、看不见"的问题。在社区层面，建立全科网格，要求每个网格员每周不少于3个半天、每半天不小于2小时走访网格和群众。同时给每个网格员配备"网格通"，发现问题第一时间一键上报，流转给部门在规定时间内解决。通过"四个平台"和"网格化"管理，街道、镇和村、社区干部的权力大了、进村入户多了，部门之间的推诿少了，解决问题的责任落实了。

（2）探索"小社区""大党委"，逐步实现社区吹哨、党员报到。一个社区往往几千人，但社区工作人员才几个人，每天面对各种琐碎的事务，往往难以应对。针对这一问题，应积极探索建立以社区党组织为核心，以居委会、业委会、物业、环物委、社会组织、共建单位等多元主体共同参与的"一核多元"的基层治理体系。通过设立社区党组织兼职委员这一纽带，加大社区党组织与物业、业委会、辖区党政机关、企事业单位、各类社会组织的沟通联系，发动辖区单位积极参与到基层治理中来。

（二）着眼于党员带群众，推动基层治理格局由"自上而下"向"上下互动"转变

党的十八届三中全会首次提出"社会治理"的概念，要求更加突出群众的主体地位，强调双向的协商与合作，做到治理为了群众、治理依靠群众、治理成果由群众共享。党员带动群众，第一，做到围着群众转。互联网时代，人与人之间的沟通联系越来越便捷，但面对面、心贴心地做群众工作的优良传统不能丢。社区应聚焦群众"天天有感"的民生关键小事，多开展"服务群众、服务基层"活动，在全区基层党组织开展"进民户、访民情、解民忧"专项行动，听取群众诉求、解决民生问题。同时，社区还应积极畅通群众反映诉求的渠道，

创新收集民意的渠道，更高效地解决民生问题。第二，党员要带着群众干。突出群众的主体地位，更多地发动和依靠群众，充分调动群众的创造力和积极性，让群众参与决策和治理的全过程，实现民事民议、民事民办、民事民管，让群众从基层治理的"旁观者"向"参与者"直至"主导者"转变。第三，党员要做给群众看。基层治理，干部有为是关键，群众满意是标准。要树立一线导向，积极鼓励党员干部激情干事、担当有为，注重培养一批热心做、善于做群众工作的基层干部。要树立实干导向，以实绩论英雄，把工作成效、群众满意作为对基层组织和干部年度考核的重要依据，让干实事的干部不吃亏，让不作为的干部有压力。

（三）着眼于党风促民风，推动基层治理环境由"传统落后"向"文明法治"转变

推进基层治理，必须将上级要求与基层实际相结合，做到上接天线下接地气，既有活力又有秩序，既讲法治又讲自治。第一，强化核心价值观引领。围绕习近平新时代中国特色社会主义思想、乡村振兴战略、全面从严治党等，组织开展"圆梦宣讲团"等下基层宣讲活动，推动新思想在基层生根开花。通过设立党员"红黑榜"，对长期不参加党组织固定活动、没做好党员联户工作、不配合中心工作的，上"黑榜"，极大地触动基层党员，有力地发挥党员在拆违拆除、河道整治、"两路两侧"等综合整治中的带动作用。第二，坚持依法治理底线。要让法治在基层落地生根，破除群众信"上"不信"下"，信"访"不信"法"，信"闹"不信"理"的现象。探索推行"村级小微权力清单制度"，实施阳光村务，明确村干部权力"边界"，规范村干部用权行为。积极探索"执法进小区"，组织综合行政执法、住房城乡建设、交警、公安、市场监管、生态环境等部门共同开展联合执法，同时，要注重推进基层规范文明执法。第三，发挥村规民约作用。村规民约是介于法律与道德之间的自治规范，是维护乡村生活秩序的法宝。要充分发挥村规民约的作用，抵制陈规陋习，引导村民向上向善、孝老爱亲、重义守信、勤俭持家。注重先进道德文化引导，挖掘乡村传统文化的时代价值，培塑典型、弘扬真善美、传播正能量。尤其是要发挥村规民约在推进基层拆违、治水等环境整治、乡村振兴中的积极作用。

三、党建引领基层治理的发展

党建引领基层治理，应做到"三个坚持"，处理好"三对关系"，务实推进党建引领基层治理，必须坚持三条基本原则，处理好三对关系。第一，必须始终坚持党对一切工作的领导，处理好党的领导与社会共治的关系。加强党对基层治理的领导重在加强基层党组织的统筹力，发挥党对多元共治主体的领导作用，确保党始终总揽全局、协调各方，达到"党旗一挥、一呼百应"的效果。要在引领基层治理的方向性领域下功夫，发挥基层党组织在调动社区党员和辖区单位在塑造共识、搭建联动载体和资源整合等方面的作用，以党建带动共建，提升其他社会主体的治理能力，动员全社会力量实现共同治理。第二，必须始终坚持以人民为中心的理念，处理好组织群众与服务群众的关系。加强党对基层治理的领导，重要的是提升党的群众号召力。新时代如何处理好服务群众和组织群众自我之间的关系，培养群众自我管理、自我服务的能力格外重要。既要提升基层党建服务力，坚持群众需求导向，满足群众对美好生活的向往。同时，要突出群众主体地位，调动群众参与基层治理的积极性，提升自我管理和自我服务的意识和能力。第三，必须始终坚持以法治为保障，处理好法治社会与人情社会的关系。加强党建引领基层治理，必须牢牢守住法治这一底线。一方面，要树立法治观念，强化法治思维和法治手段，让办事依法、遇事找法、解决问题用法、化解矛盾靠法成为基层治理的常态。另一方面，要立足基层尤其是农村民俗和传统文化，用"村规民约"、道德规范来凝聚群众的共同价值观、约束自我行为，解决一些"法律管不了，政府不好管"的事情。

2019年，北京多了一个政务名词：接诉即办。具体而言，就是以12345市民服务热线为主渠道的群众诉求快速响应机制。12345是一条滚烫的热线，牵动着全市上下各级党员干部。2019年全年，共接听来电696.36万件，共受理诉求251.97万件，群众诉求响应率始终在100%，诉求的解决率由1月的53.09%提升至10月的74.36%，诉求的满意率由64.61%提升至85.39%。从"有一办一、举一反三"到"主动治理、未诉先办"，接诉即办在"打通服务群众最后一公里"的探索过程中逐渐演进。自下而上和自上而下的工作创新、机制创新、制度创新层层涌现，为创新超大城市基层治理路径做出了有益探索。这是北京市党建引领基层治理体系机制的创新，目标是打通服务群众的最后一公里。在接诉即办月度点评会上，市委书记蔡奇说，"接诉即办"是一个富矿，它形成的大数据要好好地用好。今后，春夏秋冬、十二个月要摸索出规律来。掌握了这些规律，我们就可以做到未诉先办、主动谋划。

习近平总书记视察北京工作时强调，要坚持人民城市为人民，以北京市民最关心的问题为导向，增强人民群众获得感。在2019年的"不忘初心、牢记使命"主题教育工作会议上总书记指出，着力解决群众的操心事、烦心事，以为民谋利、为民尽责的实际成效取信于民。通过接诉即办等一系列的机制创新，北京正在将总书记的重要思想在京华大地化为生动实践。

四、通过立法改进发展过程中的顽疾（北京市修改物业管理办法）

"接诉即办"以来，物业管理成为投诉热点。总结共性问题，市住房城乡建设部门"举一反三"。结合今年开展的物业管理专项治理工作，对群众反映集中的问题和小区，采取"双纳入"——问题纳入专项治理范围，全市普查普改；小区纳入专项检查范围，重点指导集中治理。本市出台的《关于加强新时代街道工作的意见》中专门提出：探索建立物业管理长效机制，扩大业主委员会、物业服务企业的党组织覆盖，建立健全社区党组织领导，居民委员会、业主委员会、物业服务企业共同参与的小区治理机制。

我国人民对物业服务的要求随着我国人民生活质量的提高而提高，物业管理专业化、市场化成为一种发展趋势。在这种情况下由专业化的物业公司提供专业的服务极大地满足了人们的需要。通过物业服务企业提供服务，业主按照合同约定支付相关费用，表面上看是一种平等合理的关系，但作为一种社会关系，关系双方之间的矛盾和纠纷是在所难免的。而在实际中，由于法律制度不完善，法律运行机制不健全等原因，使得物业服务纠纷的处理出现了许多问题，这些问题的存在对业主的正常生活和物业服务企业的正常运行都造成了一定的影响，甚至发展为严重的群体性问题，影响社会的和谐。

　　物业管理关系到千家万户的权益，物业管理的双重法律属性及其复杂的多方法律关系致使物业管理领域纠纷频发。社会治理法治化有助于保证政府、市场和业主自治组织等法律关系主体的基本权利和义务的履行，真正实现多元民主的社会治理。因此，有必要以治理社会公共性问题为指引，从社会治理视域出发，为物业管理的运行提供法制规范。物业管理行为的公权和私权法律属性体现为行政法律关系和民事法律关系，在运行中出现物业监管主体法律职能虚化，物业服务企业管理职能强化，业主及其自治组织法律地位弱化等困境。究其原因，在于现行物业管理法律制度的缺陷，如立法层面的物业管理基本立法缺失，操作性指引缺乏，区域地方立法繁杂混乱等；执法主体缺席和错位共存，司法判决标准不统一。对此，需将社会治理与物业管理法律制度相结合，重塑政府物业管理法律制度引导职能、法律服务职能和法律监管职能。进而厘清物业管理法律关系，完善物业管理立法体系，依法引入第三方服务机构，明确业主自治组织的法律地位和物业服务合同的性质，加强纠纷调解机制的完善。在政府负责、社会协调、公众参与和法治保障的社会治理环境下，努力使物业管理朝着良性方向发展，营造共建共治共享的社会治理格局。

　　北京作为首都，应着眼于超大城市治理，以推动健全精治共治法治的城市管理体制机制为统领，修改物业管理办法，拟制定物业管理条例。《北京市物业管理条例》的修订与实施为规范物业管理活动，维护业主和物业服务企业的合法权益提供了坚实的法律保障，为改善人民群众的生活和工作环境做出了积极的努力。2019年11月25日上午，《北京市物业管理条例（草案）》（以下简称《草案》）提请市十五届人大常委会第十六次会议审议。《草案》总共有8章，包括总则；物业管理区域；前期物业；业主、业主组织和物业管理委员会；物业服务；物业的使用和维护；法律责任；附则。主要包括以下七大内容：

　　（1）建立党建引领下的社区治理架构。《草案》明确，本市物业管理坚持党的领导、政府主导、居民自治、多方参与、专业化管理的工作格局。建立健全社区党建引领，居（村）民委员会、业主委员会或者物业管理委员会、物业管理人、业主等共同参与的治理架构。推动在物业服务企业、业主委员会或者物业管理委员会中建立党组织，发挥党的基础组织作用。

（2）街道、乡镇指导监督业主大会、业委会。《草案》提出，街道办事处、乡镇人民政府组织、协调本辖区内业主大会成立和业主委员会选举换届、物业管理委员会组建工作，并办理相关备案手续，指导、监督业主大会、业主委员会或者物业管理委员会依法履行职责，有权撤销其做出的违反法律、法规和规章的决定，参加物业承接查验，指导监督辖区内物业管理项目的移交和接管，对物业管理区域内的物业服务实施监督检查，指导监督物业管理人履行义务，调处物业管理纠纷，统筹、协调、监督管理辖区内物业管理活动。

（3）明确建设单位承担前期物业服务。《草案》规定，建设单位承担前期物业服务责任。建设单位销售房屋前，应当选聘前期物业管理人，签订前期物业服务合同。前期物业服务合同期限最长不超过2年，具体期限在前期物业服务合同中约定。期限届满前3个月，由业主共同决定是否继续使用前期物业管理人。

物业费方面，《草案》明确，前期物业服务合同生效之日至出售房屋交付之日当月发生的物业服务费用，由建设单位承担。出售房屋交付之日的次月至前期物业服务合同终止之日的当月发生的物业服务费用，由业主按照房屋销售合同的约定承担；房屋销售合同未约定的，由建设单位承担。

（4）交付面积过半下"双5%"即可申请成立业主大会。《草案》明确了申请成立业主大会的条件、业主委员会的选举程序、筹备组的组建及工作内容、首次业主大会的议定事项、业主大会和业主委员会的职责、业主大会依照规定召开的组织监督。

按照规定，一个物业管理区域内，已交付业主的专有部分达到建筑物总面积50%以上的，5%以上的业主、专有部分占建筑物总面积5%以上的业主或者建设单位可以向街道办事处、乡镇人民政府提出成立业主大会的申请，居（村）民委员会也可以组织达到前述条件的业主或者建设单位提出成立业主大会的申请。

（5）建立物业管理委员会制度。《草案》建立了物业管理委员会制度，规定其履行组织业主共同决定物业管理事项的职能，设定了物业管理委员会的构成及运行程序，明确了关于业主对物业管理委员会确定的事项产生异议后的处理程序，充分保障业主权益。

根据规定，有下列情形之一的，街道办事处、乡镇人民政府负责组建物业管理委员会，组织业主共同决定物业管理事项：

① 不具备成立业主大会条件的。

② 具备成立业主大会条件但因各种原因未成立的。

③ 业主大会成立后，未能选举产生业主委员会的。

④ 需要重新选举业主委员会，经物业所在地街道办事处、乡镇人民政府组织、指导后仍不能选举产生业主委员会的。

（6）商品房小区物业费实行市场调价。《草案》根据住宅小区不同类型对物业服务收费的动态调整进行了分类处理。其中，商品房小区物业服务收费实行市场调节价，由业主和物业服务企业遵循合理、公开、质价相符的原则进行协商。物业服务费纳入政府定价目录的，规定由市发展改革委员会会同市住房和城乡建设行政主管部门根据实际情况予以调整。

《草案》明确，市住房和城乡建设行政主管部门应当发布住宅小区物业服务项目清单，明确服务标准和服务内容。物业管理行业协会应当监测并定期发布物业服务项目成本信息和计价规则，供业主和物业管理人在协商物业服务费用时参考。

（7）明确专项维修资金的监督管理。《草案》明确了专项维修资金的续筹标准，规定当专项维修资金余额不足首期筹集金额30%的，业主委员会或者物业管理委员会应当及时通知、督促业主按照届时适用的标准补足专项维修资金。

在专项维修资金的管理上，《草案》也提出，未选举产生业主委员会的，专项维修资金由物业所在地区住房城乡建设或者房屋行政主管部门代管，存入银行专用账户。选举产生业主委员会的，业主大会可以决定自行管理专项维修资金，或者委托物业所在地区住房城乡建设或者房屋行政主管部门代管。业主大会决定自行管理的，应当以自己名义设立专用账户，街道办事处、乡镇人民政府应当监督、指导专项维修资金的使用管理。

五、重视和充分发挥业委会的作用

当前，在一些成立了业主委员会的小区中，业主与物业管理公司之间矛盾不断，有的甚至发生"对立"，使小区管理陷入困境和混乱之中。可见，如何有效发挥业主委员会的作用，已成为各级房管部门和物业管理企业必须认真思考的一个问题。当前业主委员会作用软化的主要原因：第一，法律法规不完善，缺乏相关的指导依据。截至目前，国家现行的相关法律、法规对业主委员会的成立及运作缺乏可操作性的指导依据。当前，大多数业主委员会的成立还处于一种自发式或指定式的无规则运作状态。《物业管理条例》明确要求，同一个物业管理区域的业主，应当在物业所在地的区、县人民政府房地产行政主管部门的指导下成立业主大会，并选举产生业主委员会，但对于如何指导、政府主管部门应当具体履行哪些职能却未予以明确。此外，业主委员会的法律地位还不明确，它既不是法人组织，也不是社团组织。业主委员会究竟能够承担怎样的责任，能否作为诉讼主体，对授权范围内的工作失误该负什么样的责任，我国现行的相关法律法规都没有予以明确。第二，业主法律意识不强，思想观念滞后。首先业主目前参与小区公共事务决策的积极性不高。对未真正涉及个人切身利益的事情，大部分业主缺乏关注度，态度漠然。这种态度导致业主委员会成员多是退休的老人，缺乏广泛的群众基础。业主委员会几乎成为一个"空中楼阁"式的组织，不能发挥其应有的作用。其次，不少业主对业主委员会的职能作用缺乏足够认识。有的业主认为，业主委员会就是带领大家"维权"，跟物业管理公司和开发商搞对立，全方位地为业主争取"最大"利益；有的业主认为，业主委员会既不是法人组织，又不是社团组织，对一些重大问题不能完全委托于它。

有效发挥业主委员会作用的意见和建议，首先是完善法律法规，努力做到有法可依。首先是要制订、出台有关成立业主委员会运作的实施细则。目前物业管理公司作为企业法人，国家的有关法律法规和行业主管部门的政策规定均对其进行了相应的约束。业主委员会作为市场经济下的群众自治组织，从组建开始直至成立后的运转也应建立相应的法律法规，以加强对业主委员会运作的指导和监督。其次是要构建完善的业主自治机制。在物业服务过程中，构建完善的业主自治机制，除了要进一步加快如《物权法》等相关法律法规的立法进程外，业主的自律和综合素质也非常重要。《业主公约》是业主自治自律最重要的合约性文件，但是法律法规并没有赋予任何机构对违反《业主公约》的业主或物业使用人予以追究其责任的权利，这决定了业主自治机制的严重缺陷和不足。因此，政府要在加强对业主委员会运行进行指导监督的同时，完善业主自治机制的实施办法，以促进物业管理行业健康有序的发展。最后是要确定业主委员会的法律地位。业主委员会法律地位的不确定，使业主委员会没有权威，这导致其在协调物业管理公司和业主之间关系的工作中，常常处于一种较为尴尬的境地。因此，应通过立法，清楚、正确、合理、科学地给业主委员会一个明确的法律地位，赋予业主委员会一定的权利和权威，并规定其应承担的义务及应为自身行为所承担的法律和社会责任。同时，应建立监督考核机制，加大政府指导力度。首先，可以考虑将业主委员会纳入政府管理。政府主管部门在尊重业主委员会自治管理的同时，可将属地街道办事处、居委会作为业主委员会的组建和日常归口管理方。在业主委员会选举的宣传、业主代表名额的分配与确定、业主委员会成员资格的审核等方面发挥权威作用，真正帮小区组建一支高素质、有权威、能正确发挥作用的业主委员会队伍。

在生活当中，业主与业主之间，业主与物业、开发商之间都有可能发生这样那样的纠纷，当纠纷出现时，业主委员会可以充当其间的桥梁，起到很好的沟通作用，避免问题的恶化。

事实上，业主委员会除了能够让广大业主受益外，对于正规的开发商和物业管理来说，也是好处多多。业主委员会跟开发商不是对立的，实际上，如果处理得好，业主委员会可以帮助开发商解决不少问题。因为，作为开发商很难了解到业主需要什么东西，特别是后续提供的一些配套服务，比如会所以及相关的配套设施，而业主委员会则可以帮助开发商了解业主的需求，这样开发商提供的服务就能够满足业主的需求，避免未来出现很多纠纷。业主委员会可以对物业管理提出意见，使物业进行相应的完善，这样整个物业管理水平也随之提高。

六、党建引领基层治理进一步发展

（一）坚持党对一切工作的领导

习近平总书记在党的十九大报告中指出："坚持党对一切工作的领导。党政军民学，东西南北中，党是领导一切的。"很显然，党的领导是覆盖社会生活各个领域、贯穿国家治理全过程的。党对基层治理的领导是题中应有之义。北京市"街乡吹哨、部门报到"改革把全面加强党对基层治理的领导作为核心，不仅体现了党对基层治理领导的必然性，而且凸显了党加强对基层治理领导的紧迫性。

（1）加强党对基层治理的领导是落实党领导一切政治原则的重大任务。在当今中国，党是最高政治领导力量。党具有强大的领导力，一方面体现为党中央的坚强领导，体现为党的领导核心的思想引领和决策指引；另一方面体现为一线领导干部的创造力和执行力，特别是基层党组织的领导能力和领导绩效。北京市以系统性、整体性的思维谋划改革，着力优化党领导基层治理的体制机制，探索解决基层治理"最后一公里"问题的途径和方法，确保党的全面领导对基层治理的全覆盖，确保党的领导更加坚强有力。实践证明，党对基层治理的领导是党的执政之基、执政之要。只有把党建设好，把党的领导落实到基层，才能切实贯彻党领导一切的最高政治原则，才能真正巩固党的执政基础。

（2）加强党对基层治理的领导是推进国家治理体系和治理能力现代化的必然要求。全面深化改革的总目标是要实现国家治理体系和治理能力的现代化。在国家治理这座大厦中，基层治理是基石。要实现国家治理体系和治理能力现代化，必须加快推进基层治理的现代化。党要全面加强对社会治理的领导，就必须加强对基层治理的领导。基层治理面对最广大的群体、最复杂的矛盾、最具体的问题，治理现代化的任务最多最重。在中国，实现国家治理体系和治理能力现代化离不开党的领导。毫无疑问，基层治理现代化如果没有党的领导将一事无成。通过北京市的改革实践可以看出，加强党对基层治理的领导对实现国家治理体系和治理能力现代化具有多么重要的意义。

（3）加强党对基层治理的领导是社会治理重心下移的客观要求。改革开放以来，国家治理取得了重大突破和巨大成功，但基层治理"最后一公里"还没有完全打通，矛盾和问题仍然突出。部分基层组织发育不健全、功能不完善，难以发挥应有的作用；基层政府由于权力、资源配置和机构设置不合理，难以做到便民高效；一些基层干部能力不强、担当不够，难以有大作为。正因如此，习近平总书记强调要"推动社会治理重心向基层下移"。这就迫切需要构建党组织统一领导、各类组织积极协同，人民群众广泛参与的基层治理体系；需要清除基层行政的弊病，提升基层干部的本领，把党的力量和主张传递到"神经末梢"。今天，北京市正在向建设成为国际一流和谐宜居的首善之都迈进，但作为超大型城市面临转型升级，疏解非首都功能和北京城市副中心建设时间紧、任务重、压力大，特别是我国社会主要矛盾变化，民生需求结构复杂、各种社会矛盾叠加，基层治理面临极为严峻的挑战。这不仅给基层治理带来了更繁重的任务，而且对基层治理提出了更高的要求。"街乡吹哨、部门报到"改革实践作为对基层治理难题的回应，充分表明党加强对基层治理的领导具有明显的紧迫性。

（二）推进理念更新与路径转换

通过分析基层社会治理面临的客观形势和现实问题，以及准确把握党建引领之于基层治理智能化、精细化主要功能的基础上，我们认识到，在数字化、智能化时代，基层社会治理要走向智能化、精细化，需要在新时代党建引领下，在充分运用和发挥现代智能科技的基础上，坚持价值性、法治性、系统性、渐进性原则，积极推进基层治理理念更新和路径转换。

（1）坚持以人民为中心的价值性原则。党的十九大报告指出：要不断满足人民日益增长的美好生活需要，不断促进社会公平正义，形成有效的社会治理、良好的社会秩序，使人民获得感、幸福感、安全感更加充实、更有保障、更可持续。可以说，推进基层治理走向智能化、精细化的根本目的和核心价值就是在于以人民为中心，服务和满足人民群众美好生活的需要。为此，所有基于治理的制度设计、技术运用、机制创新、环境优化、流程再造等，都要以人民的利益为出发点和落脚点。当然，在提供更为智能、更为精细、更为高效服务的同时，我们也要警惕智能化、信息化带来的"技术异化"而导致"治理异化"，即反而限制、束缚，甚至损害人们自身的自由和幸福。

（2）坚持严格规范公正文明的法治性原则。"促进社会公平正义、维护社会和谐稳定，是行政执法工作最重要的价值追求所在"。社会治理离不开法治保障。基层治理智能化、精细化既需要法治手段做保障，也需要法治化水平来衡量。当前，社会转型的特殊背景下，基层社会影响和谐稳定、增加治理难度的因素大量存在，各种利益纠纷矛盾多发、多样、多变。而人民群众法律、权利意识日益增强，这就要求基层治理包括执法主体在内的各类参与主体，必须坚持严格规范公正文明的法治性原则，为智能化、精细化治理提供有力支撑和法治保障。

（3）坚持结构要素目标体系的系统性原则。系统性原则也可称为整体性原则。这里强调的是在推进基层治理智能化、精细化的过程中，要坚持将各参与主体、资源、设施等要素及其目标任务、运行机制等形成结构化、协同化的系统性有机整体。一方面，基层社会本身就是一个复杂多元的社会系统；另一方面，智能化、精细化治理是一个复杂的系统工程，涉及的条条块块非常多，需要我们坚持用系统方法和复杂性科学观点进行筹划，以提升基层治理的协同性和系统性。

（4）坚持智能科技应用支撑的融合性原则。推进基层治理智能化、精细化的一大关键在于智能科技的应用及支撑，而其中又以信息融合为核心，这关系到智能化与精细化治理的实现程度及其效应问题。信息融合原为数据融合，已成为现代信息处理的一种通用工具和思维模式，包括传感探测、计算互联、组合集成、转化应用等环节。随着人工智能迅速发展，信息融合技术正朝着智能化、集成化的趋势发展，应用领域已经非常广泛。没有信息科技的应用支撑，基层治理无法走向智能化、精细化。为此，要大力融合运用智能科技提升基层治理智能化、精细化水平。

（5）坚持因地、因时、因势制宜的渐进性原则。推进基层治理智能化、精细化是一个逐步优化、持续创新的渐进过程，不可能一蹴而就。为此，需要坚持因地、因时、因势制宜的原则。根据不同区域、不同时期、不同条件的客观差异和现状问题，立足现存基础、资金、技术、人才以及机制体制等实际情况，具体问题具体分析，充分尊重智能科技规律，避免将智能化治理"泛化""虚热"等治理乱象，而逐步有效地推进基层治理智能化、精细化。

总之，党建引领下的基层社区治理精细化是一个复杂的系统工程，不是一朝一夕、一蹴而就的事情，需要在廓清理论概念范畴的前提下，充分发挥基层党建的功能力量，正视和分析存在的问题，推进基层传统管理向基层现代治理体系化转型，加快"基层党建＋社会治理"精细化、创新化治理模式生成，构建中国特色社会主义基层社会治理新格局。

第九章

城市治理纠纷的
行政救济

　　城市治理工作需要行政机关依法进行，依据《行政许可法》《行政处罚法》《行政强制法》《突发事件应对法》《土地管理法》《国有土地上房屋征收与补偿条例》等法律法规。在城市治理工作中，我们要客观地看到，行政机关的行为受到主客观条件的限制，可能会有失误并导致相对人的合法权益受到损害，而当事人认为行政机关作出的行政许可、行政处罚、行政强制、行政征用、行政征收等行政行为侵犯了自己的合法权益，有权依法提起行政救济，保护其合法权益。

　　行政救济是向受到行政机关侵权的公民、法人和其他组织提供法律补救恢复其合法权益的制度。行政救济制度的主要法律特征是保护公民、法人和其他组织的个体权利。除非法律另有规定，行政救济由受到行政侵权的公民、法人和其他组织提起。国家机关提供权利救济的手段，是通过法定程序撤销、变更违法的行政决定、确认和宣告行政决定的违法性和失当性、履行法定义务和提供国家赔偿等。

　　行政救济的种类可以分为程序化救济和普通行政救济。程序化救济的特征是有严格的提起条件、受理机关、审理、决定和执行程序，这类救济制度包括行政复议、行政诉讼等。普通行政救济有申诉、信访等，程序因素和程序化程度比较低。

　　行政复议与行政诉讼是保证行政机关依法行政的重要手段，也是城市治理工作中构建和谐社会的重要保证。本章分两部分，分别阐述城市治理纠纷的行政复议及行政诉讼这两种救济制度。

第一节　城市治理纠纷的行政复议

　　城市治理纠纷的行政复议，是指行政机关根据上级行政机关对下级行政机关的监督权，在当事人的申请和参加下，按照行政复议程序对城市治理工作中的具体行政行为进行合法性和适当性审查，并作出裁决解决城市治理工作中行政侵权争议的活动。

　　我国现行的复议制度是作为行政诉讼的配套制度于1990年建立起来的。1990年12月24日国务院发布了《行政复议条例》，1994年10月9日国务院发布了关于修正该条例的决定。1999年4月29第九届全国人大常委会第九次会议颁布了《行政复议法》，2007年5月23日国务院根据《行政复议法》制定并颁布了《行政复议法实施条例》。使行政复议脱离行政诉讼配套制度框架，建立起独立的国家行政复议制度。

一、行政复议的基本原则

　　行政复议的基本原则具有基础性和概括性。基础性是指基本原则构成其他具体规范的根据，概括性是指它体现具体规则的共同性和关联性。行政复议法规定的基本原则总起来说是一种义务性规则，规定了行政机关复议活动必须履行的基本法律义务，包括了合法、公正、公开、及时和便民五个方面。

　　合法原则是处理复议活动与法律相互关系的基本准则，它要求复议活动对法律的服从，具有与法律的一致性。合法性是克服行政复议中可能的行政机关上下级之间袒护，进而取得公众信任的根本保证，也是其他基本原则的基础。没有合法原则，公开、公正、及时、便民等原则就失去根据。

　　公开原则是对行政复议方式的基本规定，它从原则上否定了行政秘密。中华人民共和国政府的权力来自于人民，应当全心全意为人民服务。所以，作为行政复议机关的基本义务，应当满足和保障当事人和公众的了解权、监督权。行政复议活动应当为公众所了解，接受当事人和公众的监督。这是人民群众当家做主的重要表现。

　　公正原则是对行政复议活动过程和结果的基本要求，是评价行政复议正当性的重要准则。它要求禁止对任何一方当事人的偏私袒护，平等对待申请人和被申请人，无论是在程序权利上还是在对实体权利的处理上。它是一种实质意义上的合法性要求，覆盖面大，运用灵活。

及时原则是处理行政复议与行政效率相互关系的基本准则，其基本含义是指行政复议机关在处理案件时，应当尽量程序简单、时间短暂，以使行政争议较快得到解决，行政关系得到较快确定，行政秩序得到较快恢复。及时原则是行政复议程序简单化的基本根据。及时原则就是效率原则，是对公正原则的必要补充。出于对公正与效率平衡的需要，公正原则的运用应当与及时原则有机结合起来。

便民原则是指行政复议应当将减少当事人的讼累和支出作为基本活动准则。行政复议应当尽量使当事人在复议中以最少的付出获得最有效的权利救济。例如，行政复议不收费、当事人选择复议机关、结案时间比较短等都是这一原则的体现。

二、行政复议不是行政诉讼的前置程序，法律另有规定的除外

《行政复议法》第三十条第一款规定了一类特殊案件的复议前置问题，具体表述是"公民、法人或者其他组织认为行政机关的具体行政行为侵犯其已经依法取得的土地、矿藏、水流、森林、山岭、草原、荒地、滩涂、海域等自然资源的所有权或者使用权的，应当先申请行政复议；对行政复议决定不服的，可以依法向人民法院提起行政诉讼"。

简单一点说，这句话的意思就是如果有人认为行政机关的具体行政行为侵犯了自己已依法取得的自然资源权利的，非经复议不得直接提起行政诉讼，也就是要求复议前置的意思。

如果从上述法律的规定来看，这里需要复议前置的行为曾经被认为是包括了行政机关的各种形式、各种名称，与土地、矿藏、水流、森林、山岭、草原、荒地、滩涂、海域等自然资源的所有权或者使用权有关的具体行政行为。由此导致许多人认为城市治理中的不少行政诉讼也必须复议前置。但后来，考虑到这种认识使得此类复议前置案件的范围过于宽泛，对当事人的行政诉权造成了一些不必要的限制，最高人民法院便在2003年给山西省高院的一次批复中对该条款作出了限定性的解释。批复的全文是"山西省高级人民法院：你院《关于

适用〈行政复议法〉第三十条第一款有关问题的请示》收悉。经研究，答复如下：根据《行政复议法》第三十条第一款的规定，公民、法人或者其他组织认为行政机关确认土地、矿藏、水流、森林、山岭、草原、荒地、滩涂、海域等自然资源的所有权或者使用权的具体行政行为，侵犯其已经依法取得的自然资源所有权或者使用权的，经行政复议后，才可以向人民法院提起行政诉讼，但法律另有规定的除外；对涉及自然资源所有权或者使用权的行政处罚、行政强制措施等其他具体行政行为提起行政诉讼的，不适用《行政复议法》第三十条第一款的规定。此复"。这次解释是由最高法院审委会通过，并以最高法院公告的形式发出的，编号为法释〔2003〕5号。

因此，到了2005年，最高法院行政庭又在一次给甘肃省高级人民法院的批复中再次对这一条款做出解释，其全文是"甘肃省高级人民法院：你院报送的《关于行政机关颁发土地、矿藏等自然资源所有权或者使用权证的行为是否属于确认具体行政行为的请示》收悉。经研究答复如下：最高人民法院法释〔2003〕5号批复中的'确认'，是指当事人对自然资源的权属发生争议后，行政机关对争议的自然资源的所有权或者使用权所作的确权决定。有关土地等自然资源所有权或者使用权的初始登记，属于行政许可性质，不应包括在行政确认范畴之内。据此，行政机关颁发自然资源所有权或者使用权证书的行为不属于复议前置的情形。此复"。该批复的编号为〔2005〕行他字第4号。

也就是说，从1999年的《行政复议法》到2003年的第一次解释，再到2005年的第二次解释，这类复议前置案件的范围是在不断明确的，从"各种行为"缩小为"确认"性质的行为再缩小为行政机关处断民事纠纷的"裁决"行为。这种明确减少了争议，并未影响复议活动的依法进行，且进一步明确了当事人行政救济的途径，例如：

依据《行政许可法》第七条："公民、法人或者其他组织对行政机关实施行政许可，享有陈述权、申辩权；有权依法申请行政复议或者提起行政诉讼；其合法权益因行政机关违法实施行政许可受到损害的，有权依法要求赔偿。"

《行政强制法》第四十四条："对违法的建筑物、构筑物、设施等需要强制拆除的，应当由行政机关予以公告，限期当事人自行拆除。当事人在法定期限内不申请行政复议或者提起行政诉讼，又不拆除的，行政机关可以依法强制拆除。"

《国有土地上房屋征收与补偿条例》第十四条："被征收人对市、县级人民政府作出的房屋征收决定不服的，可以依法申请行政复议，也可以依法提起行政诉讼。"第二十六条第三款："被征收人对补偿决定不服的，可以依法申请行政复议，也可以依法提起行政诉讼。"

我们应该知道，多数城市治理工作中的行政复议不是行政诉讼的前置程序。虽然城市治理工作中行政复议不是行政诉讼的前置程序，但是只要当事人认为该具体行政行为侵犯其合法权益，均有权依法向有管辖权的行政复议机关申请行政复议。

三、行政复议的申请与受理

（一）行政复议的申请

1. 申请时间

申请行政复议的时间有三方面内容：

第一是申请期限。行政复议法规定可以在60日内申请行政复议。但是法律有关于超过60天的规定的，按照法律的规定。

第二是法定期限的耽搁。法定期限的耽搁有两种情况：一个是不可抗力，是指不能预见、不能避免并不能克服的客观情况的出现致使在法定期限内不能申请行政复议。另一个是其他正当理由，例如申请人病重住院。法定期限耽搁的继续方法，是从障碍消除之日起继续计算。

第三是申请期限的起算。应当是从申请人知道作出该具体行政行为之日起算。所谓知道之日，是指了解具体行政行为内容之时。"知道"的法定途径有两种：当场直接送到的按照送达的时间计算；其他方式送达的按照送达的具体方式计算。其他情况应当由行政复议机关根据以下条文中的具体情况确定。

《行政复议法实施条例》第十五条："行政复议法第九条第一款规定的行政

复议申请期限的计算，依照下列规定办理：

（1）当场作出具体行政行为的，自具体行政行为作出之日起计算。

（2）载明具体行政行为的法律文书直接送达的，自受送达人签收之日起计算。

（3）载明具体行政行为的法律文书邮寄送达的，自受送达人在邮件签收单上签收之日起计算；没有邮件签收单的，自受送达人在送达回执上签名之日起计算。

（4）具体行政行为依法通过公告形式告知受送达人的，自公告规定的期限届满之日起计算。

（5）行政机关作出具体行政行为时未告知公民、法人或者其他组织，事后补充告知的，自该公民、法人或者其他组织收到行政机关补充告知的通知之日起计算。

（6）被申请人能够证明公民、法人或者其他组织知道具体行政行为的，自证据材料证明其知道具体行政行为之日起计算。

行政机关作出具体行政行为，依法应当向有关公民、法人或者其他组织送达法律文书而未送达的，视为该公民、法人或者其他组织不知道该具体行政行为。"

《行政复议法实施条例》第十六条："公民、法人或者其他组织依照行政复议法第六条第（八）项、第（九）项、第（十）项的规定申请行政机关履行法定职责，行政机关未履行的，行政复议申请期限依照下列规定计算：

（1）有履行期限规定的，自履行期限届满之日起计算。

（2）没有履行期限规定的，自行政机关收到申请满60日起计算。

公民、法人或者其他组织在紧急情况下请求行政机关履行保护人身权、财产权的法定职责，行政机关不履行的，行政复议申请期限不受前款规定的限制。"

2. 申请形式

申请人表达申请意愿的形式，既可以是书面的，也可以是口头的。

口头申请的，行政复议机构应当当场制作行政复议申请笔录交申请人核对或者向申请人宣读，并由申请人签字确认。笔录的主要内容应当有申请人的基本情况、被申请人的名称、行政复议请求、申请行政复议的主要事实和理由申请人的签名或者盖章。

依据《行政复议法实施条例》第十八条的规定："申请人书面申请行政复议的，可以采取当面递交、邮寄或者传真等方式提出行政复议申请。有条件的行政复议机构可以接受以电子邮件形式提出的行政复议申请。"

在具体实践中，建议选择用中国邮政的EMS邮寄行政复议申请材料，在内件品名栏填写邮寄的材料名称等，并保留好邮寄单据。

依据《行政复议法实施条例》第十九条的规定，申请人书面申请行政复议的，应当在行政复议申请书中载明下列事项：

（1）申请人的基本情况，包括：公民的姓名、性别、年龄、身份证号码、工作单位、住所、邮政编码；法人或者其他组织的名称、住所、邮政编码和法定代表人或者主要负责人的姓名、职务。

（2）被申请人的名称。

（3）行政复议请求、申请行政复议的主要事实和理由。

（4）申请人的签名或者盖章。

（5）申请行政复议的日期。

（二）征收行政复议申请的受理

1. 受理和受理的期限

行政复议机关应当在收到行政复议申请后的5日内，对申请进行审查并作出有关受理的决定。

（1）对不符合法律规定的申请决定不予受理，并书面告知申请人。

（2）对符合法律规定但是不属于本机关受理的行政复议申请，应当告知申请人向有关行政机关提出。

（3）除了前面两种情形以外，行政复议申请自行政复议机关负责法制工作的机构收到之日起即为受理。

行政复议机关受理行政复议申请，不得向申请人收取任何费用。行政复议活动所需经费，应当列入本机关的行政经费，由本级财政予以保障。

2. 对行政复议机关无理拒绝受理的处理

公民、法人或者其他组织依法提出行政复议申请，行政复议机关无正当理由不予受理的，有两个处理办法：第一是由上级行政机关责令该行政复议机关受理；第二是在必要时，由上级行政机关直接受理。

3. 行政复议申请的移转

（1）移转的义务和情形。县级地方人民政府收到属于其他行政复议机关受理的行政复议申请，有义务转送有关行政复议机关。行政复议法第15条规定了进行转送的5种情形。

（2）移转的期限。移转是法定程序，应当执行法定期限。移转的法定期限是收到该行政复议申请后的7日内。移转时应当同时告知行政复议申请人。

（3）接受移转的处理。接受转送的行政复议机关应当根据关于受理的规定，在法定期限内作出有关受理的决定。但是接受转送的受理时间，应当从收到转送之日起计算。

四、行政复议案例

1996年萧××在中山市东凤镇办了个养猪场。2012年11月21日，中山市东凤镇人民政府对萧××作出《禽畜养殖场强制拆除告知书》，2013年1月6日，中山市东凤镇人民政府组织人员将萧××养猪场的猪全部运走，并将养猪场强制拆除了。

萧××委托北京市才良律师事务所的李金平、陈伟律师代理案件。律师分析案情后，认为东凤镇人民政府没有强制拆除权，《禽畜养殖场强制拆除告知书》也没有说明所依据法律的具体条款，其作出的《禽畜养殖场强制拆除告知书》和强制拆除行为均是违法的。依据《行政复议法》第十三条等相关规定，选择了用行政复议的方式向中山市人民政府提出行政复议申请，行政复议结果支持了萧××的复议请求，确认中山市东凤镇人民政府于2012年11月21日作出的《禽畜养殖场强制拆除告知书》及实施的行政强制拆除行为违法。附上行政复议决定书与读者朋友们分享。

中山市人民政府

行政复议决定书

中府行复〔2013〕31号

申请人：萧××，男，19××年××月××日出生，住址：中山市东凤镇××街×号。

委托代理人：李金平，北京市才良律师事务所律师。

委托代理人：陈伟，北京市才良律师事务所律师。

被申请人：中山市东凤镇人民政府，住所地：中山市东凤镇凤翔大道128号。

法定代表人：罗××，镇长。

申请人萧××不服被申请人中山市东凤镇人民政府于2012年11月21日作出的《禽畜养殖场强制拆除告知书》及强制拆除行为，向本机关申请行政复议，本机关依法予以受理，现已审查终结。

申请人请求确认被申请人作出的《禽畜养殖场强制拆除告知书》及强制拆除申请人养猪场的行政行为违法。

申请人称：被申请人没有强制拆除权，其作出的《禽畜养殖场强制拆除告知书》也没有说明所依据法律的具体条款，被申请人作出的《禽畜养殖场强制拆除告知书》及强制拆除行为均是违法的。

被申请人称：申请人的养猪场位于城镇人口集中地区，未经审批，属于违法擅自兴办的生猪饲养场，必须进行清理拆除。根据《禽畜养殖污染防治管理办法》及广东省环境保护厅、农业厅《关于印发〈关于加强规模化禽畜养殖污染防治促进生态健康发展的意见〉的通知》（粤环发〔2010〕78号）的规定，被申请人对申请人的养猪场作出《禽畜养殖场强制拆除告知书》并予以强制拆除。

行政复议期间，申请人提交了行政复议申请书、禽畜养殖场强制拆除告知书、照片及视频资料等材料，被申请人提交了中山市东凤镇农业和农村工作局出具的《关于萧××违法兴办生猪养殖场的说明》、中山市环境保护局东凤分局出具的《关于萧××违反环保法规建设养殖场的说明》、东凤镇禽畜养殖户养殖情况登记表、禽畜养殖场自行清拆通知书等材料。

经查：自2011年7月起，被申请人在其辖区全面组织实施禽畜养殖污染专项整治行动，发现申请人的养猪场位于城镇人口集中地区，未经农业部门及环保部门审批，未领取《动物防疫条件合格证》和《排污许可证》，擅自兴办的生猪饲养场。2011年9月14日中山市东凤镇城市管理委员会办公室向申请人发出《禽畜养殖场自行清拆通知书》（编号：20110958），要求申请人在2011年10月18前自行拆除养猪场。因申请人逾期未履行拆除义务中山市东凤镇城市管理委员会办公室于2012年11月21日向申请人送达了《禽畜养殖场强制拆除告知书》，2013年1月对申请人的养猪场实施了强制拆除。

另查，中山市东凤镇城市管理委员会办公室系东凤镇人民政府内设议事协调机构。

本机关认为：根据《中华人民共和国行政复议法实施条例》第十四条："行政机关设立的内设机构，未经法律、法规授权，对外以自己名义作出具体行政行为的，该行政机关为被申请人。"的规定，中山市东凤镇城市管理委员会办公室系东凤镇人民政府内设议事协调机构，其未经法律、法规授权作出的具体行政行为，依法应以东凤镇人民政府为行政复议的被申请人。中山市东凤镇城市管理委员会办公室未经法律、法规授权以自己名义作出《禽畜养殖场强制拆除告知书》及实施行政强制拆除等具体行政行为，超越法定职权。根据《中华人民共和国行政复议法》第二十八条第一款第（三）项第4目之规定，本机关决定如下：

确认被申请人于2012年11月21日作出的《禽畜养殖场强制拆除告知书》及实施的行政强制拆除行为违法。

如不服本决定，可在收到本决定之日起十五日内，向有管辖权的人民法院提起诉讼。

中山市人民政府（公章）

二〇一三年七月八日

第二节　城市治理纠纷的行政诉讼

城市治理纠纷的行政诉讼是法院应公民、法人或者其他组织的请求，通过审查行政行为合法性的方式，解决特定范围内行政争议的活动。在我国，行政诉讼与刑事诉讼、民事诉讼并称为三大诉讼，是国家诉讼制度的基本形式之一。

城市治理纠纷的行政诉讼案件涵盖多种行政行为，涉及许多法律、法规、规章和规范性文件，法律关系繁杂，又是社会的热点，容易引发群体矛盾。

一、城市治理纠纷中行政诉讼的一般规定

（一）概念

关于城市治理纠纷的行政诉讼，是指在城市治理活动中公民、法人或者其他组织认为行政机关和行政机关工作人员的行政行为侵犯其合法权益，依照《行政诉讼法》的规定，向人民法院起诉，人民法院在当事人和其他参与人参加审理和解决城市治理纠纷案件的活动以及在这些活动中所产生的法律关系的总和。

城市治理纠纷行政诉讼的上述定义包含了以下几个要件：

第一，城市治理纠纷行政诉讼的原告是城市治理活动行政行为的行政相对人以及与城市治理活动有利害关系的公民、法人或者其他组织。被告则是特定的国家行政机关，这也是人们通常所说的行政诉讼的主体特定性。

第二，城市治理纠纷行政诉讼的客体是行政机关的针对城市治理所作出的行政行为。

第三，城市治理纠纷行政诉讼是公民、法人或者其他组织认为行政机关侵

犯了自己的合法权益而引起。这里的关键是认为而非确实存在侵权。是否存在侵权是诉讼中解决的问题，起诉时只要原告主观上认为就行了。

第四，城市治理纠纷行政诉讼不仅是指人民法院和诉讼参与人为解决城市治理纠纷所进行的活动，而且还包括在这种活动中，人民法院和诉讼参与人之间发生的诉讼法律关系。由此，方能更准确地把握城市治理纠纷行政诉讼的内在规定。

（二）城市治理纠纷行政诉讼的特征

城市治理纠纷行政诉讼的构成要件，决定了这种活动具有的不同于其他司法活动或准司法活动的特征。

城市治理纠纷行政诉讼具有司法最终解决的性质，这一特征使之与同为解决城市治理纠纷行政复议有区别：

第一，城市治理纠纷行政复议是行政机关的具体行政行为，属于行政机关系统内部所设置的对征收管理相对人实施救济和行政机关依法行使职权进行监督的制度，城市治理纠纷行政诉讼是人民法院对城市治理纠纷行政案件受理、审理、裁判的司法行为，属于行政机关外部所设置的对城市治理相对人实施救济的制度，是对行政机关行政行为的外部监督和制约。

第二，城市治理纠纷行政复议适用行政程序、依据《行政复议法》是一级复议制，具有及时、快捷、简便、不收费的特点；城市治理纠纷行政诉讼适用司法程序，实行两审终审制，具有严格、规范、全面并且收取诉讼费用的特点。

第三，城市治理纠纷行政复议的效力低于人民法院的裁判，对复议决定不服仍可进入行政诉讼，而进入行政诉讼的城市治理纠纷则不能进入复议。

（三）城市治理纠纷行政诉讼的当事人具有特殊性

城市治理纠纷行政诉讼当事人是明确的，其中被告是城市治理工作中的管理机关，如作出房屋征收决定及补偿决定的市、县级人民政府。这些机关的具体管理行为都是由法律、法规、规章的授权来实施的。

城市治理纠纷行政诉讼的原告，他们是行政行为相对人以及与行政行为有利害关系的公民、法人或其他组织。例如，房屋的实际使用人因与强制拆除行为之间具有利害关系而有诉权。强制拆除房屋行为不仅会对房屋所有权人的权利造成损害，也有可能对实际使用人的财产甚至人身权利造成损害。当事人系房屋所有权证登记的所有权人，且直至房屋被强制拆除时，其实际居住于其中，其诉求之一是确认拆除行为违法并赔偿财产损失。无论其是否享有房屋的拆迁权益，其作为实际使用人，强制拆除过程中确有可能造成其屋内财产损失，被诉强制拆除行为对其可能产生实际影响，其与被诉拆除行为之间具有利害关系。

（四）城市治理纠纷行政诉讼内容具有特殊性

城市治理纠纷行政诉讼的内容具有司法监督行政的性质。行政诉讼所解决的城市治理纠纷是在国家行政机关履行城市治理职能的活动中发生的，因而城市治理纠纷行政诉讼便带有司法干预行政的性质，这一特征也就使城市治理纠纷行政诉讼成为规范城市治理工作，解决城市治理纠纷的最后一道防线。

二、城市治理纠纷行政诉讼的受案范围

城市治理纠纷行政诉讼的受案范围，是指人民法院受理一定范围的城市治理纠纷行政争议案件的权限，是人民法院与其他行政机关之间在解决行政争议案件上的分工。受案范围解决的是城市治理工作中的相对人及利害关系人对哪些行政争议可向人民法院起诉并得到人民法院受理的问题。

（一）行政诉讼法对受案范围的规定

毫无疑问，人民法院受理城市治理纠纷行政案件必须依据法律的规定。行政诉讼法对此有两方面规定。

《行政诉讼法》第二条规定："公民、法人或者其他组织认为行政机关和行政机关工作人员的行政行为侵犯其合法权益，有权依照本法向人民法院提起诉讼。前款所称行政行为，包括法律、法规、规章授权的组织作出的行政行为。"该法第十二条进而列举了十二类由人民法院受理的行政案件，这十二类案件是：

第一，行政处罚案件。

第二，行政强制措施案件。

第三，行政许可案件。

第四，行政确权案件。

第五，征收、征用及补偿案件。

第六，不履行法定职责案件。

第七，侵犯经营自主权案件。

第八，侵犯公民公平竞争权案件。

第九，违法要求履行义务案件。

第十，行政给付案件。

第十一，行政合同案件。

第十二，认为行政机关侵犯其他人身权、财产权等合法权益的案件。

上述十二类案件除第十类申请支付抚恤金、最低生活保障待遇等行政给付案件在城市治理纠纷行政诉讼中难以对号入座外，其他十一类概括性的规定均能对号入座，而且该法第十二条第二款对上述规定作了补充"除前款规定外，人民法院受理法律、法规规定可以提起行政诉讼的其他行政案件"，为人民法院受案范围留下了发展空间。

（二）排除性的规定

鉴于行政诉讼的特点，法律对其受案范围从另一方面以排除性的规定加以限制。依据《行政诉讼法》第十三条、《最高人民法院关于适用〈中华人民共和国行政诉讼法〉的解释》等相关规定，人民法院不予受理的案件主要有以下十一种：

第一，国防、外交等国家行为。这种国家行为，是政府以国家名义作出，不涉及特定的个人和组织的有关国与国之间的关系，国家安全以及国家利益和重大公共利益的行为，不属于行政诉讼的受案范围。

第二，公安、国家安全等机关的刑事司法行为。公安、国家安全等国家机关为了侦查犯罪，在《中华人民共和国刑事诉讼法》的明确授权范围之内，作出的讯问犯罪嫌疑人、询问证人、搜查、刑事拘留、取保候审、监视居住、扣押物品等行为，不属于行政诉讼的受案范围。

第三，内部行政行为。行政机关对所属工作人员和奖惩、任免等决定，即人们通常所说的内部行政行为。对此类行政行为不服，只能通过向上级行政机关或监察，人事部门申诉解决，而不能启动行政诉讼。另外，上级行政机关基于内部层级监督关系对下级行政机关作出的听取报告、执法检查、督促履责等行为也不可诉。

第四，行政机关的调解行为和仲裁行为。行政调解针对的是发生了民事权益争议的当事人。行政调解为"柔性"行为，不具有处分性、强制性，不可诉。行政机关下设的仲裁机构以中立身份按照法定程序对平等主体之间的民事纠纷作出有法律拘束力的裁决，当事人一方不服裁决，应当依法提起民事诉讼。

第五，行政指导行为。行政指导行为是指行政机关以倡导、示范、咨询、建议等方式，引导公民自愿配合而达到行政管理目的的行为，行政指导为"柔性"行为，不具有处分性、强制性、不可诉。

第六，驳回当事人对行政行为提起申诉的重复处理行为。重复处理行为是指行政机关作出的与原有的生效行政行为没有任何改变的二次决定。重复处理行为实质上是对原已生效的行政行为的简单重复，并没有形成新事实或者权利义务状态。所以，重复处理行为不可诉。

第七，过程性行为。过程性行为是指为最终作出权利义务安排进行的行政行为而实施的准备、论证、研究、层报、咨询等过程性行为。例如，行政机关的征求意见，由于行政行为尚未作出，最终的法律结论没有形成而不可诉。

第八，法律规定由行政机关最终裁决的行政行为。例如根据国务院或者省、自治区、直辖市人民政府对行政区划的勘定、调整或者征用土地的决定，省、自治区、直辖市人民政府确认土地、矿藏、水流、森林、山岭、草原、荒地、滩涂、海域等自然资源的所有权或者使用权的行政复议决定为最终裁决。

第九，信访行为。行政机关针对信访事项作出的登记、受理、交办、转送、复查、复核意见等行为不属于行政诉讼受案范围。

第十，行政协助执行行为。行政机关根据人民法院的生效裁判、协助执行通知书作出的执行行为不可诉，但行政机关扩大执行范围或者采取违法方式实施的除外。

第十一，对公民、法人或者其他组织权利义务不产生实际影响的行为。

三、城市治理纠纷行政诉讼的管辖

受案范围解决人民法院和其国家机关之间受理行政案件的分工问题，而人民法院内部审理案件的分工，则应通过管辖的规定来解决。管辖是指各级人民法院之间或者同级人民法院之间受理第一审案件的分工和权限。从纵向的方面确定案件的管理即为级别管辖；从横向的方面确定案件的管辖便为地域管辖。

（一）确定管辖的原则

行政诉讼立法在确定管辖时考虑了如下原则：

1. 便于当事人诉讼

管辖地确定要方便原告、被告参加诉讼活动。这里涉及空间、时间、经济、法律等多重因素。行政诉讼法第十四条规定基层人民法院管辖第一审行政案件，正是出于这种考虑。

2. 便于法院公正、有效行使审判权

基层人民法院管辖第一审行政案件，就地、就近审判，便于人民法院认定事实。被告为国务院部门、县级以上人民政府的、海关等专业性、技术性较强案件，应由水平与条件更好的中级人民法院管辖，以确保正确地行使审判权。

3. 法院负担均衡

管辖的确定要考虑到不同地方以及各级法院之间，在诉讼负担上的合理分工，不能使某一个地方或者级别法院的负担过重。

（二）管辖的种类

根据《行政诉讼法》和最高人民法院司法解释的相关规定。行政诉讼主要有级别管辖、地域管辖、裁定管辖。

1. 级别管辖

级别管辖是人民法院系统内，上下级法院之间审理第一审行政案件分工和权限。

我国对级别管辖是采用综合性标准确定的，主要是将案件的性质、简繁程序、影响大小与被告的级别综合起来确定级别管辖。具体的规定是：

（1）基层人民法院管辖的第一审行政案件

基层人民法院是我国审判机关的最基层单位，主要任务是审判案件。它分布在全国各个地方，基层人民法院是确定级别管辖的基础。因此，除行政诉讼法另有规定的以外，一般行政案件由基层人民法院作为第一审法院。2015年《行政诉讼法（修正案）》实施后，涉及城市治理的行政案件相当一部分由于行政行为由县级以上人民政府作出而由中级人民法院管辖。

（2）中级人民法院管辖的第一审行政案件

中级人民法院的主要任务是对基层人民法院的审判工作进行监督指导和审理不服基层人民法院判决、裁定的上诉案件，因此，《行政诉讼法》规定把一些影响较大、案情复杂的案件交由中级人民法院作为第一审法院审理。具体地说，中级人民法院管辖下列第一审行政案件：

第一，对国务院部门或者县级以上人民政府所作的行政行为不服提起诉讼的案件。

第二，海关处理的案件。为了保证适用法律的统一性，便于总结审判经验，提高办案质量，这类案件的管辖应集中在少数人民法院。

海关处理的案件，也属于专业技术性较强的复杂、疑难案件，而且海关的设置也都在大、中城市，故由中级人民法院作为第一审法院。

第三，本辖区内重大、复杂的案件。依据《最高人民法院关于适用〈中华人民共和国行政诉讼法〉的解释》第五条规定，"本辖区内重大、复杂的案件"是指社会影响重大的共同诉讼案件；涉外或者涉及我国香港特别行政区、我国澳门特别行政区、我国台湾地区的案件；其他重大、复杂的案件。

（3）高级人民法院管辖的本辖区内重大、复杂的第一审行政案件

高级人民法院是地方各级人民法院中最高一级的审判机关。它的任务主要是对本辖区内的中级人民法院的审判工作进行监督指导，审理不服中级人民法院判决的上诉案件，因此，行政诉讼法规定高级人民法院管辖本辖区内重大、复杂的第一审行政案件；在高级人民法院辖区内人民群众有强烈反应的案件或者有关重大公共利益的案件。

（4）最高人民法院管辖的全国范围内重大、复杂的第一审行政案件

最高人民法院是我国的最高审判机关，它的任务主要是对全国各级人民法

院的审判工作进行监督和指导，因此，由它管辖的第一审行政案件，只能是在全国范围内有重大影响或者极为复杂的行政案件，比如在全国范围内人民群众有重大影响或者极为复杂的行政案件，又如在全国范围内人民群众有强烈反应的案件，有必要作出司法解释的案件等。

2. 地域管辖

同级人民法院之间，特别是同级基层人民法院之间审理第一审行政案件的分工和权限，叫地域管辖。地域管辖一般是按人民法院的辖区和行政案件的隶属关系来划分的。行政诉讼中的地域管辖分为一般地域管辖和特殊管辖。

（1）一般地域管辖

一般地域管辖是指按照被告所在地划分案件管辖法院的管辖方式。《行政诉讼法》第十八条第一款规定："行政案件由最初作出行政行为的行政机关所在地人民法院管辖。经复议的案件，也可以由复议机关所在地人民法院管辖。"经复议的案件，原告可以选择向最初作出行政行为的行政机关所在地法院起诉，也可以向复议机关所在地法院起诉。

（2）特殊地域管辖

特殊地域管辖，是指根据某些特殊行政法律关系来确定案件管辖法院的管辖方式。行政诉讼法规定了两种特殊地域管辖。

第一，对限制人身自由的行政强制措施不服提起的诉讼，由被告所在地或者原告所在地人民法院管辖。

行政诉讼法作此规定的立法意图是为了保护公民的人身权这一基本权利，便于公民在这一基本权利受到侵犯时，能够更好地寻求司法保护。但是，行政拘留不包括在内。可能是实践中行政机关做出的行政拘留处罚决定数量大，如果原告所在地法院有管辖权，那么被告就得全国到处应诉，增加了行政机关的行政执法成本。

关于对行政机关基于同一事实，既采取限制公民人身自由的行政强制措施，又采取其他行政强制措施或者行政处罚不服的，由被告所在地或者原告所在地的人民法院管辖。

上述原告所在地人民法院是指，包括原告的户籍所在地、经常居住地和被限制人身自由地的人民法院。

第二，因不动产提起的行政诉讼，由不动产所在地人民法院管辖。

因不动产提起的行政诉讼，是指因行政行为导致不动产物权变动而提起的诉讼。不动产已登记的，以不动产登记簿记载的所在地为不动产所在地；不动产未登记的，以不动产实际所在地为不动产所在地。这类诉讼由不动产所在地人民法院管辖，便于进行调查、勘验；便于人民法院对案件作出正确、及时的处理。

（3）共同管辖和选择管辖

共同管辖是指对同一诉讼，两个或者两个以上的人民法院都有管辖权而确定的管辖。如对限制人身自由的行政强制措施不服提起的诉讼，原告所在地或者被告所在地人民法院都有管辖权而确定的管辖。又如经复议的案件，也可以由复议机关所在地人民法院管辖，都可能出现共同管辖。

选择管辖是指在法律规定共同管辖的情况下，原告可以选择其中一个人民法院作为管辖法院而确定的管辖。

共同管辖和选择管辖，既不是一种管辖的两个不同称谓，也不是两种不同的管辖方式，而是一个事物的两个方面。从管辖的角度讲，是共同管辖；从当事人有权确定具体管辖法院角度讲，是选择管辖。《行政诉讼法》第二十一条规定："两个以上人民法院都有管辖权的案件，原告可以选择其中一个人民法院提起诉讼。原告向两个以上有管辖权的人民法院提起诉讼的，由最先立案的人民法院管辖。"《行政诉讼法》的这一规定，主要是为了避免人民法院之间在受理案件时因管辖权问题发生互相推诿等现象。

（4）跨区域管辖（异地管辖、集中管辖）

为贯彻落实党的十八届三中、四中全会提出的关于行政诉讼案件管辖制度的司法改革要求，《行政诉讼法》第十八条第二款规定："经最高人民法院批准，高级人民法院可以根据审判工作的实际情况，确定若干人民法院跨行政区域管辖行政案件。"本条规定又称异地管辖、集中管辖，是为了从制度上破解行政诉讼立案难问题，排除地方干预，提高司法的公正性，树立司法权威，让人民群众在每一个司法案件中感受到公平正义的司法改革措施。

行政案件异地管辖，是指案件由被告所在地之外的法院管辖，以及上级法院通过指定方式将行政案件交由被告所在地之外的法院管辖。

行政案件集中管辖，就是将部分人民法院管辖的一审行政案件，通过上级人民法院统一指定的方式，交由其他基层人民法院集中管辖的制度。

3. 裁定管辖

由人民法院作出一个裁定或者决定来确定案件管辖法院的方式，叫裁定管辖。行政诉讼规定的裁定管辖有三种：移送管辖、指定管辖和移转管辖。

（1）移送管辖

《行政诉讼法》第二十二条规定："人民法院发现受理的案件不属于本院管辖的，应当移送有管辖权的人民法院管辖。受移送的人民法院应当受理。受移送的人民法院认为受移送的案件按照规定不属于本院管辖的，应当报请上级人民法院指定管辖，不得再自行移送。"依此规定，移送管辖必须同时具备三个条件：第一，人民法院已经受理了案件；第二，移送的法院对此案无管辖权；第三，接受移送的法院对此案有管辖权。受移送的人民法院应当受理。受移送的人民法院认为受移送的案件按照规定不属于本院管辖的，应当报请上级人民法院指定管辖，不得再自行移送。

（2）指定管辖

对某一案件，上级人民法院以裁定的方式，指定某一个下级人民法院管辖，叫指定管辖。《行政诉讼法》第二十三条规定，对两种情况要由上级人民法院指定管辖。

第一，有管辖权的人民法院由于特殊原因不能行使管辖权的，如由于自然灾害、战争、意外事故或者法律规定等其他原因，致使有管辖权的人民法院无法审理案件，由上级人民法院指定其他人民法院管辖。

第二，人民法院对管辖权发生争议，由争议双方协商解决。协商不成的，报其共同上级人民法院指定管辖。

（3）移转管辖

移转管辖，又叫管辖权的转移，是指由上级人民法院决定或者同意，把有管辖权的案件，由下级人民法院移送上级人民法院审判。移转管辖是在上下级人民法院之间，将案件由有管辖权的人民法院移转给没有管辖权的人民法院，以便根据行政案件的具体情况，由适当的人民法院审判。

根据《行政诉讼法》第二十四条规定，上级人民法院有权审理下级人民法院管辖的第一审行政案件。下级人民法院对其管辖的第一审行政案件，认为需要由上级人民法院审理或者指定管辖的，可以报请上级人民法院决定。上级人民法院有权审理下级法院管辖的第一审案件，我们也称之为提级审理。

（4）管辖权异议

管辖权异议，是指行政诉讼当事人对受理案件的法院提出的管辖权方面的异议。对此，《最高人民法院关于适用〈中华人民共和国行政诉讼法〉的解释》第十条规定，人民法院受理案件后，被告提出管辖异议的，应当在收到起诉状副本之日起十五日内提出。对当事人提出的管辖异议，人民法院应当进行审查。异议成立的，裁定将案件移送有管辖权的人民法院；异议不成立的，裁定驳回。人民法院对管辖异议审查后确定有管辖权的，不因当事人增加或者变更诉讼请求等改变管辖，但违反级别管辖、专属管辖规定的除外。在理解本条规定时需要注意的问题是：① 管辖权异议只能在一审案件中提出，发回重审、再审虽然也有可能按照一审程序审理，但是当事人无权提出管辖权异议。在行政诉讼中，一审案件和按一审程序审理的案件是不完全相同的概念。所以，《最高人民法院关于适用〈中华人民共和国行政诉讼法〉的解释》第十一条规定："有下列情形之一的，人民法院不予审查：（一）人民法院发回重审或者按第一审程序再审的案件，当事人提出管辖异议的；（二）当事人在第一审程序中未按照法律规定的期限和形式提出管辖异议，在第二审程序中提出的。"② 法院对管辖异议审查后确定有管辖权的，不因当事人增加或者变更诉讼请求等改变管辖，但违反级别管辖、专属管辖的除外。

四、城市治理纠纷行政诉讼的诉讼参加人

诉讼参加人，是指诉讼当事人和与当事人诉讼地位相同的人，包括原告、被告、共同诉讼人、诉讼中的第三人和诉讼代理人等。如前所述，城市治理纠

纷行政诉讼的参加人是特定的，这是城市治理纠纷行政诉讼的特点之一。

（一）城市治理纠纷行政诉讼的当事人

城市治理行政诉讼当事人，是指在城市治理活动中，因城市治理活动的行政行为发生争议，依法以自己的名义到人民法院进行诉讼，并受人民法院裁判约束的有直接利害关系的公民、法人或其他组织以及行政机关。狭义的当事人是指单一诉讼的原告和被告，广义的当事人还包括共同诉讼人和第三人。

1. 原告

城市治理纠纷行政诉讼的原告是指认为城市治理活动中的具体行政行为侵犯其合法权益，而依法向人民法院提起诉讼的公民、法人或者其他组织。城市治理纠纷行政诉讼中的原告，包括行政行为的相对人以及与行政行为有关的利害关系人。

行政相对人是指城市治理活动中与行政主体相对应的另一方当事人。与行政行为有关的利害关系人是指与行政行为有法律上利害关系，除行政相对人以外的，与行政行为有利益冲突的自然人、法人或者其他组织。

这里需要注意的是，城市治理活动中行政行为是否实际上违法，"合法权益"是否确实受到了侵害不是起诉的前提。这里的关键是原告的主观认识，只要"认为"受到行政行为的侵犯就可以依照行政诉讼法提起诉讼。在法院作出生效判决之前，原告的实体权益没有最终确认。

2. 被告

城市治理纠纷行政诉讼的被告是特定的，即作出行政行为的行政机关。

例如，地方人民政府和公安机关负有保护当地人民群众人身权、财产权的职责，如果行政机关采取野蛮的手段，侵犯相对人的权利，相对人请求保护的要求得不到支持或不予受理的，便可将地方政府告上法庭，也可将公安机关作为被告。

又如，征收活动中，毁坏被征收范围的居住环境是近年来屡屡发生的问题。有的地方征收公告一出，便断路、断水、断电、断气、断邮等，以迫使被征收人搬迁。若被征收人奋力抗争，这些相关管理部门（企业则可提起民事诉讼）便可能成为被告。

虽然，当被告不是低人一等，但至少反映行政机关的工作没有得到人民的满意，要改变这个局面，唯一的正确方法就是牢固树立"执政为民"以及全心全意为人民服务的思想，依法行政。做到这一点，再当被告心中也坦然。

（二）共同诉讼人

共同诉讼是指当事人一方或者双方为两人以上，因同一行政行为发生的行政案件，或者因同类行政行为发生的行政案件，人民法院认为可以合并审理并经当事人同意的，为共同诉讼。

共同诉讼在城市治理纠纷行政诉讼中是常见的，其中以原告为两人以上而产生的共同诉讼为主。无论是两个以上的原告还是两个以上被告，均为共同诉讼人。

根据《行政诉讼法》第二十八条的规定，共同诉讼又分为必要的共同诉讼和普通的共同诉讼两种。

必要的共同诉讼是指当事一方或者双方为两人以上，因同一行政行为发生的行政案件，人民法院必须合并审理的诉讼。必要的共同诉讼具有诉讼标的的同一性和审理上不可分割性的特征。

普通共同诉讼是指当事人一方或双方为两人以上，因同类的行政行为发生的行政案件，人民法院认为可以合并审理并经当事人同意的诉讼。普通共同诉讼具有诉讼标的的同类性，审理上的可分性和形成依人民法院和当事人意志的特征。

（三）诉讼代表人

当事人一方人数众多的共同诉讼，由当事人推选代表人。当事人推选不出的，可以由人民法院在起诉的当事人中指定代表人。代表人的诉讼行为对其所代表的当事人发生效力，但代表人变更、放弃诉讼请求或者承认对方当事人的诉讼请求，应当经被代表人同意，或者有特别授权。诉讼代表人主要有以下主要特征：

第一，同案原告人数为十人以上。

第二，诉讼代表人为二至五人。诉讼代表人可以委托一至二人作为诉讼代理人。

第三，诉讼代表人产生的途径有两个：① 由原告在指定的期限内推选；② 推选不出的，由人民法院在起诉的当事人中指定。

第四，法院的裁判效力不仅及于诉讼代表人，还及于其他未参加诉讼的当事人。

（四）诉讼代理人

诉讼代理人是以当事人的名义，在代理权限范围内，代理当事人从事诉讼活动的人。

1. 法定代理人

法定代理人是指依法直接享有代理权，代替没有诉讼行为能力的公民进行行政诉讼活动的人。这种代理权直接根据法律设定而产生，不以被代理人的意志为转移。法定代理人相互推诿代理责任的，由人民法院指定其中一人代为诉讼。

2. 委托代理人

委托代理人是指接受当事人、法定代理人委托，以当事人的名义代为进行行政诉讼活动的人。

当事人、法定代理人，可以委托一至二人作为诉讼代理人。下列人员可以被委托为诉讼代理人：

（1）律师、基层法律服务工作者。

（2）当事人的近亲属或者工作人员。

（3）当事人所在社区、单位以及有关社会团体推荐的公民。

代理诉讼的律师，有权按照规定查阅、复制本案有关材料，有权向有关组织和公民调查，收集与本案有关的证据。对涉及国家秘密、商业秘密和个人隐私的材料，应当依照法律规定保密。当事人和其他诉讼代理人有权按照规定查阅、复制本案庭审材料，但涉及国家秘密、商业秘密和个人隐私的内容除外。

（五）第三人

行政诉讼中的第三人，是指公民、法人或者其他组织同被诉行政行为有利害关系但没有提起诉讼，或者同案件处理结果有利害关系的，可以作为第三人申请参加诉讼，或者由人民法院通知参加诉讼。

行政机关的同一行政行为涉及两个以上利害关系人，其中一部分利害关系人对行政行为不服提起诉讼，人民法院应当通知没有起诉的其他利害关系人作为第三人参加诉讼。

与行政案件处理结果有利害关系的第三人，可以申请参加诉讼，或者由人民法院通知其参加诉讼。人民法院判决其承担义务或者减损其权益的第三人，有权提出上诉或者申请再审。

《行政诉讼法》第二十九条规定的第三人，因不能归责于本人的事由未参加诉讼，但有证据证明发生法律效力的判决、裁定、调解书损害其合法权益的，可以依照《行政诉讼法》第九十条的规定，自知道或者应当知道其合法权益受到损害之日起六个月内，向上一级人民法院申请再审。

行政诉讼中的第三人与民事诉讼中的第三人不同。民事诉讼中的第三人有独立请求权的第三人与无独立请求权的第三人之分。前者是指对于他人之间争议的诉讼标的，不论全部或者一部分，以独立实体权利的资格提出诉讼请求而参加诉讼的人。后者对于他人之间争议的诉讼标的，没有独立的实体权利，只是参加到当事人一方进行诉讼，以维护自己的利益的。在行政诉讼中，由于原告和被告之间争议的是行政法律关系，当事人不可能对诉讼标的有独立的请求权，也不同意被告的诉讼请求，而是把本诉中的原告、被告都作为被告，重新提出一个独立的诉讼请求。因此，行政诉讼中的第三人在性质上类似于民事诉讼中无独立请求权的第三人。但民事诉讼中无独立请求权的第三人是与案件的处理结果有利害关系的人，而行政诉讼中的第三人是认为同提起诉讼的行政行为有利害关系的人，在范围上有所不同。

五、城市治理纠纷行政诉讼的证据

如同其他行政诉讼一样，诉讼的过程，是审判机关通过对证据的审查来判断当事人的主张是否正确的过程，所以，许多行内人士都会说打官司就是打证据。然而，城市治理纠纷行政诉讼还有着与其他行政诉讼不同的特殊规定。

（一）举证责任的分配

在城市治理纠纷征收行政诉讼中，有着行政诉讼举证责任的一般原则，其主要表现在三个方面。

1. 被告对其行政行为合法性承担举证责任

被告为什么要举证来证明自身具体行政行为的合法性呢？这是由行政诉讼的特点所决定的。

首先，对行政行为的举证责任由被告承担具有客观必要性。行政诉讼要解决国家行政机关的行政管理中发生的争议，而行政机关在行使职权时处于决定的地位，其相对方处于服从的地位，行政机关是根据其管理相对人的违法或者其他的事实作出行政行为的。从行政机关依法行政的基本要求来说，不论是作出行政处罚决定，还是在作出征收决定等行政行为的时候，都必须有事实和法律的依据。因此，当诉讼中审查其行政行为是否合法时，被告就有义务举出证据来证明其行为的合法性，否则便表明其作出行政行为时缺少事实依据或法律依据。

其次，被告承担这一举证责任具有现实可能性。诉讼所争议的行政行为，无论是行政处罚还是征收决定等都是被告在从事城市治理过程中单方面的行为。其行政行为在作出之前，被告有调查取证的权利和义务，并有能力和义务保存相关的资料与记录。因此这些资料与记录便是被告证明行政行为合法的证据，原告则无此能力。

被告举证主要包含以下三方面的内容：

第一，行政行为是否合法应由被告承担举证责任。处于被告地位的行政机关，应该举证证明自己所作出的引起行政争议的行政行为的正确性和合法性。

第二，被告既要就作出行政行为的事实依据举证，又要就作出行政行为的法律依据举证。事实依据既包括实体上的事实，也包括程序上的事实。如有关法律要求行政机关在作出行政行为之前应当举行听证的，则诉讼中被告应当就是否依法举行过听证进行举证。

法律则主要是指所作出行政行为所依据的法律、法规、规章等。特别是对于规章和规章以下效力层次的规范性文件，既要证明其存在，也要证明其合法，即要证明其符合法律、法规的规定，或者不与有关的法律、法规对行政机关在作出行政行为时，法律依据作了特殊规定，行政机关亦应当承担相应的举证责任。例如《行政处罚法》第4条规定，对违法行为给予行政处罚的规定必须公布；未经公布的，不得作为行政处罚的依据。则行政机关在行政诉讼中应对处罚依据是否公布过予以举证。

第三，如果被告对于引起诉讼的行政行为，不能提供作出该行政行为的证据和所依据的规范性文件，来证明该行政行为的正确和合法，则被诉行政机关可能承担败诉的诉讼后果。即行政诉讼中的举证责任既是一种行为责任，也是结果责任。

此外，被告对诉讼中争议的其他问题也负责举证。例如，被告提出原告起诉超过起诉期限，被告就要举证证明其在作出行政行为时已告知原告的起诉期限，且原告起诉时已经超过已告知的起诉期限。这里的告知还包括被告做出的行政行为要告知相对人，相对人要知道这一行政行为。对此如有争议，无异应由被告举证。又如被告如提出管辖异议，申请回避时，也应提供相应的证据。

2. 原告的有限举证

《行政诉讼法》规定被告对做出的行政行为负有举证责任，并不是说被告承担行政诉讼中一切事实的举证责任。由于行政诉讼的诉讼标的就是行政行为的合法性问题，所以说行政诉讼中被告承担主要的举证责任。但是在一定情况下，行政诉讼中的原告也要承担举证责任。

行政诉讼原告对下列事项承担举证责任：

（1）证明起诉符合法定条件。但被告认为原告起诉超过起诉期限的除外。

（2）在起诉被告不作为的案件中，证明其提出申请的事实。但被告应当依职权主动履行法定职责的，或者原告因被告受理申请的登记制度不完备等正当事由不能提供相关证据材料并能够作出合理说明的除外。

（3）在一并提起的行政赔偿诉讼中，证明因受被诉行为侵害而造成损失的事实。

（4）其他应当由原告承担举证责任的事项。包括以下事实：

第一，证明被诉行政行为存在。在一般情况，原告对行政行为的存在即被告曾作出了对其不利的行政行为应负举证责任，如行政机关做出的书面决定或者是有关收据等。如诉征收决定纠纷，应提供相应的由被告做出的征收决定。

第二，对被告提供的证据进行反驳时，提供行政行为违法的证据。

第三，对有利于自己的程序意义的事实如回避请求负举证责任。

第四，有关民事上的问题，仍然遵循"谁主张，谁举证"的原则。如行政赔偿案件中原告对被诉行政行为造成损害的事实、损害状况应负主要的举证责任。

原告举证是一种权利，也是一种义务，这种义务甚至前延伸到行政行为作出之前，否则还会影响其在征收行政诉讼中的举证效力。例如申请人在申请行政许可时，未按要求提交有关的材料，经行政许可管理部门通知补正仍不补正的，在诉讼中的补正将于事无补。

无论原告还是被告，举证都必须在法定时间提交，并经质证，对此，行政诉讼法及司法解释有硬性规定，故不再叙述。

（二）举证的一般要求

根据《中华人民共和国行政诉讼法》《最高人民法院关于行政诉讼证据若干问题的规定》（以下简称《证据规定》）等相关规定，当事人举证应该了解以下一般规定：

1. 举证期限

举证期限通常是指当事人向法院提出和送交证据的最后时间。如果在期限内不提交证据材料，如无特殊原因（正当事由）则视为放弃举证权利。

人民法院组织庭前交换证据的，原告（第三人）应在指定的证据交换之日提供证据；未组织庭前交换证据的，应当在开庭审理前提供证据。

原告（第三人）因正当事由申请延期提供证据的，应在举证期限内向人民法院申请延期举证，经人民法院准许，可以适当延长举证期限。原告（第三人）逾期提交的证据材料，应当说明理由，不说明理由或理由不成立的，人民法院将不组织质证。但被告同意质证的除外。原告（第三人）在第一审程序中无正当理由未提供而在第二审程序中提供的证据，人民法院将不予接纳。

被告应当在收到起诉状副本之日起15日内向人民法院提交作出行政行为的证据和所依据的规范性文件。不提供或者无正当理由逾期提供证据，将视为被诉行政行为没有相应证据。但是，被诉行政行为涉及第三人合法权益，第三人提供证据的除外。

被告因不可抗力或者客观上不能控制的其他正当事由，不能在前述规定的期限内提供证据的，应当在收到起诉状副本之日起10日内向人民法院提出延期提供证据的书面申请。人民法院准许延期提供的，应当在正当事由消除后10日内提供证据。逾期提供的，将视为被诉行政行为没有相应证据。被告认为原告起诉超过法定期限，应当承担举证责任。

原告（第三人）提出其在行政程序中没有提出的反驳理由或者证据的，经人民法院准许，被告可以在第一审程序中补充相应的证据。

在诉讼过程中，被告及其诉讼代理人不得自行向原告和证人收集证据。

从以上规定可以看出，原告提供证据的最后时间是在一审开理前或人民法院指定的交换证据之日，依法逾期提供证据的最后时间限制在二审中。与被告相比是比较宽泛的（被告对被诉行政行为的举证时限，应当是在收到起诉状副本之日起15日内提供证据），这样的规定充分考虑了原告在行政诉讼中始终处于弱势地位，有利于保护原告和第三人在行政诉讼中的合法权益，有利于法院公平裁判。

2. 举证内容

当事人地位不同，其举证责任不同，所提供的证据材料内容也不同。原告（第三人）应当提供符合起诉条件的相应证据材料。在起诉被告不履行法定职责的案件中，还应当提供在行政程序中曾经提出申请的证据材料。但下列情形除外：

（1）被告应当依职权主动履行法定职责的。

（2）原告因正当理由不能提供证据的。

在行政赔偿补偿案件中，原告（第三人）应当对行政行为造成损害提供证据。因被告的原因导致原告无法举证的，由被告承担举证责任。原告（第三人）

也可以提供证明被诉行政行为违法的证据。提供的证据不成立的，并不免除被告对被诉行政行为合法性承担举证的责任。对当事人无争议，但涉及国家利益、公共利益或者他人合法权益的事实，人民法院有权要求当事人提供或者补充有关证据。在人民法院组织交换证据程序中，原告（第三人）应向对方出示或者交换证据。

行政诉讼是以被诉行政行为进行合法性审查为核心的诉讼，与刑事诉讼、民事诉讼有明显的区别，在行政诉讼中，主要是审查被诉行政行为的合法性问题，行政机关要向人民法院提供作出行政行为的证据和所依据的规范性文件。

依据《行政诉讼法》第三十四条之规定，被告对作出的行政行为负有举证责任，应当提供作出该行政行为的证据和所依据的规范性文件。被告不提供或者无正当理由逾期提供证据，视为没有相应证据。但是，被诉行政行为涉及第三人合法权益，且第三人提供证据的除外。由此可见被告所举出的证据内容应当是围绕证明其行政行为合法性的要求，包括实体、程序以及依据文件三个方面。

上述内容蕴含了行政诉讼的举证规则，突出了行政诉讼的特点。我们看到行政诉讼的举证仍然是循了"谁主张，谁举证"的原则。被诉行政机关对作出的行政行为承担举证责任是立法公平、司法公正的表现。

（三）证据的分类及形式要求

按照《行政诉讼法》《证据规定》的要求，当事人提供的证据材料可以分为：书证、物证、视听资料、电子数据、证人证言、当事人的陈述、鉴定意见、勘验笔录、现场笔录，在中华人民共和国领域外形成的证据以及外文书证或者外国语视听资料等种类。

当事人提交证据按分类有如下形式要求：

1. 书证

当事人向人民法院提供书证的，应当符合下列要求：

（1）提供书证的原件，原本、正本和副本均属于书证的原件。提供原件确有困难的，可以提供与原件核对无误的复印件、照片、节录体。

（2）提供由有关部门保管的书证原件的复印件、影印件或者抄录件的，应当注明出处，经该部门核对无异后加盖其印章。

（3）提供报表、图纸、会计账册、专业技术资料、科技文献等书证的应当附有说明材料。

（4）被告提供的被诉行政行为所依据的询问、陈述、谈话类笔录，应当有行政执法人员、被询问人、陈述人、谈话人签名或者盖章。法律、法规、同法解释和规章对书证的制作形式另有规定的，从其规定。

2. 物证

当事人向人民法院提供物证的，应当符合下列要求：

（1）提供原物。提供原物确有困难的，可以提供与原物核对无误的复制件或者证明该物证的照片、录像等其他证据。

（2）原物为数量较多的种类物的，提供其中的一部分。

3. 计算机数据或者录音、录像等视听资料

当事人向人民法院提供计算机数据或者录音、录像等视听资料的，应当符合下列要求：

（1）提供有关资料的原始载体。提供原始载体确有困难的，可以提供复制件。

（2）注明制作方法、制作时间、制作人和证明对象等。

（3）声音资料应当附有该声音内容的文字记录。

4. 证人证言

当事人向人民法院提供证人证言的，应当符合下列要求

（1）写明证人的姓名、年龄、性别、职业、住址等基本情况。

（2）有证人的签名，不能签名的，应当以盖章等方式证明。

（3）注明出具日期。

（4）附有居民身份证复印件等证明人身份的文件。

5. 鉴定结论

被告向人民法院提供的在行政程序中采用的鉴定结论，应当载明委托人和委托鉴定的事项、向鉴定部门提交的相关材料、鉴定的依据和使用的科学技术

手段、鉴定部门和鉴定人鉴定资格的说明，并应有鉴定人的签名和鉴定部门的盖章。通过分析获得的鉴定结论，应当说明分析过程。

6. 现场笔录

被告向人民法院提供的现场笔录，应当载明时间地点和事件等内容，并由执法人员和当事人签名。当事人拒绝签名或者不能签名的，应当注明原因。有其他人在现场的，可由其他人签名。法律、法规和规章对现场笔录的制作形式另有规定的，从其规定。

7. 域外证据

当事人向人民法院提供的在中华人民共和国领域外形成的证据，应当说明来源，经所在国公证机关证明，并经中华人民共和国驻该国使领馆认证，或者履行中华人民共和国与证据所在国订立的有关条约中规定的证明手续。

8. 港澳台证据

当事人提供的在中华人民共和国香港特别行政区、澳门特别行政区和台湾地区内形成的证据，应当具有按照有关规定办理的证明手续。

9. 外文书证或者外国语视听资料

当事人向人民法院提交外文书证或者外国语视听资料的，应当附有由具有翻译资质的机构翻译的或者其他翻译准确的中文译本，由翻译机构盖章或者翻译人员签名。

10. 保密要求

所举证据涉及国家秘密、商业秘密或者个人隐私的，提交人应当作出明确标注，并向法院说明，法院予以审查确认。在庭审活动中，人民法院组织证据交换和质证中要根据法律的要求注意防止泄密或侵犯个人隐私的问题发生。诉讼参加人阅卷和质证要服从法院依法的安排。行政诉讼法对于律师与当事人和其他诉讼代理人阅卷有不同规定。《行政诉讼法》第三十二条："代理诉讼的律师，有权按照规定查阅、复制本案有关材料，有权向有关组织和公民调查，收集与本案有关的证据。对涉及国家秘密、商业秘密和个人隐私的材料，应当依照法律规定保密。当事人和其他诉讼代理人有权按照规定查阅、复制本案庭审材料，但涉及国家秘密、商业秘密和个人隐私的内容除外。"依据上述规定，代理律师在行政诉讼中查阅、复制的是与案件审理有关的所有材料，包括涉及国家秘密、商业秘密和个人隐私的材料，但应当依照法律规定保密。而当事人、其他诉讼代理人仅局限于查阅、复制本案庭审材料，涉及国家秘密、商业秘密和个人隐私的内容除外。

第十章

城市治理中的
信访工作

　　城镇化发展必然会引起一系列城市管理问题。城市治理工作最能体现城市综合竞争力，但涉及百姓生活的方方面面，稍有不足就会引起争议。

　　从群众来信来访的情况看，主要的还是利益诉求，而且是反映自身利益的，反映自己在工作生活当中遇到的各种各样的困难，主要集中在民生领域。反映的这些问题比较突出的有三个方面：一是农村土地征用问题；二是城镇房屋拆迁问题；三是劳动和社会保障问题。这三个方面的问题在信访当中反映是比较突出的。

　　为了做好新时代的信访工作，国务院以及有关行政机关陆续出台了一些新规定的信访接待工作有章可循。例如，2005年，建设部废止了2003年的《信访工作制度》，改以执行新的《信访工作管理办法》。又如2018年2月9日司法部修改《司法行政机关信访工作办法》，并于2018年4月1日起施行。这些部门规章与国家的《信访条例》相配套，构成城市治理工作中信访制度的框架。

第一节　我国的信访制度的法律地位和历史渊源

一、信访制度及其法律地位

　　信访是我国特有的一项社会制度，是我国社会主义法制建设的一种补充。它是人民群众依法行使民主权利，管理国家、经济文化、社会事务和维护自身权益的一种重要形式。

　　2005年国务院颁布了新的《信访条例》，该条例规范信访的涵义为："信访，是指公民、法人或者其他组织采用书信、电子邮件、传真、电话、走访等形式，向各级人民政府、县级以上人民政府工作部门反映情况，提出建议、意见或者投诉请求，依法由有关行政机关处理的活动。"在城市治理工作中，国务院颁布的《信访条例》以及相关配套的法规、规章，如《建设部信访工作管理办法》

和《国土资源信访规定》以及各省市、自治区人民政府的相关法规、规章成为信访工作的法律依据。

二、信访的历史渊源

信访，是一个现代名词。中国的古代，不是用"信访"一词来表达我国国家治理中的信访活动的。在尧时期，立"诽谤之木""使天下得攻其过"；舜"置敢谏之鼓"，使"天下得尽其言"就是与当今信访有极其相似的内涵。

这种制度，发展到我国唐朝时期，已经形成了一套完整的信访制度。武则天在位时规定：上访书信分养民劝农、议论时政、陈诉冤屈、告天文密策四类。设置匦使院，首开了一条使民间下情大量上达中央政府的渠道，掀起了一个历史上信访活动的高潮。

唐代一个非常重要的信访形式就是"邀车驾"，【疏】议曰（即《唐律疏议》）：车驾行幸，在路邀驾申诉。用现在的话来说就是拦阻领导的座驾反映诉求。

《清史稿·刑法志》记载："其投厅击鼓，或遇乘舆出郊，迎击驾申诉者，名曰'叩阍'。""叩阍"分两种方式，即鼓状和告御状。凡是上访的官民遇有冤抑之事，原审衙门不理或审断不公时，可赴通政司击鼓诉冤，先由通政司讯供，如确属冤枉，奏报皇帝交刑部查办。这一信访制度一直沿用到清末。

由于此种"信访"能直达封建社会最高权力机构——皇帝，所以信访成了中华文明一个刻骨铭心的民族情结。

中国共产党在建党初期，积极鼓励人民群众信访（当时具体是鼓励用"来信"、"来访"的方式反映各种意见）。1938年，毛泽东还亲自处理过一起伤员要求到延安集体上访的事件。

中华人民共和国成立后，当时的中央人民政府设立了三个机构受理人民的来信来访。后来，全国人大常务委员会办公厅设立了"人民接待室"作为专门的信访机构。

1995年，国务院颁布了《信访条例》，以法规的形式确立了我国现代信访制度。2004年中央建立了"集中处理信访突出问题及群体性事件联席会议制度"。

三、信访制度在城市治理法治化中的重要意义

我国现行的1982年的《宪法》第四十一条规定："中华人民共和国公民对于任何国家机关和国家工作人员，有提出批评和建议的权利；对于任何国家机关和国家工作人员的违法失职行为，有向有关国家机关提出申诉、控告或者检举的权利，但是不得捏造或者歪曲事实进行诬告陷害。对于公民的申诉、控告或者检举，有关国家机关必须查清事实，负责处理。任何人不得压制和打击报复。由于国家机关和国家工作人员侵犯公民权利而受到损失的人，有依照法律规定取得赔偿的权利。"

这一规定，是信访人的宪法依据，是与我国信访条例中确定的信访人权利义务的内容是相吻合的。

我国信访制度在城市治理法治化的意义主要表现在以下几个方面。

（1）信访制度对中华文明的发展有着巨大的贡献。从尧、舜时代开始，它就是一种全民参与治理国家的制度。在我国最为昌盛的唐朝，信访制度是百姓参与国家事务，皇帝体察民情优良的渠道。而城市治理中，需要市民的支持，信访便成为他们反映诉求的重要途径与方式。

（2）既然城市治理中信访是市民参与城市治理的一个重要途径，也是城市治理法治化的要求。作为一个社会主义国家，人民群众参与国家政治，是《宪法》所确定的一个治国的根本方针。

《信访条例》第八条规定："信访人反映的情况，提出的建议、意见，对国民经济和社会发展或者对改进国家机关工作以及保护社会公共利益有贡献的，由有关行政机关或者单位给予奖励"。

（3）信访制度是人民群众监督国家机关及其工作人员在城市治理中依法行政的一种有效方式，能够减少政府官员违法行政乃至以权谋私情况的发生。

（4）信访制度是人民群众在自己的权益受到侵犯的情况下，采用司法救济之外的一种有效的救济措施（虽然效率不高）。

（5）信访制度是我国法制建设尚不完善的情况下，对法制建设一个有力的监督措施，同时还是及时缓和乃至化解社会矛盾的重要途径。

第二节　国外监察专员制度介绍

国外监察专员制度是一种与我国信访制度有着相同性质的社会制度。监察专员制度，起源于北欧。瑞典产生了世界上最早的监察专员制度。瑞典的监察专员，所监察对象很广，包括行政司法机关各个方面的公务人员。这里的"公务人员"范围，主要包括中央和地方政府机关的官员、法院的法官、检察官、公立学校的教职员工、医院的医师和护士、公立养老院的职员以及军队的下士以上军官等。此外，受行政机关委托代行其实际事务的雇员、非正式职员也属于监察专员监察的范围。

瑞典法律赋予议会监察专员的权力主要有：调查权、视察权、建议权和起诉权。监察专员的工作程序如下：

（一）受理公民的申诉和控告

公民在自己的合法权益受到行政机关及其工作人员的非法侵害时，可以向议会监察专员提出申诉或控告，申诉的方式以书面材料为主。监察专员不能无故拒绝受理公民的申诉或控告，如果监察专员无故拒绝受理公民的申诉，公民可以向议会宪法委员会提出申诉，因此被确认不称职的监察专员，宪法委员会可以撤销其职务。

（二）展开调查

监察专员在受理了投诉后，必须对投诉的时间展开调查。以取得合理处理投诉的事实依据和法令、惯例等。在调查过程中监察专员要对照法令、研讨惯例，要充分听取双方当事人的意见或辩解，还往往要对控告进行反驳、再反驳，或者举行有关的大型听证会，大规模的调查常常要持续一年以上。

（三）处理案件

监察专员要采取一定的方式对公民的申诉、控告作出处理，处理的方式主要有四种即：调解、建议、批评和起诉。调解就是在监察专员的协调下，通过协商方式促使双方相互谅解和让步，从而化解彼此之间的矛盾，解决投诉方与被投诉方的矛盾；建议就是监察专员在对案件调查后，根据调查所收集的证据，向有关行政机关提出放弃、修改某些行政决定，或要求行政机关对受到非法侵害的公民给予适当赔偿，或向上级主管机关建议对某些行政人员加以行政处分的意见；批评是针对那些犯有轻微过失的行政机关或行政人员提出警策，促使他们纠正错误；起诉是处理申诉案件的最严厉手段，是专门针对那些犯有重大过失或违法的行政机关及其工作人员而采取的措施。

第三节　我国现行的信访制度的内容

我国现行的信访制度是由国务院1995年颁布并于2005年所修改的《信访条例》及其相关的部门与各省、市、自治区所制定的相关规定所确定的。主要包括信访制度的原则、信访机构的设置和职能、信访人的权利义务、相关的法律责任。

一、我国信访制度的原则

《信访条例》为我国的信访制度确立了6个原则：

（一）方便信访人的原则

该原则是在《信访条例》第六条中列出的，原文如下："县级以上人民政府应当设立信访工作机构；县级以上人民政府工作部门及乡、镇人民政府应当按照有利工作、方便信访人的原则，确定负责信访工作的机构（以下简称信访工作机构）或者人员，具体负责信访工作。"

（二）任何组织和个人不得打击报复信访人原则

该原则是在《信访条例》第四条中列出的，原文如下："各级人民政府、县级以上人民政府工作部门应当做好信访工作，认真处理来信、接待来访，倾听人民群众的意见、建议和要求，接受人民群众的监督，努力为人民群众服务。各级人民政府、县级以上人民政府工作部门应当畅通信访渠道，为信访人采用本条例规定的形式反映情况，提出建议、意见或者投诉请求提供便利条件。任何组织和个人不得打击报复信访人。"

（三）属地管理、分级负责，谁主管、谁负责的原则

该原则是在《信访条例》第四条中列出的，原文如下："信访工作应当在各级人民政府领导下，坚持属地管理、分级负责，谁主管、谁负责，依法、及时、就地解决问题与疏导教育相结合的原则。"

（四）依法、及时、就地解决问题与疏导教育相结合的原则

该原则是在《信访条例》第四条中列出的，原文如下："信访工作应当在各级人民政府领导下，坚持属地管理、分级负责，谁主管、谁负责，依法、及时、就地解决问题与疏导教育相结合的原则。"

（五）治标与治本相结合的原则

该原则是在《信访条例》第五条中列出的，原文如下："县级以上人民政府应当建立统一领导、部门协调，统筹兼顾、标本兼治，各负其责、齐抓共管的信访工作格局，通过联席会议、建立排查调处机制、建立信访督查工作制度等方式，及时化解矛盾纠纷。"

（六）责任原则

该原则是在《信访条例》第七条中列出的，原文如下："各级人民政府应当建立健全信访工作责任制，对信访工作中的失职、渎职行为，严格依照有关法律、行政法规和本条例的规定，追究有关责任人员的责任，并在一定范围内予以通报。各级人民政府应当将信访工作绩效纳入公务员考核体系。"

二、信访机构的设置和职能

我们在了解信访机构之前要了解信访机构有一个特点，这就是虽然理论上它拥有法人资格，享有法律赋予该行政机关的权利义务。但是由于信访机构处

理信访事件的行为是一种特殊的行为，其大部分行为均不在行政诉讼和行政复议的受案范围。其中，有的行为后果由同级政府承担，有的只能按照特殊程序来处理。

（一）我国信访机构的设置

信访机构即指处理人民群众来信来访问题的日常工作机构，依照《信访条例》第六条规定："县级以上人民政府应当设立信访工作机构；县级以上人民政府工作部门及乡、镇人民政府应当按照有利工作、方便信访人的原则，确定负责信访工作的机构（以下简称信访工作机构）或者人员，具体负责信访工作。"这是信访机构设置的一个总的原则。我国的信访机构从中央到地方设置如下：

（1）国家信访局、各部委信访部门。

（2）各省、自治区、直辖市信访部门以及县级以上人民政府信访部门。

（3）乡、镇级人民政府工作人员。

（二）信访机构的职能

国家信访局的职责如下：

（1）处理国内群众和境外人士的来信来访事项，保证信访渠道畅通；反映来信来访中提出的重要建议、意见和问题；综合分析信访信息，开展调查研究，提出制定有关方针、政策的建议。

（2）承办领导同志交办的信访事项，督促检查领导同志有关批示件的落实情况；向地方和部门交办信访事项，督促检查重要信访事项的处理和落实。

（3）协调处理跨地区、跨部门的重要信访问题；协调处理群众集体来京上访和异常、突发信访事件；检查、协调中央党、政、军各部门信访工作和地方党、政机关的信访工作。

（4）指导全国信访业务工作；研究、起草有关信访工作的方针、政策和法律、法规草案；总结推广各地区、各部门信访工作的经验，提出改进和加强信访工作的意见和建议。

（5）了解并掌握信访工作队伍建设情况，组织信访干部的培训；指导信访部门办公自动化建设。

（6）负责信访工作的宣传和信息发布；协调信访工作外事活动和对外

交流。

各部委的信访部门，负责处理本系统内的信访事务，建设部设立的信访部门的职责，作者将专列一节阐述，不在此赘述。

（三）地方信访机构的职责

《信访条例》规定：县级以上人民政府信访工作机构是本级人民政府负责信访工作的行政机构，履行下列职责：

（1）受理、交办、转送信访人提出的信访事项。

（2）承办上级和本级人民政府交由处理的信访事项。

（3）协调处理重要信访事项。

（4）督促检查信访事项的处理。

（5）研究、分析信访情况，开展调查研究，及时向本级人民政府提出完善政策和改进工作的建议。

（6）对本级人民政府其他工作部门和下级人民政府信访工作机构的信访工作进行指导。

第四节 信访工作的相关知识

信访中存在一些基本的专业名词和术语，是我们在具体工作和行使信访权利中应当了解认识的。

一、信访人

信访人是指采用书信、电子邮件、传真、电话、走访等形式，向各级人民政府、县级以上人民政府工作部门反映情况，提出建议、意见或者投诉请求的公民、法人或者其他组织。

二、信访人的权利

按照《信访条例》规定，信访人应当享有以下权利：

第一，对行政机关及其工作人员提出批评和建议的权利。信访人对下列组织、人员的职务行为反映情况，提出建议、意见，或者不服下列组织、人员的职务行为，可以向有关行政机关提出信访事项：① 行政机关及其工作人员；② 法律、法规授权的具有管理公共事务职能的组织及其工作人员；③ 提供公共服务的企业、事业单位及其工作人员；④ 社会团体或者其他企业事业单位中由国家行政机关任命、派出的人员；⑤ 村民委员会、居民委员会及其成员。信访人提出信访事项的权利具体包括：提出批评和建议；提出控告或者检举；在自身合法权益受到侵害时提出申诉、控告；反映情况和问题，提出要求。

第二，获知信访渠道及法律程序信息的权利。各级人民政府、县级以上人民政府工作部门应当向社会公布信访工作机构的通信地址、电子邮件、投诉电话、信访接待的时间和地点、查询信访事项处理进展及结果的方式等相关事项；应当在其信访接待的场所或者网站公布与信访工作有关的法律、法规、规章，信访事项的处理程序，以及其他为信访人提供便利的相关事项。

第三，查询信访事项办理情况的权利。县级以上各级人民政府的信访工作机构或者有关工作部门应当及时将信访人的投诉请求输入信访信息系统，信访人可以持行政机关出具的投诉请求受理凭证，到当地人民政府的信访工作机构或者有关工作部门的接待场所查询其所提出的投诉请求的办理情况。

第四，得到书面答复的权利。各级人民政府信访工作机构以外的行政机关收到信访事项后，能够当场答复是否受理的，应当当场书面答复；对信访事项有权处理的行政机关经调查核实，应当依照有关法律、法规、规章及其他有关规定，分别做出处理意见，并书面答复信访人；收到复查请求的行政机关应当在规定期限内提出复查意见，并予以书面答复；收到复核请求的行政机关应当在规定期限内提出复核意见，并予以书面答复。

第五，要求复查复核的权利。信访人对行政机关做出的信访事项处理意见不服的，可以请求原办理行政机关的上一级行政机关复查，收到复查请求的行政机关应当在规定时限内提出复查意见；信访人对复查意见不服的，可以向复查机关的上一级行政机关请求复核，收到复核的行政机关应当在规定时限内提出复核意见。

第六，不受打击报复的权利。信访人依法信访的权利受法律保护，任何组织和个人不得打击报复信访人。同时，行政机关及其工作人员不得将信访人的检举、揭发材料及有关情况透露或者转给被检举、揭发的人员或者单位，避免有关部门和人员对信访人打击报复。

第七，要求对办理信访事项有直接利害关系的工作人员回避的权利；信访人发现行政机关工作人员与信访事项或者信访人有直接利害关系的，应当回避的，有权申请回避。

第八，自身受到保护的权利：检举、揭发材料及有关材料不被透露或者转给被检举、揭发的人员或单位。

第九，受到奖励的权利：反映的情况，提出的建议、意见，对国民经济和社会发展或者对改进国家机关工作以及保护社会公共利益有贡献的，信访人有得到奖励的权利。

三、信访人的义务

按照《信访条例》规定，信访人应当履行的义务：

第一，按法定程序提出信访事项的义务。信访人提出信访事项，一般应当采用书信、电子邮件、传真等书面形式；采用走访形式的，应当到有关行政机关设立或者指定的接待场所提出；多人采用走访形式提出共同的信访事项的，应当推选代表，代表人数不得超过5人。

第二，遵守走访形式规定的义务。信访人采用走访形式提出信访事项，应当向依法有权处理的本级或者上一级机关提出；信访事项已经受理或者正在办理的，信访人在规定期限内向受理、办理机关的上级机关再提出同一信访事项的，该上级机关不予受理。

第三，如实反映情况的义务。信访人提出信访事项应当客观真实，对其所提供材料内容的真实性负责，不得捏造、歪曲事实，不得诬告、陷害他人。

第四，维护信访秩序的义务。信访人在信访过程中应当遵守法律、法规，不得损害国家、社会、集体的利益和其他公民的合法权利，自觉维护社会公共秩序和信访秩序，不得有下列行为：在国家机关办公场所周围、公共场所非法聚集，围堵、冲击国家机关，拦截公务车辆或者堵塞、阻断交通的；携带危险物品、管制器具的；侮辱、殴打、威胁国家机关工作人员或者非法限制他人人身自由的；在信访接待场所滞留、滋事，或者将生活不能自理的人弃留在信访接待场所的；煽动、串联、胁迫、以钱财诱使、幕后操纵他人信访或以信访为名借机敛财的；扰乱公共秩序、妨害国家和公共安全的其他行为。

第五节　工作的注意事项

信访工作机构以及相关工作人员要注意普及依法信访的知识，同时要指导信访人了解信访中应注意的事项，从而使信访人不至于走入信访的误区，导致信访效率低下甚至于违法信访。

一、提出信访事项

根据《信访条例》第17条规定："信访人提出信访事项，一般应当采用书信、电子邮件、传真等书面形式；信访人提出投诉请求的，还应当载明信访人的姓名（名称）住址和请求、事实、理由。"

二、如何采用走访形式提出信访事项

根据《信访条例》第16条、18条规定："信访人采用走访形式提出信访事项，应当向依法有权处理的本级或者上一级机关提出，并且应当到有关机关设立或者指定的接待场所提出；多人采用走访形式提出共同信访事项的，应当推选不超过5人的代表。"

三、提出信访事项的范围

只能根据《信访条例》第14条规定："信访人对该法条规定的组织、人员的职务行为反映情况，提出建议、意见，或者不服该法条规定的组织、人员的职务行为，可以向有关行政机关提出信访事项。

对依法应当通过诉讼、仲裁、行政复议等法定途径解决的投诉请求，信访人应当依照有关法律、行政法规规定的程序向有关机关提出。"

四、信访人在信访过程中被禁止的行为

信访人应遵守《信访条例》第20条规定："在信访过程中应当遵守法律、法规，不得损害国家、社会、集体的利益和其他公民的合法权利，自觉维护社会公共秩序和信访秩序，不得有该法条所禁止的行为。"

五、信访人对信访事项处理意见不服的请求复查、复核的时间

根据《信访条例》第34条规定："信访人对行政机关作出的信访事项处理意见不服的，可以自收到书面答复之日起30日内请求原办理行政机关的上一级行政机关复查。收到复查请求的行政机关应当自收到复查请求之日起30日内提出复查意见，并予以书面答复。"

《信访条例》第35条规定："信访人对复查意见不服的，可以自收到书面答复之日起30日内向复查机关的上一级行政机关请求复核。收到复核请求的行政机关应当自收到复核请求之日起30日内提出复核意见。复核机关可以按照本条例第三十一条第二款的规定举行听证，经过听证的复核意见可以依法向社会公

示。听证所需时间不计算在前款规定的期限内。信访人对复核意见不服，仍然以同一事实和理由提出投诉请求的，各级人民政府信访工作机构和其他行政机关不再受理。"

六、向国家信访局提出信访事项

群众向国家信访局提出信访事项，尽量采取书面形式。国家信访局的邮政编码是100017，在信封上注明"国家信访局收"即可。如果确定需要采取走访形式提出信访事项，应到中共中央办公厅、国务院办公厅人民来访接待室（国家信访局来访接待司）反映。

第六节　城市治理中信访工作要全面掌握相关的法律规定

城市治理工作牵涉面有多广，可能引起信访的原因就有多广。实践中，信访接待人员仅掌握《信访条例》是不够的，还应该掌握相关城市治理的实体与程序的法律、法规、规章以及政策性文件。

一、法律规定

法律规定主要包括，《中华人民共和国宪法》《中华人民共和国物权法》《中华人民共和国城乡规划法》《中华人民共和国国家赔偿法》《中华人民共和国城市房地产管理法》《中华人民共和国土地管理法》《中华人民共和国游行示威法》等。

从表面上看，上述的法律中虽然没有关于信访的词条，但是是城市治理工作中必须遵守的法律。

（一）《中华人民共和国宪法》

宪法虽然没有"信访"二字，但它作为根本大法，是一切国家制度制定的依据，国家信访制度的建立以及信访事件的解决，都必须遵照宪法的规定。超出宪法规定的行为，既无法得到合法救济途径的，也得不到法律的保护。

（二）《中华人民共和国物权法》

2007年实施的《物权法》确认平等保护物权的原则，并一体确认国家、集体、个人所有权，明确了即使公共利益需要损害个人利益也应依法补偿，这就给城市治理工作提出了更高的要求。

（三）《中华人民共和国城乡规划法》

将原来的《城市规划法》和《村庄与集体规划条例》合一，系统设立了我国城乡治理中"规划"这一生命线，对于城市治理工作的依法进行具有十分重要的意义，进而成为信访工作常用的法律之一。

（四）《中华人民共和国国家赔偿法》

国家工作人员在执行公务中，如果因违法导致了信访人的财产损失，受害人是有权力提出赔偿要求的。所以，在信访事件中，接待人员应当对国家赔偿法有充分的了解，作出正确的答复，以及时的化解矛盾，防止矛盾扩大。

（五）《中华人民共和国土地管理法》

近三十年来，城市的扩大以及更新改造都不可避免地会设计原土地使用权人的权益，这也成为信访数量增加的原因之一。为此，信访接待人员全面了解我国土地制度的变化以及因此带来的社会矛盾的相关规定。

（六）《中华人民共和国游行示威法》

信访接待中，对于采用走访的方式的信访人，要提醒他们注意方式方法以及地点。不要违反我国游行示威法的规定，妨碍公共安全，以免导致正常行使信访权利不成反而成了违法行为。

（七）《中华人民共和国城市房地产管理法》

《中华人民共和国城市房地产管理法》于1994年制订，其作用是为了加强对城市房地产的管理，维护房地产市场秩序，保障房地产权利人的合法权益，促进房地产市场的健康发展，是城市房地产制度的骨干，对于城市治理有着重要作用。在该法的实施中不可避免地会有争议，引起信访事件的发生。因此，掌握该法律立法原意的具体规定，有利于城市治理中涉及房地产纠纷的解决，使矛盾化解在萌芽状态。

二、法规规章

法规规章主要包括国务院颁布的《国有土地上房屋征收与拆迁补偿条例》《信访条例》，建设部颁布的《建设部信访工作管理办法》、国土资源部颁布的《国土资源信访规定》、司法部《司法行政机关信访工作办法》等规章政策性文件，以及各省、直辖市、自治区颁布的相关条理制度。这些法规规章，直接规定了征收与拆迁维权中的各项制度，它们是信访人进行征收维权信访活动的行动指南。

（一）《国有土地上房屋征收与拆迁补偿条例》

该条例是《城市房地产管理法》的下位法，是房屋征收与拆迁维权信访的主要依据，是国有土地上征收与拆迁活动必须遵守的法规。征收拆迁信访维权与接待首先是对政府相关部门及其工作人员是否违反该条例的争议而开始，是城市治理引起信访的第一源头。所以，信访接待人员了解该条例是工作之必需。

（二）《信访条例》

该条例是我国一切信访活动必须遵守的专门法规。《建设部信访工作管理办法》《国土资源信访规定》只是该条例的一个实施办法，所以，我们在讨论并从事信访接待工作，是离不开国务院颁布的《信访条例》的。

（三）《建设部信访工作管理办法》《国土资源信访规定》《司法行政机关信访工作办法》以及各省市颁布的有关信访工作的规定，是我们不同地区，不同部门的信访事件应当分别参照执行的规定。

三、规范性文件

（一）鉴于因房屋拆迁引起的上访事件大幅度增加，近20年来，为了应对信访工作的需要，国家及有关部委除上述法律、法规、规章之外，还出台了一些规范性文件。2004年，建设部印发了《处理城市房屋拆迁信访问题指导意见》（建住房〔2004〕160号）。该指导意见全文如下：

"为妥善处理城市房屋拆迁信访问题，根据《城市房屋拆迁管理条例》（2001年6月13日国务院令第305号发布，以下简称《条例》)《信访条例》（1995年10月28日国务院令第185号发布）及相关规定，制定本指导意见。

一、《条例》实施后颁发拆迁许可证的项目中的问题，按照《条例》的规定并结合所在地的地方性法规和规章的规定进行处理。

《条例》实施前已颁发拆迁许可证的项目中的问题，按照《城市房屋拆迁管理条例》（1991年3月22日国务院令第78号发布）及其配套政策文件的规定进行处理。

对未取得房屋拆迁许可证，擅自实施拆迁等违反《条例》规定的，由房屋拆迁管理部门按照《条例》规定给予处罚。

二、对程序不规范、手续不完备的项目，应责成有关部门和当事人尽快依法纠正。拆迁双方已经签订拆迁补偿安置协议的，原则上应维持原协议。

因行政干预拆迁补偿标准，使被拆迁人权益受到侵害的，应当尽快纠正；未依法对被拆迁人给予货币补偿或提供拆迁安置用房、周转用房而实施强制拆迁的，要责令拆迁人对被拆迁人限期妥善安置或补偿。

三、因历史原因形成的违章建筑的拆除问题，按照国办发明电〔2003〕42号文件的规定，依据《城市规划法》等法律法规和有关城市规划的政策文件处理。

房屋权属登记的性质为住宅，但已依法取得营业执照实际为经营性用房的，按照国办发明电〔2003〕42号文件的规定，可根据其经营情况、经营年限及纳税等实际情况给予适当补偿。

四、对多数被拆迁人已经签订了拆迁补偿安置协议，又出现拆迁纠纷和矛盾以及上访的，属于拆迁当事人之间的合同纠纷，应引导当事人自行协商解决。协商不成的通过司法途径解决。

五、对已进入行政复议程序的案件，按照《行政复议法》处理；对行政复议决定不服的，除按照法律规定，行政复议决定为最终裁决的外，可以依照《行政诉讼法》的规定向人民法院提起行政诉讼。

对依照《条例》的规定应当通过民事诉讼程序解决的拆迁纠纷和拆迁争议，行政机关不予受理；已经人民法院作出生效判决的，有关当事人和行政机关必须执行。

六、涉及私房社会主义改造等国家政策已有明确规定的历史遗留问题，特别是已按当时政策处理并作了结论的，应按照"尊重历史原则"予以维持；将处理结果告知当事人，并耐心做好解释和说明工作。

七、对少数被拆迁人"以闹取利"和不合理要求，特别是多数人已签协议的同一项目的少数人要求，不作不符合规定的许愿，不乱开"口子"，严格依法做好工作。对极少数蓄意闹事、破坏社会公共秩序的，要依法处理。

八、2004年以来新实施的拆迁项目，要认真执行《条例》及配套的政策规定，严格拆迁程序，确保拆迁工作公开、公正、公平，从制度上避免引发新的纠纷和矛盾。对新发生的违法违规问题，一经查实，要从严处理相关责任单位和责任人，并坚决纠正违规行为。

该指导意见制定的时间在国务院新的《信访条例》和《国有土地上房屋征收与补偿条例》颁布之前，所以其依据是1995年的信访条例和2001年的《城市房屋拆迁管理条例》，我们在适用的时候应当对其与新的条例不符合的地方，按照新条例的规定来执行。"

（二）公安部的规范性文件

2013年公安部对2008年7月6日下发的《关于公安机关处置信访活动中违法犯罪行为适用法律的指导意见》（公通字〔2008〕35号）进行了修订，内容如下：

1. 对扰乱信访工作秩序违法犯罪行为的处理

（1）违反《信访条例》第十六条、第十八条规定，越级走访，或者多人就同一信访事项到信访接待场所走访，拒不按照《信访条例》第十八条第二款的规定推选代表，经有关国家机关工作人员劝阻、批评和教育无效的，依据《信访条例》第四十七条第二款规定，公安机关予以警告、训诫或者制止；符合《治安管理处罚法》第二十三条第一款第一项、第二款规定的，以扰乱单位秩序、聚众扰乱单位秩序依法予以治安管理处罚。

（2）违反《信访条例》第十四条、第十五条、第三十四条和第三十五条规定，拒不通过法定途径提出投诉请求，不依照法定程序请求信访事项复查、复核，或者信访诉求已经依法解决，仍然以同一事实和理由提出投诉请求，在信访接待场所多次缠访，经有关国家机关工作人员劝阻、批评和教育无效的，依据《信访条例》第四十七条第二款规定，公安机关予以警告、训诫或者制止；符合《治安管理处罚法》第二十三条第一款第一项规定的，以扰乱单位秩序依法予以治安管理处罚。

（3）在信访接待场所滞留、滋事，或者将年老、年幼、体弱、患有严重疾病、肢体残疾等生活不能自理的人弃留在信访接待场所，经有关国家机关工作人员劝阻、批评和教育无效的，依据《信访条例》第四十七条第二款规定，公安机关予以警告、训诫或者制止；符合《治安管理处罚法》第二十三条第一款第一项规定的，以扰乱单位秩序依法予以治安管理处罚。

（4）在信访接待场所摆放花圈、骨灰盒、遗像、祭品，焚烧冥币，或者停放尸体，不听有关国家机关工作人员劝阻、批评和教育，扰乱信访工作秩序，符合《治安管理处罚法》第二十三条第一款第一项、第六十五条第二项规定的，以扰乱单位秩序、违法停放尸体依法予以治安管理处罚。

（5）煽动、串联、胁迫、诱使他人采取过激方式表达诉求，扰乱信访工作秩序，符合《治安管理处罚法》第二十三条第一款第一项、第二款规定的，以扰乱单位秩序、聚众扰乱单位秩序依法予以治安管理处罚。

（6）聚众扰乱信访工作秩序，情节严重，符合《刑法》第二百九十条第一款规定的，对首要分子和其他积极参加者以聚众扰乱社会秩序罪追究刑事责任。

2. 对危害公共安全违法犯罪行为的处理

（1）为制造社会影响、发泄不满情绪、实现个人诉求，驾驶机动车在公共场所任意冲闯，危害公共安全，符合《刑法》第一百一十四条、第一百一十五条第一款规定的，以危险方法危害公共安全罪追究刑事责任。

（2）以递交信访材料、反映问题等为由，非法拦截、强登、扒乘机动车或者其他交通工具，或者乘坐交通工具时抛撒信访材料，影响交通工具正常行驶，符合《治安管理处罚法》第二十三条第一款第四项规定的，以妨碍交通工具正常行驶依法予以治安管理处罚。

（3）在信访接待场所、其他国家机关或者公共场所、公共交通工具上非法携带枪支、弹药、弓弩、匕首等管制器具，或者爆炸性、毒害性、放射性、腐蚀性等危险物质的，应当及时制止，收缴枪支、弹药、管制器具、危险物质；符合《治安管理处罚法》第三十二条、第三十条规定的，以非法携带枪支、弹药、管制器具、非法携带危险物质依法予以治安管理处罚；情节严重，符合《刑法》第一百三十条规定的，以非法携带枪支、弹药、管制刀具、危险物品危及公共安全罪追究刑事责任。

（4）采取放火、爆炸或者以其他危险方法自伤、自残、自杀，危害公共安全，符合《刑法》第一百一十四条和第一百一十五条第一款规定的，以放火罪、爆炸罪、以危险方法危害公共安全罪追究刑事责任。

3. 对侵犯人身权利、财产权利违法犯罪行为的处理

（1）殴打他人或者故意伤害他人身体，符合《治安管理处罚法》第四十三条规定的，以殴打他人、故意伤害依法予以治安管理处罚；符合《刑法》第二百三十四条规定的，以故意伤害罪追究刑事责任。明知患有艾滋病或者其他严重传染疾病，故意以撕咬、抓挠等方式伤害他人，符合《刑法》第二百三十四条规定的，以故意伤害罪追究刑事责任。

（2）采取口头、书面等方式公然侮辱、诽谤他人，符合《治安管理处罚法》第四十二条第二项规定的，以侮辱、诽谤依法予以治安管理处罚；侮辱、诽谤情节严重，被害人要求公安机关立案侦查的，应当严格执行《公安部关于严格依法办理侮辱诽谤案件的通知》的规定，除严重危害社会秩序和国家利益的由公安机关立案侦查外，应当将有关案件材料移送人民法院，同时告知被害人自行向人民法院起诉。

（3）写恐吓信或者以其他方法威胁他人人身安全，或者多次发送侮辱、恐吓或者其他信息，干扰他人正常生活，符合《治安管理处罚法》第四十二条第一项、第五项规定的，以威胁人身安全、发送信息干扰正常生活依法予以治安管理处罚。

（4）偷窥、偷拍、窃听、散布他人隐私，符合《治安管理处罚法》第四十二条第六项规定的，以侵犯隐私依法予以治安管理处罚；情节严重，符合《刑法》第二百五十三条之一第二款规定的，以非法获取公民个人信息罪追究刑事责任。

（5）捏造、歪曲事实诬告陷害他人，企图使他人受到刑事追究或者受到治安管理处罚，符合《治安管理处罚法》第四十二条第三项规定的，以诬告陷害依法予以治安管理处罚；符合《刑法》第二百四十三条规定的，以诬告陷害罪追究刑事责任。

（6）在信访接待场所或者其他公共场所故意裸露身体，情节恶劣，符合《治安管理处罚法》第四十四条规定的，以在公共场所故意裸露身体予以治安管理处罚。

（7）故意损毁公私财物，符合《治安管理处罚法》第四十九条规定的，以故意损毁财物依法予以治安管理处罚；符合《刑法》第二百七十五条规定的，以故意毁坏财物罪追究刑事责任。

（8）以制造社会影响、采取极端闹访行为、持续缠访、闹访等威胁、要挟手段，敲诈勒索，符合《治安管理处罚法》第四十九条规定的，以敲诈勒索依法予以治安管理处罚；符合《刑法》第二百七十四条规定的，以敲诈勒索罪追究刑事责任。

（9）以帮助信访为名骗取他人公私财物，符合《治安管理处罚法》第四十九条规定的，以诈骗依法予以治安管理处罚；符合《刑法》第二百六十六条规定的，以诈骗罪追究刑事责任。

4. 对妨害社会管理秩序违法犯罪行为的处理

（1）在国家机关办公场所周围实施静坐，张贴、散发材料，呼喊口号，打横幅，穿着状衣、出示状纸，扬言自伤、自残、自杀等行为或者非法聚集，经有关国家机关工作人员劝阻、批评和教育无效的，依据《信访条例》第四十七条第二款规定，公安机关予以警告、训诫或者制止，收缴相关材料和横幅、状纸、状衣等物品；符合《治安管理处罚法》第二十三条第一款第一项、第二款规定的，以扰乱单位秩序、聚众扰乱单位秩序依法予以治安管理处罚；符合

《刑法》第二百九十条第一款规定的，对非法聚集的首要分子和其他积极参加者以聚众扰乱社会秩序罪追究刑事责任；聚集多人围堵、冲击国家机关，扰乱国家机关正常秩序，符合《刑法》第二百九十条第二款规定的，对首要分子和其他积极参加者以聚众冲击国家机关罪追究刑事责任。

（2）在车站、码头、商场、公园、广场等公共场所张贴、散发材料，呼喊口号，打横幅，穿着状衣、出示状纸，或者非法聚集，以及在举办文化、体育等大型群众性活动或者国内、国际重大会议期间，在场馆周围、活动区域或者场内实施前述行为，经劝阻、批评和教育无效的，依据《信访条例》第四十七条第二款规定，公安机关予以警告、训诫或者制止，收缴相关材料和横幅、状纸、状衣等物品；符合《治安管理处罚法》第二十三条第一款第二项、第二款或者第二十四条第一款第一项、第三项、第五项规定的，以扰乱公共场所秩序、聚众扰乱公共场所秩序或者强行进入大型活动场所内、在大型活动场所内展示侮辱性物品、向大型活动场所内投掷杂物依法予以治安管理处罚；聚众扰乱公共场所秩序，抗拒、阻碍国家治安管理工作人员依法执行职务，情节严重，符合《刑法》第二百九十一条规定的，对首要分子以聚众扰乱公共场所秩序罪追究刑事责任。

（3）在信访接待场所、其他国家机关门前或者交通通道上堵塞、阻断交通或者非法聚集，影响交通工具正常行驶，符合《治安管理处罚法》第二十三条第一款第四项、第二款规定的，以妨碍交通工具正常行驶、聚众妨碍交通工具正常行驶依法予以治安管理处罚；符合《刑法》第二百九十一条规定的，对首要分子以聚众扰乱交通秩序罪追究刑事责任。

（4）在外国使领馆区、国际组织驻华机构所在地实施静坐，张贴、散发材料，呼喊口号，打横幅，穿着状衣、出示状纸等行为或者非法聚集的，应当立即制止，根据《人民警察法》第八条规定，迅速带离现场，并收缴相关材料和横幅、状纸、状衣等物品；符合《治安管理处罚法》第二十三条第一款第一项、第二款规定的，以扰乱公共场所秩序、聚众扰乱公共场所秩序依法予以治安管理处罚；符合《刑法》第二百九十条第一款规定的，对首要分子和其他积极参加者以聚众扰乱社会秩序罪追究刑事责任。

（5）煽动、策划非法集会、游行、示威，不听劝阻，符合《治安管理处罚法》第五十五条规定的，以煽动、策划非法集会、游行、示威依法予以治安管理处罚；举行集会、游行、示威活动未经主管机关许可，未按照主管机关许可的目的、方式、标语、口号、起止时间、地点、路线进行，或者在进行中出现危害公共安全、破坏社会秩序情形的，根据《集会游行示威法》第二十七条规定予以制止、命令解散；不听制止，拒不解散的，依法强行驱散、强行带离现场或者立即予以拘留；符合《集会游行示威法》第二十八条规定的，对其负责人和直接责任人员依法予以警告或者拘留；拒不服从解散命令，符合《刑法》第二百九十六条规定的，对负责人和直接责任人员，以非法集会、游行、示威罪追究刑事责任。集会游行示威过程中实施其他违法犯罪行为的，依法追究法律责任。

（6）实施跳河、跳楼、跳桥，攀爬建筑物、铁塔、烟囱、树木，或者其他自伤、自残、自杀行为，制造社会影响的，应当积极组织解救；符合《治安管理处罚法》第二十三条第一款第一项、第二项规定的，以扰乱单位秩序、扰乱公共场所秩序依法予以治安管理处罚；符合《刑法》第二百九十条第一款规定的，对首要分子和其他积极参加者以聚众扰乱社会秩序罪追究刑事责任；符合《刑法》第二百九十一条规定的，对首要分子以聚众扰乱公共场所秩序罪追究刑事责任。

（7）乘坐公共交通工具拒不按照规定购票，或者采取其他方式无理取闹，符合《治安管理处罚法》第二十三条第一款第三项规定的，以扰乱公共交通工具上的秩序依法予以治安管理处罚。

（8）散布谣言，谎报险情、疫情、警情，投放虚假的爆炸性、毒害性、放射性、腐蚀性物质或者传染病病原体等危险物质，扬言实施放火、爆炸、投放危险物质，制造社会影响、扰乱公共秩序，符合《治安管理处罚法》第二十五条规定的，以虚构事实扰乱公共秩序、投放虚假危险物质扰乱公共秩序、扬言实施放火、爆炸、投放危险物质扰乱公共秩序依法予以治安管理处罚；符合《刑法》第二百九十一条之一规定的，以投放虚假危险物质罪、编造、故意传播虚假恐怖信息罪追究刑事责任。

（9）阻碍国家机关工作人员依法执行职务，强行冲闯公安机关设置的警戒带、警戒区，或者阻碍执行紧急任务的消防车、救护车、工程抢险车、警车等车辆通行，符合《治安管理处罚法》第五十条第一款第二项、第三项、第四项规定的，以阻碍执行职务、阻碍特种车辆通行、冲闯警戒带、警戒区依法予以治安管理处罚；阻碍人民警察依法执行职务的，从重处罚；使用暴力、威胁方法阻碍国家机关工作人员依法执行职务，符合《刑法》第二百七十七条规定的，以妨害公务罪追究刑事责任。

（10）任意损毁、占用信访接待场所、国家机关或者他人财物，符合《治安管理处罚法》第二十六条第三项规定的，以寻衅滋事依法予以治安管理处罚；符合《刑法》第二百九十三条规定的，以寻衅滋事罪追究刑事责任。

（11）煽动群众暴力抗拒国家法律、行政法规实施，符合《刑法》第二百七十八条规定的，以煽动暴力抗拒法律实施罪追究刑事责任。

5. 对利用计算机信息网络实施违法犯罪行为的处理

通过网站、论坛、博客、微博、微信等制作、复制、传播有关信访事项的虚假消息，煽动、组织、策划非法聚集、游行、示威活动，编造险情、疫情、警情，扬言实施爆炸、放火、投放危险物质或者自伤、自残、自杀等，符合《计算机信息网络国际联网安全保护管理办法》第二十条规定的，依法予以警告、罚款或者其他处罚；符合《治安管理处罚法》《刑法》有关规定的，依法追究法律责任。在收集、固定证据后，要依法及时删除网上有害信息。

对在信访活动中或者以信访为名，实施本指导意见所列以外其他违法犯罪行为的，依照有关法律、法规的规定予以处置。教唆、胁迫、诱骗他人实施相关违法犯罪行为的，按照其教唆、胁迫、诱骗的行为处罚。

（三）国家信访局的规范性文件

2014年4月，国家信访局印发《关于进一步规范信访事项受理办理程序引导来访人依法逐级走访的办法》，引导依法逐级走访。文件明确分级受理来访事项，对应受理而未受理、未按规定期限和程序受理办理来访事项等，可启动责任追究。对跨越本级和上一级机关提出的来访事项等6种情况，不予受理或不再受理。其中不予受理情况有：

（1）属于人大、法院、检察院职权范围内的来访事项。

（2）对跨越本级和上一级机关提出的来访事项，上级机关不予受理。

（3）来访事项已经受理或正在办理的。

（4）对处理（复查）意见不服，未提出复查（复核）请求而到上级机关走访。

（5）对处理（复查）意见不服，无正当理由超过规定期限未请求复查（复核）的。

（6）已经审核认定办结或已经复查复核终结备案的。

其中给予受理情况：

反映中央和国家机关或省级人民政府、工作人员职务行为的，跨省（自治区、直辖市）跨部门跨行业且一个省（自治区、直辖市）或一个部门无法独立解决的，以及省级人民政府未按《信访条例》规定受理办理的来访事项，中央和国家机关来访接待部门仍要受理。

第七节　城市治理中信访工作实务

城市治理涉及各方面的利益，产生争议不可避免，要做好这项工作，有关部门及其工作人员要熟悉信访工作的业务，在工作中不断提高实务水平。

一、城市治理中信访工作的受理机构

信访机构是专设的工作机构，它包括政府的信访局，也包括主管行政机关内设的信访接待部门。城市治理工作的主管行政机关主要是国务院下设的住房城乡建设部以及各级城市治理工作的行政主管机关，本文仅介绍住房城乡建设部的信访机构。

（一）住房城乡建设部

住房城乡建设部的信访专门窗口的设置在住房城乡建设部办公厅信访室。

1. 住房城乡建设部信访室基本任务

受理群众反映与住房城乡建设部职能有关的意见、建议和诉求的来信来访，对建设系统的信访工作进行综合协调和指导。

负责及时向各省级建设部门和部有关司局交办、转办、督办来信来访事项，承担党中央、国务院领导同志，以及国家信访局和部领导（含"三总师"，下同）交办信访案件的督办或查办。

按月、季、年做好信访情况的统计分析报告工作，及时做好突发事件和集体上访的信息报送工作；紧急时可先口头报情况，事后补报文字材料；对重大事项应当追踪连续报送后续处理情况。

从群众来信来访中，筛选出群众信访的热点、难点问题，搜集群众的意见、建议和要求，对来信来访中带普遍性、政策性、倾向性的问题及重大信访案件进行调查研究，商请部有关司局提出建议和处理意见，为领导决策服务。

适时组织住建系统信访工作经验交流、业务培训和理论研讨，不断提高住建系统信访工作人员政策、业务水平和依法处理信访问题的能力。

负责维护信访室及其候谈室的正常工作秩序。对在候谈室内纠缠、吵闹的人员应当及时劝阻。对躺卧、滞留候谈室，影响信访室正常办公秩序和候谈室公共卫生的人员进行必要的教育，维护正常的来访秩序。

2. 信访事件的一般处理方式

（1）对集体进京上访和越级的处理

部信访室应当保持与各省级住房城乡建设部门信访联络员的联系畅通，一经发现进京集体上访、异常访及突发事件，及时协调地方有关部门与部有关司局派人到现场进行处理。部信访室对越级进京上访的人员，应当做好耐心细致的宣传和思想疏导工作，劝其依法向有权处理的机关或者上一级机关提出。如有必要，部信访室应当及时通知地方有关部门做好接待工作，防止矛盾扩大。

（2）对信访事件的受理的规定

部信访室收到信访事项，应当予以登记。凡属反映部机关及其工作人员职务行为的意见和建议，或者不服部机关及其工作人员的职务行为，应当受理，并在15日内转送部有关司局处理，部有关司局不得推诿、敷衍、拖延；对于不属于部职权范围的信访事项，应当告知信访人向有权处理的机关提出。对收到的信访事项，能够当场答复是否受理的，应当当场书面答复；不能当场答复的，应当自收到信访事项之日起15日内书面告知信访人；信访人的姓名（名称）住址不清的除外。

信访人对复核意见不服，仍然以同一事实和理由提出投诉请求的，地方住房城乡建设部门或者部信访室不再受理，但应当向信访人做好解释工作。

3. 信访事件的处理方式及其期限

地方住房城乡建设部门或者部有关司局经过调查核实，应当依照有关政策、法规，分别作出以下处理，并书面答复信访人：

（1）请求事由事实清楚，符合法律、法规和政策规定的，予以支持，并督促有关机关或单位执行。

（2）请求事由合理但缺乏法律依据的，应当向信访人做好解释工作。

（3）请求事由缺乏事实根据或者不符合法律、法规和政策规定的，不予支持。

信访事项应当自受理之日起60日内办结；情况复杂的，经本行政机关负责人批准，可以适当延长办理期限，但延长期限不得超过30日，并告知信访人延期理由。法律、行政法规另有规定的，从其规定。

信访人对行政机关做出的信访事项处理意见不服的，可以自收到书面答复之日起30日内请求原办理行政机关的上一级行政机关复查。收到复查请求的行政机关应当自收到复查请求之日起30日内提出复查意见，并予以书面答复。信访人对复查意见不服的，可以自收到书面答复之日起30日内向复查机关的上一级行政机关请求复核。收到复核请求的行政机关应当自收到复核请求之日起30日内提出复核意见。

4. 信访的操作程序

信访具体来说，就是来信、来访。来信指的是人民群众以书信的方式提出意见，反应行政机构或工作人员在行使职务行为时违法或侵害他人合法权益并请求处理的现象。来访是指人民群众亲自到信访部门，控诉行政机关或其工作人员违法行政，侵害他人合法权益并请求处理的现象。不同的信访形式，需要不同的方法来操作，所以住房城乡建设部分别对来信和来访规定了不通的操作即处理。

（1）来信处理程序

第一，来信登记。来信的渠道，分为两个方面：一个方面是群众直接向住房城乡建设部及其领导的人民群众来信；一方面是国家信访局或相关部门转来的人民群众来信。信访室收到来信后，应当将来信和信封装订在一起并在来信第一页的右上角加盖当日住房城乡建设部信访室收信印章，将来信人姓名、地址、反映的主要内容、办理情况等登录在《来信登记表》。

第二，来信审查。部领导或办公厅领导阅批的信件：① 有关住建行业的管理、科技和改革等方面的重要意见和建议；② 带有普遍性、倾向性和苗头性的重大问题；③ 住建系统的重要情况和动态；④ 国内外知名人士的重要来信；⑤ 反映对重大问题顶、拖不办、明显违反政策的来信；⑥ 其他需经领导同志阅批的信件。

转交有关省级住建部门或者部有关司局处理的信件：① 检举、控告严重违法乱纪、扰乱秩序或者以权谋私的问题；② 可能发生意外，给国家、单位和个人的利益造成重大损失的问题；③ 其他应当由有关省级住建部门或者部有关司局进行调查处理的重要的情况、问题。

第三，来信的处理。住房城乡建设部直接处理的信件：信件上报前，办信人可对信件的内容做适当的了解核实。上报的信件经领导批示后，由指定经办人按批示意见具体落实。在规定期限内无反馈结果的，由经办人负责催办。领导批示件要登记、复印保存。

交给各省住房城乡建设部门或住房城乡建设部各司处理的信件：交办的函件由办信人拟稿，函稿应明确办理和反馈的期限。如需以部、办公厅名义发函交办的，应当按照《住房城乡建设部机关公文处理办法》的有关规定办理。交办后，如果在规定期限内未反馈结果，由原办信人催办。经办人对反馈的结果应认真审查，可以结案的，送部信访室负责人审定，其中重要问题，报办公厅领导审定。对处理明显不当或者不能结案的，应当商请有关单位或者有关部门做进一步处理。

（2）来访的操作程序

第一，来访的登记。来访人应当按照部信访室窗口接待人员的要求，填写《来访人员登记表》。集体来访的应当按来访人数逐一填写。窗口接待人员应当仔细阅览来访人员填写的《来访人员登记表》，核实有关证件，确认是否接谈。确认接谈的，窗口接待人员应告来访人员在指定候谈室等候接谈。

第二，来访的立案处理。凡有下列情况之一的，可以立案交办或者请地方有关住房城乡建设部门派人来京协调处理：

① 问题比较复杂的疑难特殊案件和人数众多的集体来访，经动员不返回或者情况不清，而又需要及时处理的；

② 多次来访、多次交办而无处理结果的；

③ 来访人有异常表现或者意外情况，需要与地方有关住房城乡建设部门当面研究的；

④ 地方有关住房城乡建设部门的处理有明显失误，且处理难度较大的；

⑤ 其他需要请地方有关住房城乡建设部门来京协调处理的情况。

对立案交办的信访事项，有关省级住房城乡建设部门应当在规定的期限内反馈处理结果。

二、信访的禁区

（一）来访中禁止的行为

来访人应当到信访机构提出来访事项。来访人应当遵守法律、法规，不得损害国家、社会、集体的利益和其他公民的合法权利，自觉维护社会公共秩序和信访秩序，不得有下列行为：

（1）在信访接待地点周围非法聚集，围堵、冲击行政机关，拦截公务车辆，或者堵塞、阻断交通。

（2）携带危险物品、管制器具。

（3）侮辱、殴打、威胁国家机关工作人员，或者非法限制他人人身自由。

（4）在信访接待室滞留、滋事，或者将生活不能自理的人弃留在部信访室。

（5）煽动、串联、胁迫、以财物诱使、幕后操纵他人信访或者以信访为名借机敛财。

（6）扰乱公共秩序、妨害国家和公共安全的其他行为。

（二）对信访人违法行为的应对

对来访人中的下列行为之一的，接待人员可视情节轻重进行劝阻、批评、教育，请公安机关给予警告、训诫、制止，或移交公安机关处理：

（1）不按规定到指定场所上访，干扰社会秩序和机关工作秩序的。

（2）同一地区、反映同一问题的来访人数超过5人的。

（3）反映的问题已按国家有关政策、法规作了处理，仍提出无理要求，经耐心说服教育无效，长期在部信访室纠缠取闹的。

（4）反映的问题按有关政策、法规不应解决，但仍坚持无理要求，长期在部信访室纠缠取闹，妨碍正常工作秩序的。

（5）在来访人中串联闹事，拦截、纠缠领导的。

（6）扬言爆炸、杀人、自杀，企图制造事端，铤而走险的。

（7）携带危险品、爆炸品以及各种管制器械到接待场所或者机关办公区的。

（8）对接待人员进行纠缠、侮辱、殴打、威胁的。

（9）破坏接待室办公设施以及有其他违法乱纪行为的。

（10）其他严重影响办公秩序行为的。

在当今城市治理工作中，依法行政和依法保护百姓切身利益的原则已深入民心。全面推行依法治国的核心是依法行政。城市治理需要执法机关认真依法执法，一切有关城市治理的制度与措施都必须加强立法规划的权威性。政府部门应当始终把维护人民利益作为有关城市治理的制度与措施制定工作的出发点和落脚点，强化法治政府意识，注重大局意识、政治意识和责任意识，正确处理公共利益和部门利益、权力与责任、服务与管理、实体与程序的关系。随着有关征收拆迁的法律、法规越来越完善，操作性越来越强，作为被征收拆迁百姓，也应当合理利用法律武器，积极依法维权。

第十一章

数据开放：从城市治理迈向良法善治

城市治理作为传统话题因现代公法的变革而不断发展，从20世纪80年代规制理论的提出、21世纪现代合作治理理念的形成至当代大数据技术的应用，政府又一次站在变革的浪潮中。作为城市治理数据化的核心技术，数据开放不仅仅是履行政府信息公开职能，还能够通过合作治理的方式共同面对社会风险，促进政府、社会、个体之间信息流通，化解信息不对称所带来的社会矛盾纠纷。由于数据开放的特征与城市治理以及良法善治具有天生的契合度，运用现代公法治理理念去理解数据开放制度在城市治理中的作用和优势显得尤为必要，如何引导数据开放实现良法善治则成为一项重要的法学命题，同时也是城市治理者运用数据开放加速实现良法善治的契机。本章第一节厘清数据开放的法律概念与定位，为全文提供论证基调；第二节论述数据开放制度在城市治理的具体运用中所呈现的多重功能，分别从城市政治治理、城市经济治理以及城市社会治理三个维度进行探讨，并以此次新冠病毒疫情为例论证数据开放的制度功能以及治理优势；第三节先对我国数据开放制度从法制与治理两个方面进行审视，探究我国数据开放制度的体系化缺陷以及治理效能的不足对相应问题进行完善，充分发挥数据开放中蕴含的现代治理理念，推动城市治理迈向良法善治。

第一节　数据开放的法律概念与定位：一种城市治理工具

数据开放已逐渐成为现代法治国家不可或缺的一种治理手段，放眼域外，美国、英国、德国、澳大利亚、日本等发达国家纷纷将此上升到国家战略层面，①美国前总统奥巴马甚至称数据为"未来的石油"。2011年9月20日，巴西、印度尼西亚、墨西哥、挪威、菲律宾、南非、英国、美国八个国家联合签署《开放数据声明》，成立开放政府合作伙伴（OGP，Open Government

---

① 陈尚龙. 大数据时代政府数据开放的立法研究 [J]. 地方立法研究，2019，4（2）：107-121.

Partnership）。从目前全球参与开放数据运动的国家来看，既包括美国、英国、法国、奥地利、西班牙等发达国家，也包括印度、巴西、阿根廷、加纳、肯尼亚等发展中国家。国际组织欧盟、经济合作与发展组织（OECD）、联合国（UN）、世界银行（WB）也加入到开放数据当中，建立了数据开放门户网站。[①] 根据《联合国电子政务调查报告》，联合国193个成员国和地区中已有139个推出了开放数据平台或目录。[②]争抢数据开放国际高地已然成为一种必然趋势。国务院《2015年政府信息公开工作要点》提出"积极稳妥推进政府数据公开"以来，持续在数据开放政策制定上发力，每年制定的法律规范只增不减，地方携手中央齐头并进，呈百花齐放之势。很显然，我国决策层对于数据开放的国际潮流是采取拥抱态度的，然而，由于数据的高度技术性以及数据开放方式的复杂性，数据开放的概念、性质、功能等法律内涵仍存争议，对于我国本土的数据开放制度的探索仍有较多模糊的地带，因此笔者认为，在论证数据开放与城市治理的法律关系时，有必要明确数据开放的法律内涵，故笔者在本节中将以我国现有的法律规范为基础，采用渐进式的研究视角，厘清数据开放的法律概念、功能以及法律性质。

一、数据开放的法律概念

数据开放的法律概念在我国现有规范中未有明确规定，但既有规定对何为"数据"以及何为"开放"下了定义，因此，我们可以采取法教义学方法逐个厘清下位概念，再对相应概念根据规范解释论进行拼接，从而得出数据开放的法律概念。在我国，关于公共数据的法律定义，地方立法中主要有两种方式，一种为概括式，如《上海市公共数据开放暂行办法》规定："本办法所称公共数据，是指本市各级行政机关以及履行公共管理和服务职能的事业单位（以下统

---

① 王周明，高红. 基于政府数据开放的我国行政法治刍议 [J]. 行政与法，2016（3）：27-31.

② 郑磊. 开放不等于公开、共享和交易：政府数据开放与相近概念的界定与辨析 [J]. 南京社会科学，2018（9）：83-91.

称公共管理和服务机构）在依法履职过程中，采集和产生的各类数据资源"。①又如《福建省政务数据管理办法》规定："本办法所称政务数据是指国家机关、事业单位、社会团体或者其他依法经授权、受委托的具有公共管理职能的组织和公共服务企业（以下统称数据生产应用单位）在履行职责过程中采集和获取的或者通过特许经营、购买服务等方式开展信息化住建和应用所产生的数据"。另一种为列举式，如《成都市公共数据管理应用规定》："本规定所称公共数据，是指政务部门在依法履职过程中产生和管理的，以一定形式记录、保存的文字、数据、图像、音频、视频等各类信息资源"。而且，公共数据的主要生产者和控制者不仅在于各级行政机关，也延伸到履行公共管理和服务职能的事业单位，并规定了遵照和参照执行的主体，从而扩大了数据开放的范围。②

无论采取何种解释，都强调了公共数据的"法定性"，即组织法定、来源法定、行为法定，都应在行政合法性原则下进行解读，若要将公共数据扩大至政府虽未持有但与政府项目有关，则需要以公共利益为前提。目前我国地方开放范围也采取了这种扩大化的思路，地方政府为满足公众需要，把与政府合作的私主体控制的数据开放，③给予开放范围扩大化正当性的正是公共利益豁免原则，而该原则同样可纳入合法行政原则中去认知，"公共数据"意为行政机关或者行政机关授权的主体在从事公共利益之职时制作或者获取的，以一定形式记录和保存的各类数据资源。

在厘清"数据"这一概念要素后，我们需把握何为"开放"。法学界既有的共识为，数据开放是对政府信息公开的升级。④因此，"开放"意味着政府部门主动提供一切便利途径向社会长期公开信息门户。

综上，笔者将"公共数据开放"拆分为"数据""公共数据"以及"开放"三个关键词，给出相应解释，分别总结了"开放性""合法性与法定性""普世性"以及"积极主动性"的特征，从而拼接出"数据开放"这个概念：行政机关

---

① 参见《上海市公共数据开放暂行办法》。

② 胡凌. 论地方立法中公共数据开放的法律性质 [J]. 地方立法研究, 2019, 4（3）: 5-22.

③ 例如，贵阳市政府数据开放平台将贵阳市旅行社国内旅游组团人数和接待人数（人次）公开，超出了传统信息公开的范围，公共数据与私人数据的边界模糊化是数据开放的一大特征。

④ 郑磊. 开放不等于公开、共享和交易: 政府数据开放与相近概念的界定与辨析 [J]. 南京社会科学, 2018（9）: 83-91.

及法律授权的主体将其在从事公共利益之职时制作或者获取的，以一定形式记录、保存的各类数据资源主动向社会开放，提供一切途径便于社会读取、利用。

二、数据开放中的法律关系——以数据开放生命周期为视角

公共数据开放的实际应用并非是简单的数据整合与运算，而是包含着一套严密的生命周期，开放政府数据生命周期最早由Charalabidis 等在开放数据支持工作组数据管理生命周期的基础上扩展提出，包含创建、预处理、策划、存储/获取、发布、检索、获取、处理、使用和用户协作9个阶段组成。笔者将该生命周期划分为三个阶段：数据采集、数据处理、数据公开，从微观角度探析法律关系问题与潜在矛盾风险，如图11.1所示。

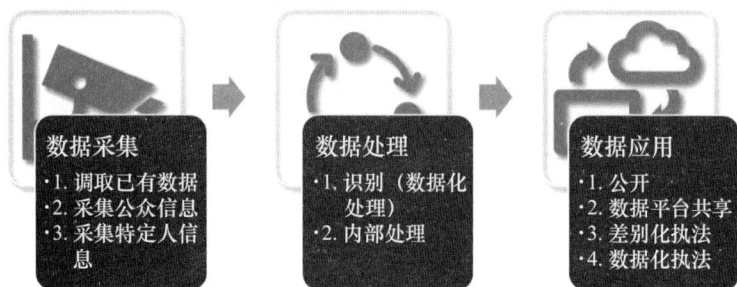

数据采集
- 1. 调取已有数据
- 2. 采集公众信息
- 3. 采集特定人信息

数据处理
- 1. 识别（数据化处理）
- 2. 内部处理

数据应用
- 1. 公开
- 2. 数据平台共享
- 3. 差别化执法
- 4. 数据化执法

图11.1　数据全生命周期的三个阶段

（一）数据的采集

对个人信息进行初步采集、识别以及数据化的过程，毫无疑问将产生采集对象的数据权和数据控制者的直接法律关系，而产生何种关系则取决于政府所采取的收集方式。基于行政关系采集并开放的正当性仍存争议，这也是容易造成社会矛盾的一个起因。

（二）数据的处理

大数据的处理一般为基于采集的大量数据，根据处理目的而得出相应的结论。当然，该目的是灵活多变的，可以通过调参的方式得出想要的结论。纯粹的大数据处理只是单纯地对数据进行运算，属于数据内部处理过程，只要不将

该程序外部化即经过第三步程序，一般不会对相对人产生影响。

（三）数据的公开

该步骤是数据开放的关键步骤，在于将此前收集、处理的数据进行整合后公开，设计到公开什么、如何公开的问题。数据开放应当遵守双重目的原则，以提供公共服务原则为根本目的，以高效便民原则为直接目的。同时，数据开放门户提供分类检索以及高级检索的功能，尽可能地提供便利途径，方便社会团体、企业、科研机构、公民查询、获取、利用。

三、数据开放、城市治理与良法善治的共通性

城市治理和数据开放表现出对实质法治主义的关怀，皆以良法善治为治理目标。良法善治是实质法治主义的重要体现和基本要求。城市治理是"良法"之治，城市治理是民本之治，城市治理是民主之治，城市治理是善意之治。[①]这一观点在城市建立之初就已得到论证。古希腊思想家亚里士多德认为，城邦虽然是由公务团体管理，但仍必须按照法律的精神来治理城邦，法治之法必须是良法，是正义的体现，应以"道德与善"作为统治原则。[②]"道德与善"构成了法治的正当性的源泉，伴随法学理论的不断发展，对于公民权利的理解越来越多样化，国家完成了从"守夜人"到"行政国家"的跃迁，"道德与善"也衍生出不同面向的公法理念，包括公众参与、透明化政府、公平公正、合理行政等，这也即"良法善治"的理论来源。

"良法善治"是法治的最本质特征，[③]同时是现代城市治理能力高低的一个重要衡量指标。[④]"良法善治"要求合法行政，更要求法的合理性与最佳性。城市治理的"良法善治"应该成为政府与公众对城市公共事务进行共治的新型治理模式，通过还政于民、还权于民，发挥人民主体性作用，实现公共利益最大化

---

① 朱未易. 论城市治理法治的价值塑型与完善路径［J］. 政治与法律，2015（2）：72-79.

② 参见（古希腊）亚里士多德：《政治学》，吴寿鹏译. 商务印书馆1981年版。

③ 朱未易. 论城市治理法治的价值塑型与完善路径［J］. 政治与法律，2015（2）：72-79.

④ 卿红. 以良法善治推进现代城市治理法制化［J］. 法制与经济，2017（8）：133-134.

的根本要求。从城市治理"良法"到"善治"的过程实际上应该是一个赋权于民的过程，即赋予人民治理城市立良法之权，又赋予人民治理城市的参与之权，还赋予人民治理城市的监督之权，同时也赋予人民治理城市的评价之权。[①]

可以看出，各国确定的数据开放制度如同城市治理一般，以多元主体参与和政策制度过程复合性为基本特征，以政府及其他主体所处的制度环境和多元互动为焦点，以协商式方式建构政府数据开放的网络和关系契约，[②]注重建立多方相互依赖的多主体治理网络，在平等的基础上按照参与、沟通、协商、合作等理念进行治理，[③]充分体现了"良法善治"的"德性"，[④]有利于帮助解决行政法治所涉及的政府管理社会的效率和科学性问题，[⑤]推动我国由形式法治主义迈向实质法治主义，实现党的十九大报告提出的"以良法促进发展、保障善治"的治理要求。因此，在"良法善治"的治理理念下，城市治理与数据开放同根同源，相辅相成，只是城市治理手段更加丰富，能够将技术的、行政的、法律的、经济的、教育的诸种手段综合运用，[⑥]而数据开放只涉及技术以及法律层面，因此构成了城市治理多样性的一个侧面，在规制工具论的角度，数据开放是作为城市治理的一种手段而存在，这便是本节的论证基调。

第二节　数据开放的多重城市治理功能

城市作为一定空间和地域的结构或大系统，进行经济再生产、人口再生

---

① 朱未易. 论城市治理法治的价值塑型与完善路径 [J]. 政治与法律，2015（2）: 72-79.

② 何渊. 政府数据开放的整体法律框架 [J]. 行政法学研究，2017（6）.

③ 王佃利. 城市治理中的利益主体行为机制 [M]. 北京：中国人民大学出版社，2009: 32.

④ 亚里士多德认为，"德性"是灵魂的公正秩序，行政体制要具备德性。参见（古希腊）亚里士多德：《政治学》，吴寿鹏译，商务印书馆1981年版。

⑤ 王周明，高红. 基于政府数据开放的我国行政法治刍议 [J]. 行政与法，2016（3）: 27-31.

⑥ 蒋晓伟，饶龙飞. 城市治理法治化：原则与路径 [J]. 甘肃社会科学，2014（4）: 5-9.

产和生态再生产，分别产生经济效益、社会效益和环境效益。因此，现代化意义上的城市治理是一个综合概念，包含了城市经济治理、城市社会治理、城市市政治理等三个方面，①同时决定了作为其治理手段的数据开放制度法律功能的多重性。故笔者在本部分根据城市治理的多面性为研究进路，分别从政治治理——公众参与及合作治理、经济治理——促进经济发展和公共服务、社会治理——大城市的风险规制这三个维度，探讨数据开放在城市治理中的具体应用。

一、提供城市治理的基点：公众参与及合作治理

由于政治文明的进步，西方国家代议制民主的缺陷和社会主义国家计划经济行政管理体制的缺陷日益为人们所认识，再加上科学技术特别是互联网的发展，人民直接参与国家治理不仅显示出越来越明显的必要性，而且展示出越来越广泛的可能性。②治理主体从单一的行政机关到公众参与的纳入再到合作治理模式也并非一蹴而就，而是呈现线性递进式，公众参与具备强大的制度推力，促进治理权的下放，改变传统的以政府为单一中心的社会治理结构，重塑政府与企业和非营利性社会组织之间的关系强调这三者之间平等和互惠性的合作。③关于合作治理，美国的弗里曼教授曾建构合作的规范模型，提出了5个基本特征：① 以解决问题为导向；② 利害关系人与受影响者参与决定过程的所有阶段；③ 临时性的解决方案；④ 超越治理中传统公私角色的责任；⑤ 灵活、投入的行政机关。④合作治理原则的显现不仅作为现代法治国家治理手段的评判标准，还给政府解决传统城市问题提供了新的思路。公民获取的信息越多，参与政府事务的可能性就越大。利用信息是公民了解政府做什么的第一步，同时也为公民参与公共事务奠定了基础。这种开放超过了简单的利用信息的需求，通

---

① 蒋晓伟，饶龙飞. 城市治理法治化：原则与路径［J］. 甘肃社会科学，2014（4）：5-9.

② 姜明安. 行政法［M］. 北京：北京大学出版社，2017：16.

③ 王本刚，马海群. 开放政府理论分析框架：概念、政策与治理［J］. 情报资料工作，2015（6）.

④ ［美］弗里曼. 合作治理与新行政法［M］. 北京：商务印书馆，2010：34-35.

过技术的开放性和法律的开放性向公民提供更大的自由和潜力参与公共事务。[①]

我国近年来也意识到了合作治理在重难点领域的应用优势，在例如文化遗产保护、环境保护等重难点领域，我国正逐步开始运用公众参与及合作治理理念，并且呈逐年扩大的趋势发散到其他领域。中共中央、国务院印发的《长江三角洲区域一体化发展规划纲要》推出"千村示范、万村整治"工程，新安江流域生态补偿形成可复制可推广经验，全国森林城市、环保模范城市和生态城市较为密集，河长制湖长制率先施行并在全国推广。空气、水、土壤污染联防联治联动机制逐步完善，太湖、淮河等流域合作治理取得明显成效。在此契机下，数据开放作为现代国家包容开放理念的集大成者，应跟上一流国家的步伐，借鉴国外立法所确立的政府数据开放的公众参与理念，在确定公共数据开放重点时，听取社会公众的意见，[②]充分发挥数据开放的法律功能。

从我国和域外的开放趋势中发现，合作治理与公众参与的发展伴随着数据开放制度的成熟，对于政府治理手段的革新而言犹如车之双轮鸟之双翼，相辅相成。包容开放理念构成了数据开放制度的核心要素与基本特征，而这种理念对于现代法治理论而言具有基础性，与其他法律功能相互交织，串联出数据开放法律功能多元性的样貌。

二、推动城市治理的重点：促进经济发展和公共服务

（一）数据开放能够促进经济发展与社会流通

政府数据开放与生俱来具有强大的经济价值，开放数据具有较高的增值开发和创新应用价值，可以为经济社会发展注入新的动力。[③]我国《国民经济和社会发展第十三个五年规划》（2016年）提出"把大数据作为基础性战略资源，

---

① UN Department of Economic and Social Affairs. Open Government Data for Citizen Engagement in Managing Development [EB/OL]. [2013-12-13]. http: //workspace.unp an.org/sites/Internet/Documents/OGDCE%20Toolkit%20v1.13-Feb2013.pdf.

② 政府数据体内循坏的"孤岛现象"破冰，上海出台全国首部公共数据开放立法，来源：上观新闻 作者：罗培新、常江.

③ 郑磊. 开放政府数据研究：概念辨析、关键因素及其互动关系 [J]. 中国行政管理，2015（11）：13.

全面实施促进大数据发展行动，加快推动数据资源共享开放和开发应用，助力产业转型升级和社会治理创新"。公民行使相关政治、经济、文化和社会权利的基础，也是企业组织盈利、社会节约成本的基石，[①]数据开放能够减少社会主体活动的成本，使得信息资源易获取化、便捷化，从而促进社会经济发展，具体而言，免费的数据资源可以刺激企业加强对数据的利用和对其潜在价值的发掘。数据再利用可刺激新产品甚至新行业的兴起和发展，创新性服务可以带动社会的进步。对于整个市场而言，开放数据使市场透明化，促进行业良性竞争。由于各类数据向全社会开放，某些企业对信息、数据的垄断现象将会降低，原本承受不了高额数据购买费用的中小型企业将同样有能力从事一些基于数据的商业活动。同时，基于对数据的了解，个人可以理性地评价商业组织提供的数据服务质量。[②]

（二）数据开放能够改善公共服务

公共服务的概念正在逐渐取代主权的概念而成为公法的基础。[③]我国《"十三五"推进基本公共服务均等化规划》明确公共服务对国家治理与民族复兴的重要作用："享有基本公共服务是公民的基本权利，保障人人享有基本公共服务是政府的重要职责。推进基本公共服务均等化，是全面建成小康社会的应有之义，对于促进社会公平正义、增进人民福祉、增强全体人民在共建共享发展中的获得感、实现中华民族伟大复兴的中国梦，都具有十分重要的意义。"然而，规划中指出，"我国基本公共服务还存在规模不足、质量不高、发展不平衡等短板，突出表现在：城乡区域间资源配置不均衡，硬件软件不协调，服务水平差异较大；基层设施不足和利用不够并存，人才短缺严重；一些服务项目存在覆盖盲区，尚未有效惠及全部流动人口和困难群体；体制机制创新滞后，社会力量参与不足"。面对公共服务供给能力不足等问题，数据开放为实现公共服务普及化和均等化提供一个突破口，规范指出，"新一轮科技革命和产业变革正

---

① 蒋冰晶，李少军. 包容与合作：大数据时代政府数据开放的行政法治理念 [J]. 河北法学，2019, 37（12）: 101-109.

② 黄雨婷. 丹麦政府数据开放的政策法规保障及对我国的启示 [J]. 图书与情报，2017.

③ 沈岿. 公法的变迁与合法性 [M]. 北京：法律出版社，2010: 36.

在兴起，移动互联网、物联网、大数据、云计算等技术快速发展，推动公共服务新业态不断发展、供给方式不断创新、服务模式更加丰富"。

我国近年来多采取政企合作的方式提供公共服务，例如，百度地图结合江苏省交通运输厅提供的实时公交数据，为市民提供了精准的实时公交服务，现已覆盖南京的650条公交线路，覆盖率达85％，准确率高达95％，极大地方便了市民的出行。百度地图负责人介绍说，在百度地图中上线的南京"实时公交"功能，正是通过引入官方的权威数据，才使公众得到最权威的即时数据；同时，也能将公众在交通出行时遇到的困难和有关交通的建议及时地传递给政府，帮助政府科学决策。[①]

可以看到，政府数据的开放有助于打破政府各部门间、政府与公民间的固有边界，政府负有确保公用事业顺利运营的法律义务，[②]开放数据可以提供政府决策所需要的基本信息支持，提高政府各机构协同办公的效率和为民办事的效率，极大地提升政府的治理能力和公共服务能力。

三、解决城市治理的难点：大城市的风险规制

（一）大城市风险对传统规制手段的挑战

在各种资源要素高度密集在城市、城市架构愈益精巧化的同时，城市脱离并悖逆自然界的倾向性加大，由城市自身增长所导致的内在风险因素却与日俱增，[③]"十三五"规划明确指出："我国发展仍处于可以大有作为的重要战略机遇期，也面临诸多矛盾叠加、风险隐患增多的严峻挑战。"现代大都市所面临的风险具有突出的密集性、流动性、叠加性、圈域性等特征，各类风险源日趋复杂多样，风险存量不断加大，风险流量大大增多，各种风险以更快的速度、更多样的渠道在更大的时间和空间范围内进行非线性的连锁性、跨时空传播，并

① 王周明, 高红. 基于政府数据开放的我国行政法治刍议 [J]. 行政与法, 2016（3）: 27-31.
② 沈岿. 公法的变迁与合法性 [M]. 北京: 法律出版社, 2010: 36.
③ 李颖. 基于资源整合的城市风险治理研究 [J]. 理论与改革, 2016（5）: 124-128.

且不同风险之间还经常存在耦合传递的特征，从而造成更严重危害。[①]这不仅冲击社会价值体系，也对公民的人身财产安全带来严重损害。[②]国务院应急管理专家组组长、国家减灾委员会专家委副主任、国务院参事闪淳昌曾说："由于多灾并发，大灾多发，城市面临的风险已经不再是传统意义上静止的、孤立的风险，而是影响大、高度不确定、综合性强、回旋余地越来越小的现代风险；城市灾害越来越呈现出它的突发性、多样性、复杂性、连锁性，受灾对象的集中性、后果的严重性和放大性等特点。"城市治理风险作为一种城市公共产品，理应成为城市政府公共事务活动的常态议题和优先选项。[③]

传统法律规制手段在现代城市风险中陷入了失灵的可能性当中。成文法是法律发展到高级阶段的形式，具有稳定性和体系性等优点，但成文法也存在一些自身难以克服的局限性，例如模糊性、滞后性和僵化性等。[④]若要妥善预防城市风险，需要规制主体面对风险的不确定性和复杂性灵敏地嗅出其中的威胁气味，采用瞬时手段缓解风险，这是法律规范无法做到的，尤其在面对新型风险时。[⑤]就行政组织而言，社会多元化的发展促使多元化的社会关系诞生，管理公共事务需要更高的专业性和技术性手段，膨胀的社会关系以及缩减的行政组织具有天然的矛盾，政府很难承载庞大且精细的工作量，在当今扁平化治理的编制下，政府已经丧失了一揽子治理的可行性，无论从决策的科学性还是可接受性上都与理论期望存在鸿沟，[⑥]传统风险规制手段很难有效应对现代大城市风险。

（二）数据开放提升城市风险规制能力的三个面向

2009年谷歌公司通过搜索关键词及比较流感传播历史数据，提前预测了流感传播时间与空间。宾夕法尼亚州政府融合社交媒体数据与公共卫生数据，通

---

① 钟开斌. 国际化大都市风险管理：挑战与经验 [J]. 中国应急管理，2011（4）.

② 郑容坤. 公民参与城市风险治理的困境超越 [J]. 湖南行政学院学报，2019（2）：14-20.

③ 同上.

④ 高航. 成文法的局限性及其弥补 [J]. 中国社会科学院研究生院学报，2006（1）：105-109.

⑤ Gary E. Marchant and Kenneth L. Mossman, Arbitrary and Capricious—The Precau-tionary Principle in the European Courts, Washington D. C: The AEI Press Pub-lisher for the American Enterprise Institute, 2004: 1.

⑥ 王周明，高红. 基于政府数据开放的我国行政法治刍议 [J]. 行政与法，2016（3）：27-31.

过对感冒药销量、历史数据、儿童就诊率及Twitter文本分析，成功预测了大面积流感爆发、传播及分布情况。2012年，在应对台风"艾琳"时，纽约市的许多非政府救援组织正是通过使用政府公布的"飓风疏散区域数据"来制作地图，帮助政府部门迅速地引导市民疏散应急。在诸多成功例证下，数据开放为城市风险治理提供一个契机，从可接受性、技术风险以及规制手段革新三个方面提升风险治理能力，具体如下：

（1）数据开放能够保障风险规制手段的可接受性和民主正当性。通过建立公开透明的信息互动与沟通平台，实现上传下达，确保城市风险信息的一致性、准确性、及时性，便于更好地分享风险信息，令城市风险治理及时、精准。

（2）数据开放能够提升城市风险治理的科学性。风险治理的决策过程可以考虑采用数据开放的方式，广进良言，把不同利益者的价值诉求和知识带进风险决策过程之中，在数据开放平台上及时发布实时动态信息、治理对策及应对各类城市风险的常识。

（3）数据开放能够不依赖于其他主体的介入，发挥自身的制度优势，从规制工具角度提升城市风险规制能力。

四、数据开放功能的实践例证：以新冠肺炎疫情防控为鉴 [①]

2020年爆发的新冠肺炎疫情对公众健康造成了重大影响，对社会各个方面造成了重大的损失，疫情是一种最具代表性的城市风险，可以纳入本文的讨论框架中，在疫情防控中，根据风险的特征可以分为三个节点，数据开放在从中发挥不同的积极作用，政府在面对未来城市风险时，可以此作为参考经验。

（一）节点一：出现病例之时（2019年12月初）

自2019年12月1日著名医学期刊《THE LANCET》披露首例新冠病例之起，至12月26日武汉中西结合医院上报四例病例这20余日，肺炎疫情处于疫情

[①]　面对新冠肺炎疫情，在心痛和叹惋之余，应当发挥法律人的积极作用，对现有防控手段进行审视，发现其中的漏洞与不足，从而发挥自身专业知识，对既有防控手段进行完善，夯实规制手段的科学性与有效性，从而避免悲剧的再度发生，这是本节的主旨所在。

初期，从风险规制角度，此时处于风险识别阶段，从疫情增长曲线图来看，此段时间疫情的特征为小规模、小范围传播，首要工作应为对新冠病毒的传播属性、传播能力作出基本判断，从而预估可能会造成的社会侵害，最后通过成本效益学根据风险规模作出相应的规制手段。通过建立医疗体系的数据开放平台，在疾病预防控制机构、医疗机构内对特定的病情实现信息流通，收集具有高度风险的病例并且通过云端方式存储并在医疗系统内公开，通过资源整合促进传染病预防的系统性治理，统筹传染病等相关医疗知识，加强政策管道建设，打破资源的条块分割，形成条块资源"一体化"配置与运用加强传染病防控资源的整合，使资源能够在体制内互通共享。[①]不仅能推动相关领域的专家对疑难杂症展开研究，从而推动医疗技术水平的发展，同时还能够防止传染病风险扩大化，把握住疫情防控的"黄金期"。

（二）节点二：疫情初步扩散之时（2019年1月—2020年2月）

相比于节点一，此时疫情已经在城市中散播开，病毒从某一个地点扩散至整个城市，并且存在着外溢的情况。此时疫情的传播速度快，传播范围复杂且广泛，是病毒传播指数化曲线爬坡期之前的节点，即病毒增长率推力最大的时期，主要难点为如何筛寻携带者以及高危人群。防控者需要对前期270名患者的密切接触人员进行筛寻，以传统的防控技术而言，此等工作强度难以量化。数据开放能够发挥防控作用，帮助化解难题。政府部门通过数据开放打通各环节数据"孤岛"，综合卫生、通信、交通、公安、人口、气象等多维度数据，进行更加深入的综合分析计算。[②]通过大数据对特定对象的轨迹信息进行收集分析从而监测高危人群的方式能够代替传统的走街串巷等纸面化的统计方式，解决治理效率的问题。在具体的规制过程中，特定人群的轨迹信息来源需要全面、准确，包括交易/支付信息、行程信息、住宿信息、行车/导航记录信息等。因此，尽可能地将所有行踪信息收集起来是识别高危人群的关键步骤，而这正是依靠数据开放平台的整合功能实现的。

---

① 李颖. 基于资源整合的城市风险治理研究［J］. 理论与改革，2016（5）：124-128.

② 以"数"制"疫"大数据如何推动疫情防控？ http://bigdata.idcquan.com/news/175020.shtml

（三）节点三：疫情完全扩散后（2020年1月中—2020年3月）

此段时间的疫情大致覆盖到所有区域，任何人都有感染的风险，而此时的疫情防治任务已经上升至国家层面，城市治理主体从地方政府转变为多地政府协同防治，防治对象从特定人群转变为基础人群，呈现出了疫情防控的共治与自治情形。防控者充分发挥数据开放的合作治理与公众参与功能，利用企业的技术优势将疫情信息整合并向公众免费开放，担任城市治理辅助角色。公众也不再是被管理者的身份，在知悉疫情信息后形成点状式的独立自治者，发挥个体的防控力量，在疫情防控的最危难之际形成社会共治。同时，数据开放还能助力研究人员加速疫情的研究。在发现新冠病毒后的几天之内，中国科研人员迅速将该病毒的基因序列分享到公共平台上。基于此基因序列，用于检测病毒的聚合酶链式反应（PCR）工具才能被迅速开发出来，其他国家才能够做好准备，具备能力检测本国可能发生的感染病例。

数据开放的治理功能得到了官方的认可。在2020年3月25日工业和信息化部的答记者问上，工业和信息化部新闻发言人谢少锋表示："这次应对新冠肺炎疫情以及复工复产工作中，我们之所以取得令世人瞩目的成效，其中一个重要的原因就是我们采用了科学的方法，成功地应用了新技术，其中互联网、大数据、人工智能、区块链等新一代信息技术，在此次疫情防控和复工复产中发挥了重要的作用。"世界卫生组织首席科学家苏米娅·斯瓦米纳坦表示，"中国在分享新冠肺炎相关数据和样本中展现的开放和透明度值得赞赏"[①]。

第三节　数据开放的良法善治之道

《关于促进大数据发展的行动纲要》（2015）和《国民经济和社会发展第

---

① 中国分享新冠肺炎数据展现的开放和透明度值得赞赏，光明日报，https://tech.sina.com.cn/roll/2020-02-19/doc-iimxyqvz4024979.shtml，最后访问时间2020年3月20日。

十三个五年规划》（2016年）提出，在2018年底前建成国家政府数据统一开放平台，率先在信用、交通、医疗等重要领域实现公共数据资源合理适度向社会开放。时至今日，我国仍未完成建立数据统一开放平台的目标，同时，依据国内学者的调查结果，我国各地在开放数据利用的投入、实施以及成效上不尽一致，地区不平衡的情况存在。我国国家发展改革委有关负责人就《促进大数据发展行动纲要》答记者问中明确指出，推动我国政府数据开放共享仍存在"法规制度不完善，缺乏统一数据标准等问题，尤其是数据开放程度较低，存在着'不愿开放、不敢开放、不会开放'数据的问题"。在合法性层面，数据开放缺乏统一、协调的规范制度支撑，同时对于个人隐私权缺乏足够的法律关怀，在治理维度、数据开放效能无法满足实际需求、上层推动力与公众参与度不匹配，无法发挥制度的治理功能和优势，因此，笔者在本节将检阅我国数据开放制度的现状和不足，深入探析制度的症结，针对具体问题提出解决策略。而笔者在本节的研究思路将根据良法与善治的递进与相互依存的关系，从对制度规范进行反思，再到治理的改善，都严格遵循本文的线索，即"良法善治"理念在数据开放中的证成与实现。

一、数据开放的良法建构

良法是法律形式正义与实质正义的统一，反映了实质法治主义的基本内涵和价值导向。[①]在形式上，良法要求法律规范做到合法性、完整性、统一性、协调性。首先，"良法"要求法律制度遵守基本的合法性原则，对既有法律制度相符合，不与上位法与其他法律相冲突，不违背立法原则。同时，"良"作为汉语中的形容词，表现"善""良""美""好"的意思，对法律规范作出了价值上的要求。规范的制定水平与标准应当良好，法律体系应当完善，法律层级应当协调一致，下法对上法不断扩充，呈现严密的法律秩序与逻辑。其次，"良法"要求法律规范符合现代正义善的理念，能够有效规范社会秩序，引导社会正向发

---

① 江必新，程琥. 论良法善治原则在法治政府评估中的应用 [J]. 中外法学，2018，30（6）：1473-1491.

展，这是对法律规范的价值要求。就数据开放而言，我国数据法律制度呈现出地方化为主导的立法模式，上级对数据开放仅作出了纲领性的规定，地方立法进度不一致，由于既有法律匮乏以及高位阶的统一立法文件缺失，导致现有法律规范零散，不能形成闭合的法律体系。同时，缺乏明朗的立法思路，对是否应取得用户授权、与信息公开的法律关系以及是否应采用强制性原则开放数据等关键性问题未能够理顺，与"良法"目标存在差距。因此，笔者首先从形式法治的角度对数据开放的法律体系进行建构，厘清立法中的关键问题，明确立法思路，其次从治理的价值目标角度，通过立法实现法律规范的工具功能。

（一）我国数据开放法律制度的现状和缺陷

2015年两会期间，李克强总理提出"除依法涉密的之外，政府掌握的数据要尽最大可能地公开"，这是数据开放理念在国家层面的首次亮相。2019年8月，《国务院办公厅关于促进平台经济规范健康发展的指导意见》规定"畅通政企数据双向流通机制，制定发布政府数据开放清单，探索建立数据资源确权、流通、交易、应用开发规则和流程，加强数据隐私保护和安全管理"。至此，就中央层面，数据开放规范制度以各个领域的行政部门立法为基础，未有统一的数据开放规范，具有部门化的特征。

地方层面，数据开放规范制度呈现出实践与立法交叉的情形，并且较中央更早且详尽。截至目前，有12部地方性法规对数据开放作出了规定。全国包括上海、贵州、北京、浙江、武汉、宁波、佛山、青岛等省市共建设了83个数据开放平台，上海和贵州对数据开放都作出了专门立法，建立了完善的数据开放法律制度。

综上，我国数据开放的实践推手是地方政府而非中央政府，地方政府试图将经济改革与互联网发展进行深度融合，恰逢其时的政府数据开放也正是地方政府所极力推动的经济融合的一个环节。[1]中央政策的内容更多是关于未来的愿景，缺少可操作的制度安排，缺少对权利义务的规定，[2]同时部门化主义严重，

---

① 何渊. 政府数据开放的整体法律框架［J］. 行政法学研究，2017（6）.
② 宋华琳. 中国政府数据开放法制的发展与建构［J］. 行政法学研究，2018（2）：35-46.

由此带来的问题是很难制定统一的法律规范，各个领域数据开放规范进度不一，由此产生规范制度资源不均衡的现象，同时，数据开放无法成为一个单独的立法项目，只能作为一种辅助工具而存在，影响数据开放的整体发展。

（二）形式法治：逐步建立体系化的法律规范制度

形式法治和实质法治构成了良法之治的一体两面。形式法治要求从立法技术和法教义层面达到现代法治国的水平，实质法治要求法律符合道德和社会期望。实质法治依赖良好的形式法治实现价值目的，形式法治需要实质法治获得社会认可，构建良法制度需要对二者同时着力。从形式法治角度，建立体系化的数据开放制度首先需要厘清立法思路，符合我国特色法治思想以及法律文化基础，才能保障之后长远的立法工作在正确的道路上进行。

1. 以先修后立的立法思路为数据开放提供合法性依据

数据开放立法现行最为紧迫的是如何解决合法性的问题，《政府信息公开条例》能否为数据开放提供合法依据？笔者在前文论述过数据开放与信息公开的区别和联系，《政府信息公开条例》对"政府信息"的定义为"行政机关在履行行政管理职能过程中制作或者获取的，以一定形式记录、保存的信息"，法律层面，公共信息和数据没有实质性的区别，存在区别的是公开的内容和范围，数据开放所要求的信息更为宽泛，超越了信息公开的范围。因此，现有信息公开制度很难为数据开放提供合法性基础，同时，数据开放的重要价值急切需求一部专门性法律保障制度地位的独立性，因此，数据开放的立法进路纳入了现实议题。

数据开放的尽快建立可以为我国提升国际竞争力，占领数据高低，并且，我国进入5G时代，优秀的技术条件可以帮助我国在全社会推广数据开放制度，为立法创造条件，因此，我国可以采取修法与政策先行的双轨制，一方面，尽量维持政策的连续性和稳定性，国务院及各部门应在政策制定中发挥领导作用，①通过连续性法律政策不断推进数据开放制度的形成和发展。另一方面，通过修改现有法律例如《政府信息公开条例》，在对现有法律制度冲击较小的情况

---

① 蔡婧璇. 美国政府数据开放的政策法规保障及对我国的启示［J］. 图书与情报，2017.

下为开放制度提供合法性基础。当数据开放成为全国各地普通制度之后，制定统一的法律规范。

2. 建立统一性、协调性、层级性、强制性的法律体系

首先，应当做到统一性。2016年7月27日，国务院办公厅印发的《国家信息化发展战略纲要》中明确指出"构建统一规范、互联互通、安全可控的国家数据开放体系"。

同时还要兼顾两个方面的协调性。一是对外的协调性，数据开放法律制度与既有相关规定如《信息公开条例》《数据安全法》以及《个人信息安全规范》等规范性文件协调一致，在做到不冲突的情况下对相关事宜进行互补，对我国宏观的法律体系进行完善，另一方面是数据开放规范体系内部的自洽。应突出规则的层级性，尤其是开放数据内容的层级性。全国性的政策与部门及地方性的政策遥相呼应，之前发布的政策与之后发布的政策紧密相连①根据各级政府应有职能范围确定，着重解决数据开放纵向上中央和地方职能协调问题、横向上各部门职能协调问题。②面对重难点立法问题，建议地方和行政部门本着审慎的精神有意回避，以免出现误判的情况，而中央则应当将精力放置在这些重难点的问题上，尽快消除立法障碍，建立自上而下完整的法律体系，既能保证法律目的自上而下有序传递，同时更能符合形式法治主义精神。

最后，法律规范应当具备强制性。我国目前未对数据开放进行专门立法，同时，地方上呈现立法层级不高的情况，多地政府面临着不愿开放的阻力，笔者认为，应当通过强制性的法律正向推动数据开放制度的发展。

（三）实质法治：通过制度规范实现重点领域的数据信息公开

在实质层面，数据开放应当对前文所论证的制度功能和优势通过法律规范的方式确立起来，在重点领域推动民生、经济的发展，培养公众参与城市治理思维，通过规范设计强制政府在重点领域公开，确立统一性机构确保制度良性发展，实现数据开放的规范价值。在数据开放立法中应当明确以下几个

---

① 张珺. 政府数据开放的法制路径 [J]. 研究生法学, 2019（2）.
② 同上。

重点问题：

1. 立法原则

关于原则的建立应当考虑如何保障数据开放制度独有的理念，即数据公开、公众参与、合作治理等。

笔者认为，首先应当建立强制开放原则。此原则强调的是开放的积极性和强制性。其次，建立民生便利原则。这也是数据开放制度的核心。

2. 厘清重点开放目录，保障民生领域信息的透明化

数据开放的范围应当以民生领域为重点目标。对一般市场主体不能供应、不愿供应或不宜供应，且经济社会甚为需要的数据，应当突出政府履行提供公共物品的职能，提供相应数据。①对开放目录应该分级化管理，对于民生领域的数据应当列入重点公开目录中，选择一些机密性不高，但开放后可以在很大程度上促进社会发展进步的数据进行开放。如基础地理数据、水资源数据、地址数据、不动产数据、气候数据等都可以逐步放开，②从而保障数据开放的公共服务法律功能。同时，行政机关基本信息也应当纳入开放目录中。对于不涉及国家机密的信息透明化有利于增进官民关系，增强政府公信力，改善政府形象，实现建成友好型政府的目标。

其次，秉承着合作治理与公众参与理念，对于开放的目录范围应当及时与公众沟通，保障公众在日常经济活动以及科研中的数据需求，实现制度促进社会发展功能。

二、从治理迈向善治

善治指的是好的治理，工具主义法治观使得国家的政治实践和相应的制度建设更符合实践理性。③传统行政法侧重于对治理手段进行合法性评价，但随着现代公法理论的变迁，行政法的根本价值从合法性扩充到合理性，要求治理者采

---

① 张珺. 政府数据开放的法制路径 [J]. 研究生法学, 2019（2）.
② 黄雨婷. 丹麦政府数据开放的政策法规保障及对我国的启示 [J]. 图书与情报, 2017.
③ 郑玉双. 实现共同善的良法善治：工具主义法治观新探 [J]. 环球法律评论, 2016（3）: 19-32.

用更好地治理方式，对于行政行为规范取向有着较高的要求，旨在将行政行为的取向建立在一个以开展合法性与指向正确性的意义之上：平等处遇、比例原则、经济型、效率、透明性、可接受性等，担保了行政行为的合理性。相比于治理，善治要求行政机关应以行政任务或目的为取向，[①]选择在财政、人事、时间、程序、风险等各方面最具效能的手段，实现资源节约、效益最大化及手段与目的之间的匹配化，从而实现最佳行政，[②]也即本文所提的"善治"。因此，本节将针对数据开放的目的、主体、手段之间的匹配性进行研究，采用成本效益分析和手段目的的匹配性的研究方法，对数据开放制度运作现状以及实施成效进行分析，提出针对性的意见，提高数据开放的效能，发挥制度应有的多重功能。

（一）我国数据开放进展现状

伴随着顶层一系列文件的出台，全国数据开放平台数量陡增，从2016年的15个增长值2019年的83个，数据集总量从2017年的8398个增长值2019年的62801个，[③]但和期望相比仍存在着一定的差距，主要表现在：第一，数据开放质量欠佳，数据开放的应用技术、利用度仍存不足，第二，数据开放发展不平衡，我国西部地区相较于东部地区、省内不发达城市较发达城市仍有一定的差距，第三，重点领域开放程度不够，医疗、教育、交通、就业等关键领域未实现数据开放应有的功能。具体如下：

第一，政策供给度不够，规范文件不够精细，无法给予制度足够的保障。

第二，数据开放目录内容不够详细，相比于数据开放程度先进的国家略显不足。

第三，数据利用度不够。

第四，我国数据开放不规范，开放平台对于细节设计存在缺陷。

第五，现有数据开放应用落后。

---

① 行政任务和目的有很多，但是在法治国家，皆以法律规定事项为目的，这也是笔者为什么说良法善治呈现出递进又相互依存的关系，良法构成了善治的目的，善治更好地实现了良法。

② 朱新力，唐明良. 行政法基础理论改革的基本图谱："合法性"与"最佳性"二维结构的展开路径［M］. 北京：法律出版社，2013：56-57.

③ 数据来源：《2019中国地方政府数据开放报告》，复旦大学联合国家信息中心数字中国研究院。

第六，未建立起数据开放授权原则。

第七，重点民生领域开放程度不足。

第八，地域开放程度不均。

可以看出，目前我国数据开放质量整体不佳，行政效能偏低，未实现善治应有之义。从开发技术上，是由于开发能力不成熟导致的，但从法律上，则暴露出制度弊端，从开放主体的确定，到公众的参与机制，再到开放方式的效能，以及开放手段的合法性上都未规定完善，从而造成了整体制度运转的低效，在实践中偏离善治要求。故下文将着重从开放主体、开放方式以及开放手段的合法性三个方面完善现有数据开放制度，从实践角度推动数据开放的善治之道。

（二）明确数据开放主体的权力范畴：保障制度统一性与协调性

善治不仅对治理能力提出要求，还关注其内生的制度性结构。体现为治理的稳定性和机制化，因此善治不只是对治理主体所提出的价值性要求，也是治理者和被治理者共同所处的制度、文化和效益上的卓越状态。[①]我国目前存在着各地发展不均衡以及缺乏统一的适用标准的问题，应当尽快明确数据开放主体，厘清数据开放的义务和责任，建立统一的数据开放平台，保障数据开放制度的统一性和协调性。

1. 中央层面建立专门的管理机构

我国目前尚无数据统一开放平台，可通过跨机构的管理部门，统筹协调各项数据的开发利用，监督和保障数据的准确性及时效性，并将数据经由统一的平台开放。[②]我国国家信息中心以开发和利用社会发展信息资源为其主要职责，包括宏观管理决策支持、信息资源开发、提供政务信息库（数据中心）开发运行及维护。这与开放政府数据的目的不谋而合，与美国信息政策办公室的职责也十分相似。可以在其下分设专职负责政府数据公开的办公室，负责相关政策的制定，监督政策的执行及政府数据的整合开放。[③]具体来说，该部门的责任有：一是统筹协调不同政府机构数据开放的行为，保证共享的数据在格式上的一致

---

① 郑玉双. 实现共同善的良法善治：工具主义法治观新探［J］. 环球法律评论，2016（3）：19-32.

② 黄雨婷. 丹麦政府数据开放的政策法规保障及对我国的启示［J］. 图书与情报，2017.

③ 蔡婧璇. 美国政府数据开放的政策法规保障及对我国的启示［J］. 图书与情报，2017.

性；二是监督管理数据的准确性，有偏差和有错误的数据应尽可能通过过滤机制排除在使用范围之外；三是确保各机构开放的数据低冗余和一致性。[①]

2. 建立统一的数据开放平台

我国应当建立统一、独立的政府数据门户。所谓统一与集成是指数据门户在统一管理、统一标准、统一规范的方针下建立起来的信息共建、信息共用和共享的网群体系。2015年8月，国务院通过了《关于促进大数据发展行动纲要》，明确提出，要形成政府数据统一共享交换平台，于2018年前实现金税、金关、金财、金审、金盾、金宏、金保、金土、金农、金水、金质等部门的数据共享交换平台全覆盖。

（三）增强数据开放的运转能力：实现更优化治理

1. 完善数据开放方式

数据集群的建设。数据集群是指将数据分门别类，通过标签栏方便读者分类检索的一种技术。

其次，开放格式具备多种形式，方便读者以在线阅读、下载以及硬件接口等方式获取数据。

最后，而我国政府开放数据平台建设仍缺乏通用的、统一的元数据标准。应制定适合我国政府开放数据的元数据标准。

2. 提升开放技术的流通度

关联数据的应用也是政府促进数据开放和再利用的重要方式。由于关联数据具备互联网的泛在性、分布性与链接性，并广泛采用语义网技术模式，因而能够实现全球范围内数据的开放互联，并构建富含语义的数据网络，从而为数据的开放共享提供现实可行的途径，并提高数据的透明度和促进机构以及个人之间更为广泛的合作交流。关联数据的应用也是政府促进数据开放和再利用的重要方式。[②]

平台应具备专业化的检索界面和功能，提供关键词检索、基于标签的维度

---

① 黄雨婷. 丹麦政府数据开放的政策法规保障及对我国的启示［J］. 图书与情报，2017.
② 迪莉娅. 国外政府数据开放研究%Research on Open Data of Foreign Governments［J］. 图书馆论坛，2014（9）：86-93.

检索以及在相关数据集间的关联浏览。

3. 采用灵活收费模式

笔者建议我国数据开放可采用灵活的收费模式，对于法律已经明确的民生领域以及与信息公开所重合的信息范围一律免费开放，通过既有已被社会所肯定的公共服务制度和信息公开制度获取法律正当性。我国应对警惕数据开放盈利化，作为公共服务的一项开放制度，根本目的在于为社会带来福祉，成本收益只要达到基本平衡即可，并非通过该制度实现创收，同时，资本和市场化的混杂容易带来市场垄断以及权力寻租等负面情况，故，在特定领域对特定人群采用单纯的收费模式而非盈利创收模式能够实现收支平衡。

（四）改进公众参与机制：建立协商式治理模式

根据《2019中国地方政府数据开放报告》，我国地方提供了数据请求功能的地方平台已超过六成，但其中真正能回复用户数据请求的地方平台寥寥无几。开通了意见建议和数据纠错功能的平台已占六成左右，但没有一个地方真正回复用户的意见建议和数据纠错反馈。尚未有平台真正对有条件开放的数据开通了申请功能。因此，我们应当努力改进公众参与机制，新增一系列措施吸引公众参与到数据开放制度中来，从而实现制度的民主政治功能。

1. 采用更加亲民的活动吸引公众

可以采取更加亲民的活动吸引观众，通过颁发奖励证书、赠送礼品、媒体报道、电视活动等方式鼓励公众参与，采用隐形和显性兼备的方式宣传数据开放制度。

2. 主动向公众征求意见

数据开放的公众参与和合作治理功能强调治理主体双方的对等性以及相互配合，此处的对等性要求地位对等、权利义务对等，公众在合作治理中不是被动消极的角色，而应当发挥主观能动性，积极获取公共数据从而参与到城市治理当中，其中一个重要前提是公众能够获得公共数据，具备获得公共数据的意识。在数据开放制度建立初期，公众普遍缺乏通过数据开放平台获取公共数据的意识，因此，政府主动摆出低姿态，培养公众的获取意识则较为重要。

中国可以颁布《开放数据使用许可》，赋予社会公众使用政府开放数据的权利，同时规范使用方式，①为治理赋予更多"正能量"，迈向善治。

三、治理手段的合法性反思②——以个人隐私风险为视角

前文着重论述数据开放的功能和良法善治之道，作为人为设计的一套制度，就不可避免地存在合法性风险，在数据应用领域，数据的流通和个人隐私安全长期处于紧张关系下，数据开放强调数据的公开和使用，更加具备侵犯隐私的风险。本文将以个人隐私的角度对数据开放制度进行风险自检，同时提供缓解制度风险的方式。

（一）城市治理中保障个人隐私权的必要性

个人信息与公共卫生安全正是科斯理论模型下的一对此消彼涨的紧张关系。2020年3月16日，欧洲数据保护委员会（EDPB）在《关于在COVID-19爆发的背景下处理个人资料的声明》中明确指出："雇主和公共卫生部门在流行病背景下处理个人数据，无需获得数据主体的同意"。《中华人民共和国传染病防治法》第十二条规定："在中华人民共和国领域内的一切单位和个人，必须接受疾病预防控制机构、医疗机构有关传染病的调查、检验、采集样本、隔离治疗等预防、控制措施，如实提供有关情况。疾病预防控制机构、医疗机构不得泄露涉及个人隐私的有关信息、资料。"因此，涉及疫情的个人信息收集不适用"告知—同意"原则，不以个人同意作为信息收集的合法性前提这一点可谓全球共识。这是因为疫情数据收集为抗疫和执法所需要，在执法关系中，收集个人信息的目的是公共利益，信息收集者收集此类信息并非为了商用或长期使用。在这类情形中，收集个人信息的公共利益具有优先性。③

然而，在数据开放的过程中难免会出现错误，当信息被错误地公开后，对

---

① 胡逸芳，林焱. 加拿大政府数据开放政策法规保障及对中国的启示［J］. 电子政务，2017（5）: 1-10.

② 国内学者周林兴，周丽梳理发现，现有研究大多从法律、技术等微观层面聚焦普通公众个人隐私信息在政府数据开放中的保护，对于政府数据开放及其隐私问题缺少基于事实的对策探讨，特别是对机制和理论的系统研究还有待加强。

③ 丁晓东. 疫情之下的个人信息：如何既利用又保护？来自微信公众号"腾云"。

于数据主体的侵害可能是巨大的。各级政府部门统计的信息本来是为了实时监控、掌握情况而用，却变成了一张张公开被线上追杀的"通缉令"。据南都记者报道，之前在网上传播了几份各地武汉返乡人员的表格信息内容详尽，统计的个人信息有的几十条、有的近千条，且多为敏感个人信息，一旦泄露将造成严重影响。随着个人信息的进一步扩散，被不法分子利用的可能性急速攀升。^①因此，在利用数据开发制度带来的行政效率的推动力之余，过度获取个人信息使得开放制度暴露在合法性的追问之下。

面对个人隐私风险剧增以及制度保障到位的情况下，在制度设计层面，对于个人隐私权足够的法律关怀具有必要性，笔者认为，可以从两个方面进行完善。

（二）保障个人隐私的方式一：政策支持

政策支持是保障个人隐私的必要手段，通过立法明确个人隐私的重要价值，赋予强制效力保障个人隐私的法律地位是最直接并且有效的办法，可通过两种方式共同作用实现。其一，借助现有个人信息保护法律法规，将数据开放中的违法违规行为纳入既有法律框架中进行规制。《全国人大常委会关于加强网络信息保护的决定》对保护公民个人信息作出了原则性规定；《刑法修正案（九）》对侵犯公民个人信息罪作了规定；《网络安全法》单设"网络信息安全"一章，对收集、使用个人信息提出了安全要求；《个人信息出境安全评估办法》《数据安全管理办法》等政府规章对特定领域的数据安全行为作出了规定；《个人信息安全规范》《互联网个人信息安全保护指南》等规范性文件对上位法进行细化。因此，对于数据开放过程中一般性的个人信息可以通过法律指引的方式借助既有法律规范进行保障。

其次，在数据开放的政策中，单独规定个人信息保护相应条款，对个人隐私保护原则、具体保障方式、责任等加以明确。如英国《开放数据白皮书：释放潜能》提出要提升公共部门在个人隐私保护方面的意识和能力，并要求所有的公共部门委员会都必须任命一名具备隐私和数据保护专业知识或兴趣的人员，以确保能够带来最新的隐私保护措施方面的专业知识，公共部门在发布数据时

---

① 张远. 武汉人是否还应该有隐私？钛媒体微信公众号。

必须引入隐私保护专家并且对可能涉及的隐私问题进行讨论。[①]作为隐私影响评估的一部分，英国政府还要求所有部门在发布数据时都应该进行必要的公开测试，以发现可能存在的个人隐私威胁。

综上，指引其他个人信息保护规范配套实施以及自身规定个人隐私条款这两种方式共同成为今后立法的方向，为数据开放中个人隐私保护提供规范保障。

（三）保障个人隐私的方式二：建立数据影响评估制度

在规范层面构建个人隐私保护的路径后，在制度的具体维度，数据影响评估制度，作为个人信息保护制度中较为谦抑且灵活的一种规制工具，可以为前文所提到的科斯模型下公共利益和个人信息权的矛盾和冲突提供解决思路。

1. 数据影响制度保护的法益：个人隐私与公共安全

数据影响评估（Data Protection Impact Assessment简称DPIA）是个人信息控制者实施风险管理的重要工作程序，旨在发现、处置和持续监控个人信息处理过程中对个人信息主体合法权益造成不利影响的风险。数据影响评估制度的根本目的在于保护个人信息权，现行法律制度从正面或侧面都能印证这一点。例如我国《个人信息安全影响评估指南》规定"数据影响评估的根本目的，在于避免个人信息收集、使用等处理行为，对个人信息主体的合法权益造成损害。个人信息安全影响评估旨在发现、处置和持续监控个人信息处理过程中对个人信息主体合法权益造成不利影响的风险。"

同时，公共隐私安全也构成数据影响评估制度保护的法益之一。保护个人信息即在保护公共利益，二者在公共维度是重叠的，同时，数据影响评估制度还直接回应了公共利益的保护需求。《个人信息安全影响评估指南》在评估价值部分强调，该标准"有助于在工作开展的初期识别个人信息安全问题，通过尽早考虑个人信息安全问题，从而降低组织的时间管理成本、法律费用以及潜在的媒体或公众问题。"

2. 数据影响评估制度的流程

数据影响评估的一般性法律流程如下：步骤1：确定是否需要DPIA；步骤

---

① 蔡婧璇. 美国政府数据开放的政策法规保障及对我国的启示［J］. 图书与情报，2017.

2：描述处理；步骤3：考虑咨询；步骤4：评估必要性和相称性；步骤5：识别和评估风险；步骤6：确定降低风险的措施；步骤7：签署并记录结果；步骤8：将结果整合到项目计划中；步骤9：不断审查的DPIA（图11.2）。

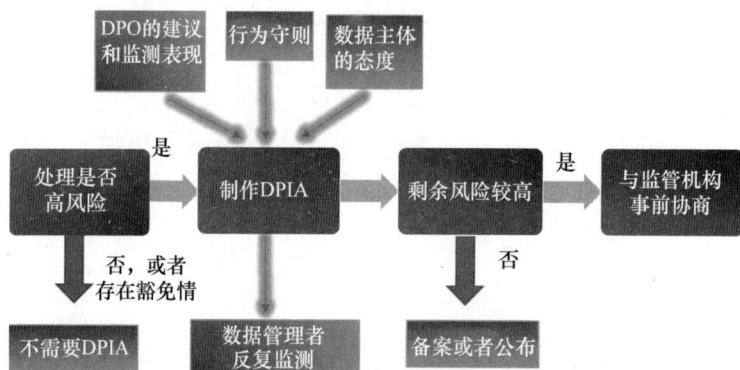

图11.2　数据影响评估的一般性法律流程

　　需要强调的是，这里描述的过程是迭代的。在处理时，随着开发过程的进展，还可能需要重复评估的单个步骤，因为某些技术或组织措施的选择可能会影响处理所构成的风险的严重程度。同时，DPIA在处理实际开始后可能需要实时更新，但这并不是延迟或不执行DPIA的有效原因。

　　3. 数据开放过程中高风险的界定

　　数据影响评估制度旨在检测高风险行为并进行规制，然而，何为高风险是风险规制领域面临的难题，因为风险是不确定的、抽象的并且很难量化的，无法运用法律规范进行描述。要评估风险是否为高风险，需要考虑危害的可能性和严重性。危害不一定是风险或高风险的必然结果，任何可能造成非常严重伤害的可能性仍然足以成为高风险。同样，广泛但较轻微伤害的可能性很高，可能仍然被视为高风险。数据开放中，通过对不同的数据以及数据开放行为进行标准化、规范化分级，将高风险的数据或行为纳入到法律禁止范围，将中等风险的数据或行为纳入到行政裁量范围，将低风险的数据或行为纳入到自由开放范围，从而实现风险的量化，为数据开放的合法性风险提供评判的可视化标准，具体如图11.3所现。

		造成伤害可能性		
		小	中	大
影响严重程度	小	低风险	低风险	低风险
	中	低风险	中等风险	高风险
	大	低风险	高风险	高风险

图11.3　数据开放合法性风险评判标准

4. 通过合规性评估实现公共数据流通与隐私安全的平衡

数据影响评估的规制形式为合规性评估，通过将高风险纳入违规行为实现风险规制学科与法学的融合。评估作为一种风险规制手段，具有天然的柔性与前瞻性，不以现实损害情形为启动前提，也不以强制性的命令或惩罚为规制手段，对于行业的现行结构和发展冲击较小，数据安全和行业发展能这两个法益能够兼容共存。在具体的评估程序中，合规性检查渗透到每一个评估环节当中。数据影响评估的根本目的在于防止数据处理活动侵犯个人信息安全或产生诸如此类的安全隐患，是对处理行为的规制，在界定何为侵犯性行为时，通常需要参照法律、法规以及相关的规范性文件，在相应的规范文件的指导下保护各方权利。

另外，数据影响评估具有预防属性，数据影响评估不仅是数据风险的预防。还是法律责任与法律风险的预防。在平衡冲突时，权利最大化使得权利在总量上得以增加，所以对抗双方不一定是恒定的你进我退关系，有可能携手共进，共同实现权益的增长。数据影响评估制度正是如此。

结语

数据开放制度其自身的法律特征与治理理念乃至良法善治呈现出高度的契合性，数据开放在城市治理中是一座桥梁，能够连接长期处在紧张关系两头的行政机关与个体，治理机关在数据开放中展现出前所未有的迎合姿态，主动拥抱公众参与到这场全民治理时代中，共同实现道德善的终极目标。数据开放制度的构建为我国城市治理迈向良法善治提供了契机，同时也对我国法治现代化的治理能力作出了考验，站在城市治理现代化、最佳化的历史节点上，我们是否能够把握住良法善治的精髓，能够充分意识到数据开放制度的多重法律功能和治理优势，能够将日后数据开放制度的构建纳入良法善治的轨道中则显得尤为重要。数据开放不单单是对开放主体的能力提出了超高要求，同时，还承载着一份对于公众的期盼与寄托，我们竭力为社会建构一座合格的信息交流之桥，旨在桥那段的读者们，也能够充分意识到大数据时代公共信息数据的宝贵价值，能够多多加以利用，共同推动城市治理迈向良法善治。

10年前，我们开始探讨"城市治理法治化"课题的时候并没有想到这个问题成为中国社会管理的一个重要课题，更没有想到这个问题会引起决策层的如此重视。在学习贯彻中共十九届四中全会精神的时候，我们结合在实践和理论上的探索，更感到这本书问世的及时。

习近平总书记指出，"城市治理搞得好，社会才能稳定、经济才能发展""我们创建国际一流的城市，要有一流的治理，我们要为此再进一步努力"。因此，实施城市治理工作和化解矛盾的时候要"始终把人民群众的生命安全和身体健康放在首位"，执法者要坚持在法律的框架内办事，切实维护行政相对人的合法权益，一言一行要充分体现"人民城市人民建，人民城市为人民"的根本宗旨；行政相对人则要坚持"城市是我家，维权要依法"的主人翁立场，以积极的态度来应对"日益增长的美好生活需要与不平衡不充分的发展之间的矛盾"，克服社会转型期可能出现的各种困难。

我们把在代理城乡建设纠纷案件实践中取得的经验教训结合现行的相关法律制度形成新的认识，成为这本书的主要内容与读者们分享，算是抛砖引玉。如果您认为这本书对您有所帮助，我们为之高兴；如果您发现这本书里存在某些不足之处或缺点错误，也请向我们指出，以便我们进一步学习提高。

全书由我负责总体架构搭建和主要思想体系梳理，并负责全书的统稿、审稿工作。各章节的编写凝聚了我和同事们的心血，具体分工如下：第一章由李金平编写，第二章由万天飞编写，第三章由栗红编写，第四章由李仁杰编写，第五章由朱孝顶、万天飞编写，第六章由王才亮、单磊编写，第七章由曹小连编写，第八章由王令编写，第九章由陈伟编写，第十章由王才亮、张俊婧编写，第十一章由王也编写。

在本书写作过程中，还得到了多位相关学科老师如行政法学姜明安、沈岿教授，民法学龙卫球教授等和最高法院郭修江、王晓滨等法官以及原全国律协民事委员会、行政法委员会诸多同仁的指点和支持，在此一并表示感谢！

王才亮

2020年11月19日